ROB HOPKINS

STELL DIR VOR...

MIT MUT UND FANTASIE DIE WELT VERÄNDERN

aus dem Englischen von Dirk Höfer

———————

From What Is to What If
Unleashing the Power of Imagination to Create the Future We Want

Löwenzahn

Emma, Rowan, Finn, Arlo und Cian gewidmet.

*Meinen Eltern, für das kostbare Geschenk
einer fantasiereichen Kindheit.*

*Den Standsted 15, weil unsere Fantasie
Held*innen braucht.*

Und in Erinnerung an Max Hamilton

Wir alle, Erwachsene und Kinder, sind dazu aufgerufen, zu träumen. Wir haben eine Verpflichtung zur Fantasie. Es ist einfach, zu sagen, dass keine Veränderungen möglich seien, dass wir in einer Welt leben, in der die Gesellschaft alles und der Einzelne nichts ist: ein Atom in einer Mauer, ein Reiskorn in einem Reisfeld. Die Wahrheit aber ist, wir als Individuen verändern unsere Welt immer wieder aufs Neue, wir als Individuen bauen die Zukunft und wir tun dies, indem wir uns vorstellen, dass alles anders sein könnte.

—*Neil Gaiman*

WAS, WENN SICH ALLES ZUM GUTEN WENDET?

Man könnte sagen, dass menschliche Gesell-schaften zwei Grenzen haben. Eine Grenze wird von den Erfordernissen der physischen Welt gezogen und die andere von der kollek-tiven Fantasie.

—Susan Griffin, „To Love the Marigold"

Gut ausgeruht erwache ich in der Wohnung mit Wänden aus Strohballen, die meine Familie und ich unser Zuhause nennen. Der dreigeschossige Apartmentkomplex, vor fünfzehn Jahren als Teil einer unsere ganze Stadt umfassenden Initiative für nachhaltiges Bauen errichtet, verursacht praktisch keine Heizkosten. Im Kellergeschoss sind Kompostieranlagen für sämtliche Toiletten des Gebäudes untergebracht und die Solarpaneele auf dem Dach erzeugen den gesamten Strombedarf. Ich wecke meine Kinder, ziehe sie an, mache ihnen Frühstück und bringe sie zur Schule – eine Strecke, die uns durch Gemeinschaftsgärten mit einer großen Vielfalt an Obst- und Gemüsesorten führt, darunter auch der junge rote Mangold, dessen weinrote Blätter in der hellen Sonne dieses fortgeschrittenen Frühlingsmorgens wie Buntglas leuchten. Da nur wenig motorisierter Verkehr herrscht, sind die Straßen ruhig; an ihren Rändern stehen frisch erblühte Obst- und Nussbäume. Die Luft riecht nach Frühling. Alle Bushaltestellen, an denen wir vorbeikommen, sind an drei Seiten von einem Garten umgeben. Sie sind Teil des „Essbaren Bushaltestellennetzwerks", das nun fast in ganz Großbritannien anzutreffen ist. Beim Warten auf den Bus darf man sich nach Herzenslust bedienen.

In unserer Gemeinde haben die Kinder offenbar völlig andere Gefühle für die Schule als noch vor zehn Jahren. Die Entscheidung des Bildungsministeriums, Prüfungen abzuschaffen, dem unstrukturierten Spielen viel Raum zu lassen und den Schüler*innen Möglichkeiten zu bieten, für die Gemeinschaft sinnvolle Fertigkeiten zu erlernen, die es ihnen ermöglichen, ein aus ihrer Sicht glückliches und gesundes Leben zu führen, bedeutet, dass die meisten Kinder hier überaus gerne zur Schule gehen. Mein Sohn zum Beispiel hat erst kürzlich seine Kochkünste aufgebessert, indem er eine Woche in einem hiesigen Restaurant verbracht hat.

Meine Kinder und ich kommen vor der Schule durch biointensive Gemüsegärten, die von den Schüler*innen gepflanzt und gepflegt werden, und wenn wir das Gebäude betreten, werden wir von dem Duft frisch gebackenen Brots und dem Stimmenwirrwarr fröhlicher Unterhaltungen begrüßt. Nachdem wir uns verabschiedet haben, nehme ich ein öffentliches Fahrrad und radle auf einem unserer Radschnellwege in die Stadt. Da auf den Straßen mehr Fahrräder und weniger Autos unterwegs sind, hat sich auch die Qualität der Luft verbessert und mit ihr das allgemeine Wohlbefinden. Ich gehe in meine Lieblingsbäckerei und kaufe Brot. Die Mission der Bäckerei, die vor fünfzehn Jahren unter dem Motto „Backen ist das neue Prozac" eröffnet hat, besteht darin, Leuten ohne Dach über dem Kopf und ohne regelmäßige Arbeit oder solchen, die Probleme mit ihrer psychischen Gesundheit haben, sinnvolle Arbeitsmöglichkeiten zu bieten.[1] Die Bäckerei setzt vorzugsweise auf lokale Erzeugnisse, betreibt einen üppigen Dachgarten und liefert in der ganzen Stadt mit Fahrrädern aus.[2] Mit Unterstützung des Betriebs konnten zahlreiche Angestellte weitere erfolgreiche Geschäftsideen im Stadtgebiet umsetzen.

Ich fahre an einem der ehemaligen Supermärkte des Stadtteils vorbei, die meisten Geschäfte dieser Art mussten vor etwa zehn Jahren schließen. Das explosionsartige Wachstum der Nahrungsmittelproduktion in der Gemeinde und die rasche Verlagerung der Gemeindeinvestitionen führte dazu, dass die Versorgung über die Supermärkte zurückging, was das System der Nahrungsmittelindustrie innerhalb weniger Jahre zusammenbrechen ließ. Das Gebäude wurde einem neuen Zweck zugeführt und dient heute verschiedenen lokalen Lebensmittelherstellern, Kleinbetrieben und einem an die örtlichen Schulen angeschlossenen Ausbildungszentrum als Unterkunft. Es ist ein betriebsamer Ort. Unser ehemaliger Supermarkt beherbergt eine Mühle, die Getreide aus dem Umland vermahlt, sowie eine Sägemühle, die Holz aus den nahegelegenen Wäldern verarbeitet. Was einmal großflächige Parkplätze waren, sind heute biointensive Gemüsegärten – angelegt nach dem Vorbild jener Gärtnereien, die vor hundert Jahren Paris umgaben –, die ihre Produkte auf den örtlichen Märkten anbieten.

Ich gehe am Bahnhof vorbei und kaufe Tickets für einen Ausflug am kommenden Wochenende. Als vor zwölf Jahren die Eisenbahn an die öffentliche Hand übergeben wurde, endeten auch die Tage, an denen alle Bahnhöfe gleich aussahen und überall mit den gleichen Cafés, Imbiss- und Ladenketten ausgestattet waren. Heute sind die Bahnhöfe Visitenkarten der örtlichen Wirtschaft, ihrer Pionier*innen, ihrer einzigartigen Aromen und Geschmäcker. In unserem sind mittlerweile doppelt so viele Ladengeschäfte untergebracht als zuvor und alle zusammen spiegeln die kulturelle Vielfalt unserer Gemeinde wider. Der Bahnhof beherbergt sogar eine Brauerei; während man auf den Zug wartet, kann man sich, umgeben von den Braukesseln, ein Bier genehmigen.[3] Und ja, die Züge fahren pünktlich. Die vielen Menschen aus aller Welt, die hier in den Zeiten der großen Migration ankamen, sind längst integriert und heute kann man sich diese Gemeinde gar nicht mehr ohne sie vorstellen. Obwohl die Zeiten des Übergangs nicht einfach waren, haben die Kultur, die Bereicherungen und der Unternehmergeist, die sie mit sich gebracht haben, uns alle sehr viel reicher gemacht.

Ich gehe zur Arbeit. Heute arbeite ich im Rahmen meiner Dreitage-Arbeitswoche einen halben Tag. Zusammen mit der Einführung eines universellen Grundeinkommens hat die vor zehn Jahren auf nationaler Ebene übernommene Dreitagewoche dazu geführt, dass in allen Einkommensklassen der Angst- und Stresslevel messbar nachgelassen hat. Die Menschen arbeiten in ihrer Freizeit an Gemeinschaftsprojekten und genießen ihr Leben. Einige meiner Kolleg*innen arbeiten heute außer Haus. Erst kürzlich wurde ein Programm ins Leben gerufen, bei dem zu jeder Zeit 10 Prozent der Beschäftigten einer Firma in die Arbeit der örtlichen Gemeinde eingebunden werden und ihre Fachkenntnisse in Verwaltung und Marketing, bei Finanzplanung und Projektmanagement jenen Organisationen anbieten, die den Einwohner*innen auf verschiedenste Weise Unterstützung zukommen lassen und dem Gemeindeleben zu größerer Stabilität verhelfen.

Ich hole meine Kinder von der Schule ab und wir spazieren durch Straßen nach Hause, in denen zahlreiche Häuser mit ins Auge springenden Fassadenmalereien und Mosaiken versehen sind. Auf der Straße spielen viele Kinder, ein Phänomen, das sich von selbst einstellte, als die Zahl der Autos nachließ, was die Anwohner*innen dazu ermutigte, die Straßen zu bestimmten Zeiten ganz für den Autoverkehr zu sperren, damit die Kinder draußen spielen können. Die Nachbar*innen schauen gemeinsam nach ihnen, was möglich ist, seit die Erwachsenen mehr Zeit zu Hause verbringen können, statt an weit entfernte Arbeitsplätze pendeln zu müssen.

Nach dem Mittagessen gehe ich zu einer Nachbarschaftsversammlung. Vor ein paar Jahren wurde eine Gruppe von Anwohner*innen, die keiner politischen Partei angehörten, als Stadtregierung gewählt. Sie modifizierten das Regierungssystem der Stadt mit dem Ziel, Initiativen auf Nachbarschaftsebene zu ermöglichen und zu fördern und Hindernisse aus dem Weg zu schaffen. Sie schufen sogar ein Stadtbüro für Bürger*innenideen, um die Ideen der örtlichen Gemeinden besser inspirieren und unterstützen zu können und ihnen dabei zu helfen, ihre Vorstellungen zu verwirklichen. Etwa siebzig Leute sind heute auf dem Treffen und wir diskutieren die Zukunft der Energie in unserer Nachbarschaft und einige andere drängende Fragen. Der politische Entscheidungsprozess hat sich enorm verbessert. Dank des 2021 gegründeten und im Besitz der Gemeinde befindlichen Energieunternehmens wird nun ein Großteil der städtischen Energie lokal generiert, wobei die meisten Bürger*innen finanziell an dem Unternehmen beteiligt sind; die Rendite ist bei Weitem höher als bei den Banken.

Zuhause angekommen, treffe ich einige meiner Nachbar*innen, die draußen sitzen und reden. Wir hören eine Eule und bekommen die Fledermäuse mit, die über uns hinweghuschen. Der Schritt, unsere Stadt zu einer Nationalparkstadt zu erklären, bremste den Niedergang der biologischen Vielfalt so weit ab, dass sie sich, da zuvor zersplitterte Wildtierkorridore, Grünflächen und Wälder miteinander verbunden wurden, wieder erholt. Nun fallen mir regelmäßig neue Insekten auf und auch der Vogelgesang ist lauter und vielfältiger geworden. Mit so vielen Bewegungen und Veränderungen und so üppigem Gedeihen um mich herum lege ich mich mit dem Gefühl schlafen, dass die Zukunft voller Möglichkeiten steckt.

Das klingt alles erfunden, oder nicht? Und das ist es, weitgehend.[4] Die Geschichte zeigt, wie ich mir die nahe Zukunft vorstelle, es ist eine Geschichte darüber, *wie sich die Dinge zum Guten wenden.*

Natürlich ist auch dieses ausgemalte Leben nicht perfekt. Die vorgestellte Gesellschaft ist kein Utopia. Es regnet, man zankt sich mit Freund*innen und die Leute haben ihre schlechten Tage. Auch Auswirkungen des Klimawandels sind noch zu spüren. Und meine Vision dürfte sich von der Art, wie du dir ausmalen würdest, *dass sich die Dinge zum Guten wenden,* ziemlich unterscheiden. Ich habe sie aber an den Anfang gesetzt, weil wir in einer Zeit leben, der es an solchen Geschichten mangelt – Geschichten, die erzählen, wie das Leben aussehen könnte, wenn wir im Laufe der nächsten zwanzig Jahre einen Weg finden, mutig, brillant und entschlossen zu sein, auf die Herausforderungen, mit denen wir konfrontiert sind, angemessen zu reagieren und eine Zukunft anzustreben, in der wir uns tatsächlich wohl fühlen.

Ich glaube, dass wir derartige Geschichten – *wie sich die Dinge zum Guten wenden* – dringend benötigen, denn wenn es heute eine einhellige Meinung zur Lage der Welt gibt, dann die, dass die Zukunft fürchterlich sein wird. Und dies aus gutem Grund. 2018 legte der Weltklimarat (IPCC) einen Bericht vor, wonach sich die Erde im vergangenen Jahrhundert um 1 Grad Celsius erwärmt hat. Um zu verhindern, dass die Temperatur über 1,5 Grad ansteigt, müssten wir demnach bis 2030 die Emissionen um 45 Prozent und bis 2050 auf null senken.[5] Diese Schätzungen sind zudem noch ziemlich konservativ. Andere gehen davon aus, dass selbst noch bei einem angestrebten Anstieg von unter 2 Grad für die „entwickelten" Nationen, etwa die der EU, ab sofort jährliche Senkungen von 12 Prozent erforderlich wären, was weit über dem von der EU ausgegebenen Ziel von 40 Prozent bis 2030 liegt.[6]

Je länger unsere Trägheit anhält, desto dringlicher und anspruchsvoller wird diese Aufgabe. Wie Jim Skea, Co-Vorsitzender der IPCC-Arbeitsgruppe III, anlässlich der Vorstellung ihres Berichts feststellte, ist „nach den Gesetzen der Chemie und der Physik eine Begrenzung der Erderwärmung auf 1,5 Grad Celsius möglich; sie einzuhalten aber würde einen noch nie dagewesenen Wandel erfordern"[7].

Und natürlich lassen sich die Wirkungen des Klimawandels (und anderer ökologischer Zerstörungen) in Echtzeit beobachten: extreme Wetterereignisse, der Verlust an Biodiversität und ein Ernährungssystem, das Unmengen an Pestiziden und Herbiziden zum Einsatz bringen muss, um der Erde Ernten abzuringen. Zudem fühlen sich immer mehr Menschen in ihrem persönlichen Leben einem wachsenden Druck ausgesetzt. Einsamkeit und Ängste haben ein epidemisches Ausmaß angenommen, wobei Letztere in den vergangenen dreißig Jahren schätzungsweise um das Zwanzigfache zugenommen haben, unter jungen Menschen ist ein krisenhafter Anstieg psychischer Erkrankungen zu verzeichnen, neue extremistische Bewegungen und Regierungen haben Fuß gefasst und vieles mehr.[8] Sieht hoffnungslos aus, oder nicht?

Leider ist es offenbar weit einfacher, sich ein dystopisches Szenario vorzustellen als die Möglichkeit, dass wir noch immer die Fähigkeit besitzen, zu handeln, etwas anderes zu schaffen, uns aus den zahlreichen Fallgruben, die wir uns selbst geschaufelt haben, wieder hinauszuziehen. Die Botschaft, „es sei nicht zu schaffen", ist durchschlagend und weit verbreitet. In den Worten von Susan Griffin:

> Bei denen, die nach gesellschaftlichem Wandel streben oder ihn herbeiwünschen, macht sich Verzweiflung breit. Ein Mangel an Hoffnung, der mit vielfältigen Formen der Ohnmacht verbunden ist. Sich wiederholenden Leidensmustern. Aufkeimenden Philosophien der Angst und des Hasses. Ganz zu schweigen von gescheiterten Träumen. Wo es einst Gesellschaften gab, die als Modell einer besseren Zukunft, großer Pläne und Utopien dienten, herrschen heute Argwohn und Unmut gegenüber jeder Form von Politik, ein Ohnmachtsgefühl, das an Nihilismus grenzt.[9]

Angesichts des Zustands der Welt klingt die Botschaft der Verzweiflung ziemlich überzeugend. Die Aussichten sind finster. Aber etwas daran will mir nicht so richtig gefallen. Es gibt tatsächlich Anzeichen dafür, dass sich die Dinge ändern können, dass sich die kulturellen Gegebenheiten ändern können, und zwar rasch und unerwartet. Und das ist kein naives Rosa-Wölkchen-Denken. In *How Did We Do That? The Possibility of Rapid Transition* erzählen Andrew Simms und Peter Newell die Geschichte des Eyjafjallajökull-Ausbruchs 2010 in Island. Durch den Ausbruch wurde feiner Staub in den Himmel geschleudert, der sich über Tausende Kilometer ausbreitete und dazu führte, dass fast überall auf der Welt die Flugzeuge auf dem Boden bleiben mussten.[10] Was geschah?

Die Leute passten sich an. Rapide. Die Supermärkte ersetzten Luft-fracht-Ware durch lokale Alternativen. Die Menschen entdeckten ande-re, langsamere Arten der Fortbewegung, oder sie beschlossen einfach, das Reisen ganz sein zu lassen. Geschäftstreffen wurden online abgehal-ten. Jens Stoltenberg, damals Premierminister Norwegens, führte seine Regierung von New York aus – mit seinem iPad. Und das ist nicht das einzige Beispiel. Heutzutage reden wir uns vielleicht zu sehr ein, dass nur neun Mahlzeiten zwischen der Menschheit und der Anarchie liegen, aber die Geschichte ist voller Erzählungen über rasche Veränderungen, die zu Einfallsreichtum, einem gedeihlichen Leben, zu neuen Ideen und Zusammengehörigkeit führten.[11]

Ich habe dies mit meinen eigenen Augen gesehen – dank eines Ex-periments, das ich mit ein paar Freund*innen vor mehr als zehn Jahren in unserer Heimatstadt Totnes (Devon, England, 8.500 Einwohner*in-nen) ins Leben gerufen habe. Unsere Idee war einfach: Was, wenn der als Reaktion auf die größten Herausforderungen unserer Zeit so dringend benötigte Wandel nicht von der Regierung und der Geschäftswelt kom-men würde, sondern von dir und mir, von kollaborativen Gruppen? Was, wenn die Antworten nicht in der trostlosen Einsamkeit des Überlebens-kampfes und der Isolation liegen würden, in den Zwängen einer skrupel-losen Kommerzialisierung oder in dem Traum, dass uns ein wählbarer Retter hoch zu Ross zu Hilfe eilt, sondern in der Rückbesinnung auf die Gemeinschaft? Wir formulierten es damals so: Wenn wir auf die Regie-rung warten, dann ist es zu spät. Wenn wir als Einzelne handeln, dann ist es zu wenig. Wenn wir aber als Gemeinschaft handeln, wird es vielleicht reichen und geschieht gerade noch rechtzeitig.

Als wir diese Idee unter unseren Freund*innen und im weiteren Be-kanntenkreis in Umlauf brachten, kam der Begriff der „Transition", des Übergangs auf. Damit beschrieben wir die bewusste Entscheidung, von einem hohen Rohstoffverbrauch, hohen Kohlenstoffdioxid-Emissionen, Ressourcenabbau und zersplitterten Gemeinschaften zu Gemeinschaf-ten mit einer gesünderen Kultur, einer robusten und breit aufgefächer-ten lokalen Wirtschaft, mehr Verbundenheit und weniger Einsamkeit, mehr Biodiversität und mehr Zeit, mehr Demokratie und Schönheit überzugehen.[12]

Als „Transition Town Totnes" fingen wir an, diese „Was-wenn"-Fragen zu stellen und plötzlich regte sich etwas in unserer Stadt. Anwohner*innen pflanzten Obst- und Nussbäume auf öffentlichen Plätzen, bauten am Bahnhof Essbares an und stellten den Kontakt zwischen Nachbar*innen her, die Gemüsegärten anlegen wollten, und solchen, die ungenutzte Gartenflächen besaßen. Wir sammelten Geld, mit dem wir eine Mühle kauften – die erste neue Mühle in Totnes seit mehr als hundert Jahren –, um Getreide und Hülsenfrüchte aus der Umgebung zu verschiedenen Mehlen zu verarbeiten, und wir veranstalteten ein jährliches Erzeuger*innen-Festival, um lokale Produkte der Stadt und ihrer nächsten Umgebung zu feiern. Während ich dies schreibe, ist Transition Homes dabei, unter Verwendung lokaler Baustoffe 27 Häuser für Menschen in Not zu bauen. Caring Town Totnes hat ein Netzwerk für Pflegedienste entwickelt, mit dem diese ihre Zusammenarbeit besser koordinieren können. Und während der ganzen Zeit haben wir Gemeinde-Gesprächsrunden abgehalten, in denen die Menschen miteinander Ideen für die Zukunft, die sie sich wünschen, entwickeln und diskutieren können.

2013 erstellten wir mit unserem Local Economic Blueprint eine Bestandsaufnahme der örtlichen Wirtschaft und erörterten die finanziellen Aspekte einer mehr auf die örtlichen Bedürfnisse zugeschnittenen Wirtschaftsentwicklung.[13] Unser jährliches Local Entrepreneur Forum ist eine Einladung an unsere Gemeindemitglieder, neue Geschäftsideen zu unterstützen, und hat mittlerweile mehr als dreißig Unternehmen Starthilfe geleistet.[14] Vor Kurzem habe ich mit Freund*innen eine gemeindeeigene Craft-Beer-Brauerei gegründet, die New Lion Brewery, die aus einer Reihe lokaler Zutaten und oft in Zusammenarbeit mit anderen neu entstehenden sozialen Unternehmen köstliche Biere herstellt.[15] Und gleich am Anfang hat die Transition Town Totnes das Totnes Pound, eine lokale Währung, ausgegeben, die an vielen Orten auf der ganzen Welt zu weiteren lokalen Währungen inspiriert hat. Wenn wir gefragt wurden, „Warum habt ihr eine 21-Pfund-Note?", fragten wir: „Warum nicht?"

Etwa um die gleiche Zeit, in der wir systematisch die lokale Ökonomie erfassten, hat Transition Streets ungefähr 550 Haushalte in Gruppen von sechs bis zehn benachbarten Einheiten zusammengebracht.

Die Gruppen haben sich sieben Mal getroffen, um Fragen rund um den Wasser-, Lebensmittel- und Energieverbrauch zu besprechen, und sich dabei bis zum nächsten Treffen auf Maßnahmen verständigt, die das Abfallaufkommen reduzieren, die Kosten senken und die Gemeinschaft insgesamt resilienter machen sollten. Am Schluss hatten die einzelnen Haushalte ihre Kohlenstoffemissionen jeweils um durchschnittlich 1,3 Tonnen gesenkt und jährlich 600 Pfund (ca. 680 Euro) eingespart.[16]

Das Faszinierende an Transition Streets war jedoch, dass auf die Frage der Organisator*innen, welche Aspekte der Teilnahme am meisten bewirkt hätten, niemand den Kohlenstoff erwähnte. Oder das Geld. Sie berichteten, dass sie sich als Teil der Gemeinschaft fühlten, sie hatten das Gefühl, dazuzugehören, hatten mehr Leute kennengelernt, fühlten sich eingebunden. Darin waren sich alle einig. Wichtiger als die eigentlichen Projekte war das Gefühl der Verbundenheit, Teil von etwas zu sein, das Bewusstsein, dass etwas in Bewegung geriet, gemeinsam eine neue Vorstellung der Zukunft erarbeitet wurde. Unsere Bemühungen, so wurde deutlich, haben zumindest teilweise dazu geführt, dass unsere Stadt eine andere Geschichte über sich selbst zu erzählen begann. Und im Zuge dessen veränderte sich kollektiv auch unser Sinn für das, was alles möglich ist. Wir entdeckten, dass wir, wenn nur genug Leute zusammenkamen, aus der kollektiven Erfahrung so vieler Menschen, die bestrebt waren, in unserer Gemeinde die Dinge zum Guten oder sogar zum Besseren zu wenden, eine ganz neue Geschichte schmieden konnten.

Das Schöne an diesem „Übergang", an der Transition, ist auch, dass es sich um ein Experiment handelt. Ich weiß nicht, wie es geht. Und du weißt es auch nicht. In Totnes haben wir einfach versucht, etwas anzustoßen, das einen kreativen Geist freisetzt, einen neuen Sinn für das Mögliche, ein frisches und hoffnungsvolles Denken über die Zukunft und ohne den Gedanken, dass es sich in alle Welt verbreiten könnte. Aber genau das ist geschehen. Bereits 2007 wurden die ersten Transition-Gruppen in Gemeinden in den Vereinigten Staaten, Italien, Frankreich, Japan, Holland und Brasilien gegründet. Die Transition-Bewegung gibt es mittlerweile in 50 Ländern und in Tausenden von Gemeinden. Hervorgegangen aus dem Geist und der Kultur ihres Orts, ist jede Gruppe anders. Es ist ein Prozess, der von Anfang an die Menschen in ihrer Kreativität und ihrer Fantasie ermuntert und unterstützt hat. Und er hat mein Denken über die großen Probleme der Welt zutiefst beeinflusst.

Durch das, was die Transition-Bewegung alles in Gang gesetzt hat, wurde mir klar, dass wir oft an den falschen Stellen nach Lösungen für unsere größten Probleme suchen. Sicher, politisches Handeln ist für die Demokratie unerlässlich und kann auch zu echtem Wandel führen, doch anstatt zu glauben, wir müssten immer noch härtere Kampagnen führen und Lobbyarbeit betreiben, größere und einschneidendere Demonstrationen planen und mehr Leute für Online-Petitionen mobilisieren, gilt es manchmal vielleicht nur innezuhalten, aus dem Fenster zu schauen und sich eine bessere Welt vorzustellen. Vielleicht ist es an der Zeit zu erkennen, dass im Zentrum unserer Arbeit das Bedürfnis unserer Mitmenschen steht, sich eine bessere Welt vorstellen, Geschichten darüber erzählen und ihre Verwirklichung herbeisehnen zu können. Wenn wir uns eine bessere Welt vorstellen, herbeiwünschen und erträumen können, ist es viel wahrscheinlicher, dass wir unsere Energie und Entschlossenheit daransetzen, sie auch Wirklichkeit werden zu lassen. Wie mein Freund und mittlerweile verstorbener Mentor David Fleming schrieb: „Wenn auf die vollentwickelte Marktwirtschaft noch etwas folgen soll, dann wird es im Wesentlichen aus der Arbeit der Vorstellungskraft hervorgehen."[17]

Die Transition-Bewegung in Totnes zu erleben und zu sehen, wie sie überall auf der Welt Fuß fasst, machte mir klar, wie vorausschauend Flemings Bemerkungen waren. Die Welt zu gestalten, in der wir leben wollen, die Welt, die wir unseren Kindern überlassen wollen, ist im Wesentlichen die Arbeit der Vorstellungskraft, oder wie es der Bildungsreformer John Dewey nannte, „die Fähigkeit, das Vorhandene anzuschauen, als ob es auch anders sein könnte".[18] Offenbar kommt eine Vielzahl an Leuten zu einem ähnlichen Schluss. 2009 schrieb Paolo Lugari, der Gründer der experimentellen Ökosiedlung Las Gaviotas in Kolumbien: „Wir stehen nicht vor einer Energiekrise, sondern vor einer Krise der Vorstellungskraft und des Enthusiasmus."[19] 2016 beschrieb der Schriftsteller Amitav Ghosh den Klimawandel als „Krise der Kultur und deshalb eine der Imagination".[20] Ein Jahr später schrieb der Journalist George Monbiot, dass „politisches Versagen im Grunde ein Versagen der

Fantasie ist".[21] Und 2018 bemerkte David Wallace-Wells, dass wir, was den Klimawandel angeht, „an einem unglaublichen Versagen unserer Vorstellungskraft leiden".[22]

Aber niemand ist offenbar imstande zu erklären, warum uns unsere Vorstellungskraft so spektakulär im Stich lässt. Warum schaffen wir es einfach nicht zusammenzukommen, um eine Vision zu kreieren, zu erhalten und auszuführen, in der wir globale Krisen meistern und dabei trotzdem unser Leben noch mehr genießen können? Anscheinend verlässt uns die Fantasie gerade zu einem Zeitpunkt in der Geschichte, an dem wir am meisten auf sie angewiesen sind. Unser Fantasiemuskel sollte straff und gut trainiert sein; stattdessen ist er schlaff und ohne Spannung. Ich habe die Sorge, dass es, je tiefer wir in Krisen wie etwa den Klimawandel geraten, umso schwieriger wird, sich einen Weg vorzustellen, der aus ihnen hinausführt. Bedenkt man, was die Menschheit alles geschaffen hat, und zwar vorangetrieben von einem sprunghaften Wachstum des Vorstellungsvermögens, fragt man sich, warum wir es einfach nicht hinbekommen, uns ein sichereres, gesünderes, glücklicheres und friedlicheres Fortkommen vorzustellen? Ja, warum scheint es sogar *zunehmend* außer Reichweite zu geraten?

Das vorliegende Buch ist aus diesen und ähnlichen Fragen entstanden, denn ich wollte verstehen, warum einerseits die Transition-Bewegung einen alle Erwartungen übertreffenden Aufschwung erlebte, warum wir uns plötzlich in einem positiven Wandel befanden, den wir uns nie hätten vorstellen können, während andererseits zahlreiche Probleme, große wie kleine, unlösbar erschienen, selbst wenn wir sie gedanklich von allen Seiten beleuchteten. Als ich darüber nachdachte, stieß ich auf einen Artikel von Dr. Kyung Hee Kim, einer Forscherin am College of William and Mary. Dr. Kim hat von 1960 bis in die Gegenwart die Daten von über 250.000 Teilnehmer*innen zwischen Kindergarten und Erwachsenenleben analysiert und festgestellt, dass kreatives Denken und der IQ bis 1990 gleichermaßen einen Anstieg erlebten, irgendwann zwischen 1990 und 1998 aber in ihrer Entwicklung auseinanderliefen, wonach das kreative Denken den Weg eines „stetigen und anhaltenden" Niedergangs einschlug.[23] Diesen Niedergang schrieb Dr. Kim dem Umstand zu, dass Kinder weniger Zeit mit Spielen und mehr Zeit mit Elektronikgeräten verbringen würden, dass standardisierte Prüfungen in den Vordergrund gerückt seien und keine Zeit mehr für „reflektierte Abstraktion" bliebe. Ihre Forschungsergebnisse wurden von *Newsweek* aufgegriffen und plötzlich sah sich die Wissenschaftlerin mit Einladungen für Radio- und Fernsehauftritte überhäuft.[24]

Aufgrund von Dr. Kims Kommentaren und Befunden machte ich mich daran, mein Leben und meine Gemeinschaft, aber auch die Probleme, mit denen die Leute in der Welt zu ringen haben, genauer in Augenschein zu nehmen. Offenbar haben die meisten von uns immer weniger Raum für kreatives oder fantasievolles Denken, wenn überhaupt. Selbst bei denen, die in der „Kreativwirtschaft" arbeiten, wird die Kreativität offenbar mehr und mehr dazu eingesetzt, Nachfrage für Waren zu erzeugen, die kein Mensch wirklich braucht, deren Herstellung unsere gesellschaftlichen und ökologischen Systeme zunehmend an den Rand des Zusammenbruchs befördert – fast so, als würde die Fantasie in den Dienst unserer eigenen Auslöschung gestellt.

Was aber, wenn wir gerade die Fantasie benötigen, um diese Vernichtung zu verhindern? Darauf lässt eine Reihe von Forschungsergebnissen schließen.

Schließe deine Augen, wenn du willst, und stelle dir vor, dass du eine Zitrone in der Hand hältst. Spüre ihre kühle Schale in deiner Handfläche. Vergegenwärtige dir ihr helles Gelb. Fahre mit den Fingerspitzen über ihre glänzende, strukturierte Oberfläche. Wirf sie in die Luft, fange sie wieder auf und spüre ihr Gewicht, wenn sie in deiner Hand landet. Greife nun mit deiner anderen Hand nach einem Messer und schneide die Zitrone in der Mitte durch. Nimm eine Hälfte und presse ihren Saft langsam in ein Glas; höre, wie die Tropfen fallen. Rieche das Aroma des frischgepressten Zitronensafts. Beim Ausquetschen spritzt dir etwas davon ins Auge.

Wenn Psycholog*innen diese Übung durchführen, beobachten sie oft, dass die Proband*innen an diesem Punkt zusammenzucken, so wie sie es getan hätten, wenn ihnen tatsächlich Zitronensaft ins Auge gespritzt wäre. Die menschliche Vorstellungskraft ist beeindruckend. Und dabei geht es nicht nur um Bilder oder die Fähigkeit, sich ein Bild vor das innere Auge zu rufen. Sie betrifft alle Sinne und umfasst Geruch,

Berührung, Klang, Emotion und Geschmack. Sie vermag mehr Veränderungen zu bewirken, als man glaubt. Wie wir aus dem Bereich der positiven Psychologie wissen, verstärkt die Fähigkeit, sich ein bestimmtes Resultat vorzustellen, unter Umständen die Wahrscheinlichkeit, dass es tatsächlich eintritt.

In einer 1995 durchgeführten Studie begleitete Dr. Alvaro Pascual-Leone von der Harvard Medical School zwei Anfängergruppen, die eine Notenfolge auf dem Klavier spielen lernen sollten. Jede Gruppe übte fünf Tage lang zwei Stunden täglich, wobei die eine Gruppe tatsächlich Klavier spielte und die andere am Klavier saß und sich lediglich vorstellte zu spielen. Nach drei Tagen hatten beide Gruppen die gleichen Fähigkeiten und bei beiden zeigten sich die gleichen Veränderungen im Gehirn, ob sie nun gespielt hatten oder nicht. Nach fünf Tagen waren diejenigen aus der Gruppe, die tatsächlich spielte, den anderen geringfügig voraus, doch Letztere holten rasch auf, sobald sie tatsächlich an einem Klavier saßen und spielten.[25]

Das gleiche Phänomen lässt sich auch bei einfachen Übungen beobachten. In einer Studie aus dem Jahr 1992 fanden Guang Yue und Kelly Cole heraus, dass Personen, die einen bestimmten Fingermuskel trainierten, dessen Stärke nach fünf Tagen um 30 Prozent steigern konnten, eine Gruppe hingegen, die sich dieses Training nur vorstellte, immer noch um 22 Prozent.[26]

Jackie Andrade und Jon May, die mir das Zitronenexperiment vorführten, schilderten mir ihre Forschungen an der University of Plymouth, wo sie einen als Functional Imagery Training (FIT) bezeichneten Ansatz entwickelt haben, der mittels der Vorstellungskraft Menschen dabei hilft, Gewohnheiten und Verhaltensmuster zu ändern.[27] Nehmen wir zum Beispiel an, ich möchte abnehmen. Ich bin fest dazu entschlossen, aber dann sehe ich ein Eclair mit Schokolade, eine Versuchung, die meinen Wunsch, fit und schlank zu sein, umstößt. Was aber passiert, wenn wir uns unser Leben als fitte und schlanke Person vorstellen, und zwar bis zu einem Grad, in dem wir tatsächlich sehen, wie wir aussehen, wenn unsere Muskeln an Spannkraft gewinnen, unsere Ausgelassenheit fühlen, wenn wir mit unseren Enkeln durch den Garten rennen oder beim Joggen die Sonnenwärme auf unserer Haut genießen und danach beim Duschen und wieder zurück im Alltagsleben spüren, wie die Endorphine in uns nachklingen. Wenn wir uns dies vorstellen, *wirklich* vorstellen können, so Andrade und May, dann wird das nächste Eclair angesichts der Konkretheit unseres langfristigen Ziels viel weniger Macht über uns haben.

Ihre Forschungen scheinen das zu bestätigen. In einem dreijährigen Versuch haben Andrade und May herausgefunden, dass die Testpersonen im Laufe von sechs Monaten, in denen sie jeweils bis zu vier Stunden FIT-Therapie absolvierten, im Durchschnitt vier Kilogramm Gewicht verloren, während die Vergleichsgruppe durchschnittlich nur ein Kilogramm verlor. Im Laufe der nächsten sechs Monate hatten die Teilnehmer*innen der Testgruppe keine Therapiestunden, verloren aber trotzdem weiterhin an Gewicht. Das ist nahezu präzedenzlos; bei den meisten anderen Methoden legten die Proband*innen in diesen zweiten sechs Monaten um 50 Prozent ihrer vorherigen Gewichtsabnahme wieder zu. Andrade und May haben damit entdeckt, dass die Menschen, sobald sie die Fähigkeit internalisiert hatten, sich eine Zukunft mit ihrem angestrebten Gewicht oder einem erwünschten Verhaltensmuster vorzustellen, keine Therapie mehr benötigten.[28]

Diese Forschung zeigt, dass die Nutzung unserer Vorstellungskraft unser Leben beträchtlich verbessern kann. Ich konnte nicht aufhören, mich zu fragen: „Was, wenn wir das Ganze auf breiterer Basis, für weit komplexere Probleme anwenden könnten?" Als ich mich eingehender mit dieser Frage beschäftigte, gehörte zu den ersten Orten, die ich besuchte, eine vom London's Institute of Imagination (iOi) ausgerichtete Veranstaltung, die der Autor und Bildungsreformer Sir Ken Robinson, ein Schirmherr des Instituts, als „ein Fest der kindlichen Fantasie und Kreativität" bezeichnete, „das vielfältige Möglichkeiten zu ihrer Kultivierung bietet". Bei meiner Ankunft am iOi hatte das *Lab Live: Metropolis* schon angefangen und ich war umgeben von Kindern und Erwachsenen, die eine Stadt aus Kartons bauten. An anderer Stelle wurden Kinder vor einem Green Screen (à la *Godzilla*) gefilmt, wie sie Karton-Tokio in Stücke schlagen. Ich stellte fest, dass die Erwachsenen an dem Ganzen offenbar ebenso viel Freude hatten wie die Kinder. Tatsächlich waren manche Erwachsene so sehr in Beschlag genommen, dass sie gar nicht bemerkten, dass ihre Kinder ihre Aufmerksamkeit längst auf andere Sachen gerichtet hatten.

Später traf ich Jennifer Coleman, die Entwicklungsdirektorin von iOi, in einem ruhigen Nebenzimmer. Sie sagte: „Für Kinder gibt es viel zu wenige Gelegenheiten, in denen sie ihre Fantasie sinnvoll anwenden können ... in einer Welt, die keinen Wert darauf legt. Wir glauben, dass der Fantasie eine viel grundlegendere Rolle zukommt. Sie versetzt die Kinder in die Lage, die Welt zu verstehen, das heißt, sich verschiedene Szenarien vorzustellen und sie dann auszuprobieren, sich mit Hilfe der Fantasie in andere hineinzuversetzen."[29] Sie kleidete auch in Worte, was zum Thema des vorliegenden Buches werden wird, nämlich, dass wir für die Fantasie nicht genug Zeit aufbringen. Weder in der Schule noch zuhause würde ihr genug Zeit eingeräumt, da wir unser Leben und das unserer Kinder zunehmend mit Kursen und Programmen vollpacken. In anderen Worten, die Fantasie wird immer mehr aufs Abstellgleis geschoben.

Nach unserem Gespräch drängte sich mir das vertraute Gefühl auf, dass wir ein Problem mit der Evaluierung haben. Das heißt, wir wissen nicht wirklich einzuschätzen, was tatsächlich zählt und warum. Ein paar Wochen zuvor hatte ich über Skype mit Scott Barry Kaufman gesprochen, dem wissenschaftlichen Direktor des Imagination Institute in Philadelphia, einem Zentrum für ernsthafte Akademische Forschung unter Leitung des Gurus der positiven Psychologie Martin Seligman. Obwohl das Imagination Institute von der familiären Atmosphäre des iOi Lichtjahre entfernt ist, erzählte mir Kaufman etwas sehr Ähnliches: „Wir glauben, dass die Fantasie eine wesentliche Fertigkeit darstellt. Sie ist wesentlich ... für die Empathie, dafür, eine Perspektive einzunehmen. Sie ist wesentlich dafür, dass wir uns unser eigenes persönliches Wohlbefinden vorstellen können und so ermöglicht sie uns, unsere persönliche Zukunft und vieles mehr zu gestalten."

Besonders beeindruckt hat mich die von Coleman und Kaufman geäußerte Behauptung, die Fantasie sei für die Fähigkeit einer Person, in der Gesellschaft zu funktionieren, fundamental, oder wie Kaufman es formulierte, sie sei „eine wesentliche Fertigkeit in der Welt".[30] Allerdings wird sie kaum als solche wahrgenommen, sondern gilt gemeinhin als chaotisch, unvorhersehbar, ein bisschen dreist, letztlich unkontrollierbar oder als leichtfertige und unprofitable Zeitverschwendung. Sie wird als der Welt der Kinder zugehörig erachtet, wobei Innovationsfähigkeit (und bis zu einem gewissen Grad Kreativität) als hohes Gut bewertet und entsprechend belohnt wird. Wie es David Fleming formulierte, wird Fantasie „weithin als abweichlerisch betrachtet und muss als solche unterdrückt, entfernt oder umerzogen werden".[31] Und doch liefert die Arbeit von Andrade und May offenbar genügend Erkenntnisse hinsichtlich der Frage, inwieweit und wie konkret die Fantasie für die Veränderungen entscheidend sein wird, die wir in den kommenden zwanzig Jahren vornehmen müssen.

Was, wenn wir ihre Techniken dazu verwenden könnten, jene „wesentliche Fertigkeit" aufzurufen, um uns vorzustellen, dass wir alles, was uns an kreativen, ambitionierten, brillanten Dingen einfällt, unternehmen würden, um die schlimmsten Auswirkungen des Klimawandels abzuwenden? Was, wenn wir, als Antwort auf die Schlussfolgerung aus dem Bericht des Weltklimarats, dass wir „rasche, weitreichende und beispiellose Veränderungen in allen Aspekten der Gesellschaft benötigen", imstande wären, uns all diese raschen, weitreichenden und beispiellosen Veränderungen vorzustellen?[32] Was, wenn wir uns, ohne zu zögern, einer solchen Aufforderung, alles neu zu überdenken und umzubauen, annehmen würden?

Und was, wenn nicht?

Ich frage mich oft, wie zukünftige Generationen unseren heutigen Moment in der Geschichte wahrnehmen werden: eine Zeit, als Meerestiere, die in elf Kilometern tiefen Gräben entdeckt wurden, Plastik in ihren Mägen hatten; als sich die Gesellschaft gefährlich polarisierte und wir ein Wiederaufleben toxischer Ideen erlebten, die wir längst für historisch hielten; als wir uns von Finanzkrise zu Finanzkrise hangelten, ohne die fundamentalen Ungleichgewichte zu beheben, die ihr Stattfinden nahezu unvermeidlich machten; als Bienenvölker und andere Insektenpopulationen zusammenbrachen, weil wir unfähig waren, unsere Nahrungsmittelproduktion umzustellen oder die Agrarchemiefirmen auszubremsen. Eine Zeit all der versäumten Gelegenheiten, an denen der Klimawandel hätte abgewendet werden können, wenn wir die Dinge nicht verschleppt und aufgeschoben hätten.

Ein vor Kurzem erschienener Artikel zum allgemein als Treibhaus Erde titulierten Klimawandel konstatierte: „Graduelle lineare Änderungen … reichen nicht aus, um das Erdsystem zu stabilisieren. Um das Risiko zu mindern, den kritischen Punkt zu überschreiten, werden wohl weitreichende, umgehende und grundlegende Veränderungen nötig sein."[33] In der Formulierung der Schriftstellerin und Aktivistin Naomi Klein: „Uns bleiben keine nicht-radikalen Optionen mehr."[34] Ich glaube, die Fantasie ist die einzige Sache, die wir noch haben, die radikal genug ist – oder sein könnte –, unter der Voraussetzung allerdings, dass sie von couragiertem Handeln begleitet ist.

Das vorliegende Buch ist jedoch kein Buch der Verzweiflung. Während ich es schrieb, habe ich fast hundert Personen interviewt. (Diese Interviews sind in voller Länge auf dem *Imagination Taking Power*-Blog aufzurufen, der dieses Buch begleitet, www.robhopkins.net.) Ich habe Dutzende Projekte und Orte besucht, Hunderte Bücher gelesen (nicht mehr so einfach, wie es einmal war, darüber später) und Gespräche mit Menschen in aller Welt geführt, weil ich herausfinden wollte, wie weit wir mit diesen zwei kleinen Wörtern kommen können: „Was, wenn …?" Diese Frage und die Begegnungen mit den Menschen, die sie gestellt haben, führten mich auf eine Reise, auf der ich, indem ich zu improvisieren lernte, meinen Sinn für das Spielerische wiederaufleben ließ, auf der ich die einstige Großbank besuchte, die „als Akt der Geldschöpfung für den Bürger" neu eröffnete, auf der ich an der Umwandlung einer deprimierenden Buswendestelle in ein leuchtendes „Dorfgrün" teilnahm, mich Kindern und Familien in Bristol anschloss, die ihre Straße für den Autoverkehr sperrten, damit sie dort mit ihren Skateboards und Rollern fahren konnten – und vieles andere mehr.

Nach all dem kam ich zu dem deutlichen Schluss, dass nicht nur David Fleming richtig lag, wenn er sagte, dass die vor uns liegende Arbeit im Wesentlichen eine Arbeit der Vorstellungskraft ist, sondern dass diese Arbeit bereits auf der ganzen Welt von Gemeinschaften angegangen wird, von denen wir viel lernen können. Ich entdeckte, dass es überall auf der Welt Menschen gibt, die sich im Großen wie im Kleinen fragen, was in Schulen, in Nachbarschaften, in unserem Verhältnis zur Natur und in unserem Gesundheitswesen anders laufen könnte, wie wir unsere Zeit und unsere Aufmerksamkeit anders verwenden und sie sogar als Ausgangspunkt benutzen könnten, um uns die ökonomischen und demokratischen Realitäten unserer Städte und Ortschaften neu vorzustellen.

Bei jedem Schritt verliebte ich mich mehr in diese beiden kleinen Wörter: „Was, wenn …?" Was, wenn wir viel weniger Energie verschwenden würden und das meiste dessen, was wir verbrauchen, aus erneuerbaren Ressourcen generieren würden? Was, wenn wir Flüchtlinge in ihren neuen Heimatländern willkommen heißen und sie unterstützen würden? Was, wenn wir die Wirtschaft an anderen Messlatten messen würden als an ihrer jährlichen Wachstumsrate? Was, wenn wir über autofreie Städte, die Abschaffung der Gefängnisse oder eine gleichere Wohlstandsverteilung nachdenken könnten, ohne unseren Verstand damit völlig durcheinander zu bringen? Was, wenn wir in einer Welt lebten, in der die Polizei nicht auf unbewaffnete junge Männer of colour schießen würde und unser Bildungssystem kein Angriff auf die geistige Gesundheit unserer Jugendlichen wäre? Was, wenn wir die Luftfahrtbranche ausmustern und uns stattdessen für ein Leben mit langsamem Reisen entscheiden würden? Der israelische Historiker Yuval Noah Harari vertritt die These, dass der Mensch deshalb zum mächtigsten Geschöpf auf Erden geworden ist, weil er über Vorstellungsvermögen und die Fähigkeit, Geschichten zu erzählen, verfügt und weil er sich fragen kann: „Was, wenn?"[35]

Was, wenn wir diese Fähigkeit in ihrer ganzen Fülle wiederbeleben, und zwar von jetzt an?

EINS

WAS, WENN WIR DAS SPIELEN ERNST NEHMEN?

Der Trieb, frei zu spielen, ist ein grundlegender biologischer Trieb. Fehlt das freie Spiel, wird dies nicht unbedingt wie Nahrungs-, Luft- oder Wassermangel tödliche Folgen für den Körper haben, aber es wird den Geist abtöten und das seelische Wachstum hemmen ... nichts, was wir unternehmen, noch so viel Spielzeug, das wir ihnen kaufen, die gemeinsamen schönen Stunden, die wir mit ihnen verbringen oder besondere Kurse, die wir ihnen zuteilwerden lassen, kann die Freiheit, die wir ihnen nehmen, ersetzen. Was die Kinder auf eigene Faust, im freien Spiel, lernen, kann ihnen anders nicht beigebracht werden.

—Peter Gray, Befreit lernen

An einem frühen Mittwochabend besuche ich in Bristol die im Stadtteil St. George liegende Howard Road, eine Straße, die an der englandweiten Initiative mit dem Namen „Playing Out" (Draußen spielen) teilnimmt. Es handelt sich um eine einfache Idee. Playing Out unterstützt Eltern, die ihre Straßen über kurze Zeiträume für den motorisierten Verkehr sperren lassen wollen, damit die Kinder und nicht die Autos das Sagen haben.[36] Überall auf dem Pflaster sind Kreidezeichnungen zu sehen und Kinder auf Rollern, Skateboards und Fahrrädern rasen an mir vorbei. Zwei Erwachsene schwingen ein Seil, und Kinder stehen Schlange, bis sie beim Seilhüpfen an der Reihe sind.[37]

Es mag zunächst kontraintuitiv anmuten, dass Eltern ihre Kinder dazu ermutigen, auf der Straße zu spielen. Doch Jo Chesterman, die Playing-Out-Koordinatorin für die Straße, in der ich gerade stehe, meint: „Wir sind hier auf eine wirklich gute Sache gestoßen." Die Saat dafür wurde 2012, während des fünfzigjährigen Kronjubiläums der Queen, gesät, als die Nachbarschaft eine Straßenparty organisierte und alle darüber staunten, wie viele Kinder auf der Straße spielten und welchen Spaß sie dabei hatten. Jo arbeitet mittlerweile als örtliche „Aktivatorin", die in anderen Straßen Initiativen mit dem gleichen Ziel unterstützt.

Die Howard Road wird zwischen April und Oktober alle vierzehn Tage zwei Stunden lang nach Schulende und im Winter für einen Sonntag im Monat gesperrt. Playing Out findet in 500 Straßen in ganz England, und hier vor allem in Leeds, Hackney, Worthing und North Tyneside statt. Bristol allerdings ist das Epizentrum. In der Stadt werden regelmäßig sechzig Straßen für den Verkehr geschlossen. Mit einer Organisation vor Ort ist das rechtliche Procedere zur Schließung einer Straße viel einfacher geworden. Dank des neuen „Erlasses für temporäre Spielstraßen", der durch den Stadtrat von Bristol in das städtische Polizeigesetz von 1847 aufgenommen wurde, sind Initiativen fürs Erste in der Lage, Termine für ein ganzes Jahr auf einmal zu beantragen; sie müssen keine separaten Anträge mehr stellen.

Kinder auf den Straßen spielen zu lassen, diese „wirklich gute Sache", brachte zahlreiche unerwartete Vorteile mit sich: Sie bietet den Kindern ein offenes Spielfeld (anders als etwa bei Computerspielen, wo man sich in der Regel durch vorgezeichnete Levels bewegt). Sie ermutigt zu spontanem und erfinderischem Spielen. Wenn Kinder auf der Straße spielen, hilft dies ihrem Selbstvertrauen. Sich nicht zuhause in der Wohnung aufzuhalten, ist ein erster Schritt, in der Interaktion mit anderen sicherer zu werden. Nach einem Nachmittag, den ein Kind spielend auf der Straße verbracht hat, hat es vielleicht so sehr an Selbstvertrauen gewonnen, dass es sich auch weiter weg von zuhause noch sicher fühlt und vielleicht am nächsten Tag alleine zur Schule geht. Das Spiel auf der Straße findet zudem, offensichtlich, vor dem eigenen Wohnhaus statt; man muss nicht zuerst in den Park oder auf einen Spielplatz gehen oder fahren. Es bringt Nachbar*innen näher zusammen und gibt den Anwohner*innen Gelegenheit, sich kennenzulernen und Freundschaften zu schließen. Die daraus entspringende Vertrautheit stärkt die Nachbarschaft in ihrem sozialen Zusammenhalt und macht sie zu einem sichereren und befriedigenderen Lebensumfeld. Darüber hinaus werden die Kinder beim Spielen „teilweise beaufsichtigt", sodass die Erwachsenen ihren Aufgaben in dem Wissen nachgehen können, dass auf ihre Kinder aufgepasst wird.

Es lässt sich wohl kaum ein anderes Argument vorstellen, das gegen die Sperrung einer Straße spräche, damit Kinder dort spielen können, als die Unannehmlichkeit für die Autofahrer*innen. Jo meinte mir gegenüber, der Ansatz als solcher verstehe sich nicht als „gegen Autos" gerichtet, „er ist für die Gemeinschaft". Ich fragte, ob viel Gegenwind von den Nachbar*innen zu spüren war, als sich die ersten Leute in der Howard Road für Playing Out einsetzten, und sie antwortete, dass es während der Etablierungsphase keine Probleme gegeben habe. Widerstand formierte sich erst mit „Chalkgate", wie sie es nannte, dem Kreidedebakel, da war die Initiative bereits ein Jahr alt.

„Etliche ältere Anwohner*innen waren zunehmend verärgert über die Kreidebilder, die jedes Mal nach einem Play Out zurückblieben, und verlangten, dass sie abgewaschen werden müssten [nach der Philosophie ‚Wie man etwas vorfindet, so sollte man es auch verlassen']. Ich stand zwischen allen Stühlen – die Playing-Out-Leute waren über dieses Ansinnen ziemlich empört und verärgert und den älteren Anwohner*innen reichte es."[38]

Man einigte sich schließlich auf den Versuch mit einem abgegrenzten und von einem der älteren Kinder beaufsichtigten Bereich für Kreidezeichnungen, der am Ende einer Spielphase gesäubert würde, und darauf, dass Kreide nicht immer zum Einsatz kommen sollte. Das Abwaschen der Kreidezeichnungen wurde zu einem Bestandteil des Spiels und bot Gelegenheit, mit den Kindern zu besprechen, wie wichtig es in einer Gemeinschaft ist, dass sich jeder für sein Tun verantwortlich zeigt. Heute finden manche Spieltage mit Kreide statt, andere ohne und manche Kinder spielen mit Kreide außerhalb der anberaumten Zeiten, so dass den Play-Out-Veranstaltungen nicht alle Schuld in die Schuhe geschoben werden kann.

Doch die Zeit, die man sich nahm und die Mühe, die man sich machte, auch den älteren Anwohner*innen Gehör zu schenken, stellte sich als wichtig heraus. Als später auf der Straße ältere Typen auf Quadbikes unsoziales Verhalten an den Tag legten, zeigte sich, dass diese Unterhaltungen und Kompromisse den Anwohner*innen dabei halfen, besser und geeinter darauf zu reagieren. „Seit mehr als vier Jahren finden nun regelmäßige Spieltage statt und ich glaube, die Tatsache, dass wir in unserem Enthusiasmus nicht nachgelassen haben, hat schließlich jeden Widerstand ausgeräumt – es passierte ja auch nichts Schlimmes, außer dass Nachbar*innen sich draußen trafen und Kinder spielten –, wir haben das Spielen zurück auf die Straße gebracht, das inzwischen die ganze Woche, jeden Monat, das ganze Jahr über zum Straßenbild gehört, und ich bin so froh, daran beteiligt gewesen zu sein"[39], sagte Jo.

Daniella Radice, die nationale Projektmanagerin für Play Out, die mich durch den Abend in der Howard Road begleitete, wies darauf hin, „dass Straßen den größten Teil des öffentlichen Raums einer Stadt ausmachen". Wenn man in der Welt unterwegs ist, wird man immer wieder bemerken, dass Straßen Orte sind, in denen gespielt wird, in denen Gespräche geführt, Schach und Domino gespielt werden, in denen getanzt, gesungen und geschlafen wird. Enrique Peñalosa, früherer Bürgermeister von Bogota, ist der Meinung, dass auf der Straße spielende Kinder im Grunde so etwas wie eine „Indikator-Art" für das Wohlergehen einer Stadt sind.[40] Tatsächlich ist die Verdrängung der Kinder von der Straße vornehmlich ein Problem der reicheren Nationen des Globalen Nordens. Vielleicht ist es an der Zeit, dass wir die öffentlichen Straßen und die Rolle, die sie für unser Leben und unsere Gemeinden spielen, neu interpretieren und sie zurückerobern.

Bis vor relativ Kurzem war das Spielen auf den Straßen an vielen Orten der Normalfall und ein wesentlicher Eckpfeiler unserer Kultur. Ein Schriftsteller schrieb in den 1920ern über das Straßenleben Londoner Kinder: „Die Straße ist die Wiege des neugeborenen Babys, die Krippe des Kleinkindes und das Spielgelände des ABC-Schützen; und dass die Kinder wild in ihr toben können, ist für die Vitalität, den Witz und die unersättliche Neugier verantwortlich, die sich an den Orten in London, wo sich Erwachsene zusammenfinden, so lebhaft äußert."[41]

Eine von Playday 2007 durchgeführte Umfrage ergab, dass 71 Prozent der Erwachsenen in ihrer Kindheit auf der Straße spielten, während der Anteil der Kinder 2007 bei lediglich 21 Prozent lag.[42] Unsere Kinder befinden sich zunehmend in einem, wie es Richard Louv, Autor von *Last Child in the Woods* nennt, „gut gemeinten, beschützenden Hausarrest"[43], wo sie der elterlichen Aufsicht und Tabletten pharmazeutischen Ursprungs oder Tablets digitaler Provenienz kaum entkommen. Kindern bleibt heute viel weniger Raum, in dem sie sich frei bewegen können: nur noch ein Neuntel dessen, was früheren Generationen zur Verfügung stand.[44]

Aus Comic-Büchern und archiviertem Filmmaterial der 1970er-Jahre geht hervor, dass die Kinder meistens im Freien spielten und über eine reiche Kultur an Spielen, Liedern und Geschichten verfügten.[45] Sie schufen sich ihre eigenen Welten, von denen die Eltern meist nichts mitbekamen – Verstecke, Treffpunkte, Baumhäuser, Schleichpfade –, und zwar in einer Weise, die, wie wir heute wissen, für ihr psychologisches Wohlbefinden und ihre geistige Gesundheit entscheidend war.[46] Doch bereits in den 1970er-Jahren erlebte das unstrukturierte Spiel im Freien einen Niedergang. Der Stadthistoriker Howard Chudacoff nennt die Zeit von

Anfang bis Mitte des 20. Jahrhunderts „die goldene Zeit des unstrukturierten Kinderspiels"[47] und verortet das Einsetzen des Niedergangs um das Jahr 1955.

Dass das unstrukturierte Spiel aus unseren Straßen verschwunden ist, liegt unter anderem daran, dass bei älteren Leuten Kinder als unbändig verschrien sind. Der Chief Constable der West Midlands Police, Paul Scott, meinte 2004 gegenüber der *Birmingham Mail*: „Für mich ist interessant, dass für diese Leute, wenn sie gefragt werden, worüber sie sich aufregen, nicht das kriminelle Verhalten der Jugendlichen im Vordergrund steht, [...] sondern im Grunde genommen, dass sie einfach nur da sind. Dass die Jugendlichen einfach existieren, ist für die meisten Leute heute die Hauptursache für ihren Ärger."[48] Menschen wie Jo sehen aber, dass sich die Kultur ihrer Straße wirklich zum Positiven verändert, einfach indem man die Jugendlichen dort sein lässt. Inzwischen, sagt sie, passiert dies auch außerhalb der Playing-Out-Zeiten. „So langsam wird das Spielen auf der Straße wieder selbstverständlich."

Und auch die Art, in der die Kinder ihre Spiele spielen, verändert sich. Louise Davey, eine Mutter aus einer benachbarten Straße, die ihre Kinder an Playing-Out-Tagen in die Howard Street bringt, meinte, sie sehe während dieser Spielstunde, dass „die Fantasie einen Sprung macht". Die Kinder würden nicht nur malen; sie würden mit der Kreide auf dem Pflaster Spiele erfinden. Und sie würden das Springseil nicht nur für Seilspringen benutzen; es würde, wenn sie genug vom Seilspringen haben, zum Ausgangspunkt für alle möglichen anderen Spiele. Wie Jo es formuliert: Es gibt ihnen Raum für ein fantasievolles Spiel. Und das Ganze besitze übrigens einen gewaltigen positiven Nebeneffekt für die Erwachsenen, die, wie ein Elternteil es darstellte, entdeckt hätten, „dass wir uns eigentlich ziemlich mögen". Inzwischen gibt es, unabhängig von Playing Out, regelmäßige abendliche Zusammenkünfte. Louise bemerkte: „Es ist schön, wenn alle herauskommen, miteinander reden und nicht hinter ihrem Bildschirm hocken bleiben."

Was passiert, wenn den Kindern dieses spontane freie Spiel verwehrt ist, der Raum, in dem sie so tun können, als ob? Der extremste Pol der Forschung, und er ist unleugbar extrem, findet sich in der Arbeit des Psychiaters Stuart Brown. Nach dem Amoklauf 1966 an der Universität von Texas, bei dem Charles Whitman von einem Turm auf dem Universitätsgelände aus auf 46 Menschen schoss, untersuchte Brown dessen Fall und interviewte zudem 26 andere verurteilte Mörder in Texas, um herauszufinden, was ihnen gemeinsam war.[49] Zwei Schlüsselfaktoren schälten sich heraus: Alle untersuchten Personen stammten aus Familien, in denen psychischer und physischer Missbrauch vorkam, und alle durften in ihrer Kindheit nicht spielen. In späteren Arbeiten ging Brown noch gründlicher vor und befragte mehr als 6000 Menschen zu ihrer Kindheit. Die Auswertungen bestätigten seine ursprünglichen Befunde und die ernsten Folgen einer Kindheit ohne Möglichkeit zu spielen. Er schrieb, dass „pathologische Aggression oft auf eine Kindheit verweist, die durch den Mangel oder das Fehlen alles Spielerischen depraviert war", und dass „bei einem Leben, in dem kein Spiel stattfinden kann, mit ernsthaften Folgen zu rechnen ist".[50]

Der estnische Neurologe und Psychobiologe Jaak Panksepp schreibt, dass ein Aufwachsen ohne ausreichende Möglichkeiten für, wie er es nennt, „echtes Spielen" in Depression und andere Nöte, darunter eine erhöhte Anfälligkeit für ADHS, führen kann. Er formuliert es so: „Die postmodernen Gesellschaften haben unseren Kindern das natürliche Spielen weggenommen und es allzu oft durch geregelte Aktivitäten und mit Medikamenten ersetzt, die den Drang zu spielen mindern."[51] Die Auswirkungen sind beträchtlich. In England werden heute 35.000 Kindern Antidepressiva verschrieben; bei einem von zehn ist eine psychische Störung diagnostiziert worden.[52]

Die wissenschaftliche Literatur ist in diesem Punkt völlig eindeutig: Das Spiel ist entscheidend für die geistige Entwicklung. Es ist so natürlich wie Gehen, Atmen oder Sprechenlernen. Es vermittelt soziale Kompetenzen, Kreativität und die Fähigkeit zur Konfliktbewältigung. Es fördert die Resilienz und bringt Erwachsene hervor, die Probleme besser lösen können. Studien zeigen, dass Kinder, wenn sie mit anderen Kindern spielen, eine ausgefeiltere Sprache verwenden, als wenn sie mit Erwachsenen interagieren.[53] Das Rollenspiel fördert das Empathievermögen von Kindern. Zudem fördert das freie Spielen die Bereitschaft, Risiken einzugehen; eine Studie zeigte, dass Kinder, die im Alter zwischen fünf und acht aus einer gewissen Höhe herunterfielen und sich wehtaten, mit achtzehn weniger Höhenangst hatten.[54] Wenn wir junge Menschen groß-ziehen wollen, die widerstandsfähig, selbstständig, unternehmungsfreudig und abenteuerlustig sind – und ich behaupte, dass wir das *sollten* –, dann müssen wir sie auch Risiken eingehen lassen. Risikoscheue ist die letzte Eigenschaft, die wir unseren Kindern vermitteln sollten. Stephen Moss schrieb in einem für den National Trust geschriebenen Bericht über das Spielen: „Es besteht durchaus das Risiko, dass Kinder, die keine Risiken eingehen, auch als Erwachsene keine Risiken eingehen."[55]

Wenn Kinder aus den Straßen unserer Städte verschwinden, wirkt sich dies auch auf Erwachsene aus. Erwachsene sind darauf angewiesen, spielende Kinder zu hören und um sich zu haben. Eine auf Channel 4 ausgestrahlte Fernsehserie mit dem Titel *Old People's Home for 4 Year Olds* startete einen Versuch und holte eine Gruppe vierjähriger Kinder in ein Altenheim, wobei die medizinischen Auswirkungen auf die älteren Menschen untersucht wurden. Während es in den Vereinigten Staaten über fünfhundert solcher generationenübergreifender Programme gibt, war dieses das erste im Vereinigten Königreich. Die Folgen für das Wohlbefinden, für die psychische und körperliche Gesundheit und auch die Beweglichkeit, waren erstaunlich. Zina, eine siebenundsiebzig Jahre alte Teilnehmerin, litt an Depressionen. Sie sagte: „Wenn die Kinder fröhlich waren, waren wir es auch. Dieses Experiment hat uns wieder einen Raum für Fantasie geöffnet. Es ist beinahe unmöglich, sich nicht von der Fröhlichkeit der Kinder anstecken zu lassen."[56]

Oder wie es Jo Chesterman formulierte: „Künftige Generationen werden zurückblicken und sagen ‚Was haben sie nur getan?', ‚Was haben sie sich dabei gedacht?'" Die wichtigste Erkenntnis, die mir nach meinem Besuch in der Howard Street haften blieb, war, dass fantasievolles Spiel, Kreativität, Erfindungsreichtum noch immer existieren. Ganz gleich, wie gründlich dies alles unterdrückt wird, es hat in Gemeinschaften, in Beziehungen und in der menschlichen Psyche eine nie versiegende Quelle. Wir müssen dem nur in richtiger Art und Weise Raum lassen, und es wird sprudeln. Wie Jo sagte: „Man muss nur den Verkehr für ein, zwei Stunden am Tag in die Schranken weisen, und schon passiert es. Und es passiert jedes Mal, in jeder einzelnen Straße, in der ich gearbeitet habe. Du sperrst sie ab, du schaffst den Raum und es passiert."

Das ist ein Thema, das bei meinen Recherchen für dieses Buch immer wieder auftauchte: Fantasie ist unverwüstlich. Wenn wir die Faktoren, die sie unterdrücken, beiseiteschieben können, wird sie wiederaufleben, und ins Licht blinzeln, denn sie ist unser natürlicher Zustand. Sie ist ein fundamentaler Part des Menschseins. Wenn die richtigen Bedingungen herrschen, blüht sie auf. Das ist die natürliche Ordnung der Dinge, so wie Land, das sich selbst überlassen und weder gemäht, noch gespritzt oder beweidet wird, wieder zu Wald wird. Wenn der Raum geschaffen wird, die Autos ausgesperrt werden, mit dem richtigen Maß an interventionsfreier Supervision, wenn das Gefühl, Teil einer Gemeinschaft zu sein, aufkommt, blüht die Fantasie auf. Kinder möchten instinktiv und von Natur aus spielen; so sind sie. Es hält sich nie tief unter der Oberfläche verborgen. Wir müssen nur den Druck herausnehmen und diesem Bedürfnis den Raum zum Atmen geben.

Im April 2017 versucht eine Gruppe Freiwilliger in Totnes, Devon, der Stadt, in der ich wohne, genau das und organisiert ein Festival für Straßenspiele in Rotherfold, einem Platz oben in der Stadt. Die meisten Kinder kennen die Spiele, die einst überall gespielt wurden, nicht mehr, etwa „Eins, zwei, drei, wer hat den Ball", Bockspringen, Mauerball oder „Fischer, Fischer, wie tief ist das Wasser". Das Festival hatte Kinder und Erwachsene zum Spielen zusammengebracht, und am Tag des Festivals selbst gesellten sich ihnen kürzlich aus Pakistan und Syrien angekommene Vertriebene zu, die ihre eigenen Straßenspiele mitbrachten. Toni Spencer, einer der Organisatoren, erzählt: „Ich bin mitten in London aufgewachsen, und Kinder jeden Alters waren auf der Straße und alle hatten wir das Gefühl, genau hierher zu gehören ... Eines meiner Lieblingsspiele war, mich mitten auf die Straße zu legen und die Autos herauszufordern, mich zu überfahren. Was rückblickend wohl daran liegen muss, dass ich das Gefühl hatte, wichtiger als die Autos zu sein."[57]

Ein Spiel, nämlich Spijkerpoepen – das holländische Wort lässt sich als „Nägel kacken" übersetzen –, ist besonders beliebt. So wird es gespielt: Mit einem Stück Schnur befestigt man eine Schraube oder einen Nagel so an der mittleren Gürtelschleife hinten an der Hose, dass sie kurz oberhalb der Knie zu hängen kommt. Alternativ kann man sich die Schnur auch um die Hüfte binden und hinten runterhängen lassen. Rückwärts zwischen den Beinen durchschauend, versucht man dann die Schraube in eine hinter einem stehende Flasche zu manövrieren. Ein hübsches Spiel für das nächste Betriebsfest.

Der Platz vibriert vor Lärm, Kinder rennen herum, singen, irgendein Kind heult wegen eines aufgeschürften Knies, Gelächter. Es braucht nicht viel für das Spiel auf der Straße. Vielleicht ein Springseil. Oder einen Ball. Eventuell einen Kricketschläger. Ein Stück Kreide. Sicherlich nichts, wofür man Batterien benötigt. Und nichts, wozu man ein offenes WLAN braucht. Nur sich selbst, ein paar Freunde und Zeit. Es war faszinierend zu beobachten, wie selbstverständlich sich die meisten Kinder auf dem Rotherfold-Platz zum gemeinsamen Spielen zusammenfanden, die Regeln lernten und sie für sich anpassten. Einmal kippte das Seilspringen – ich wusste gar nicht mehr, wie schweißtreibend es sein konnte – für ein paar chaotische Sekunden lang in ein Tauziehen um. Ein paar Kinder taten sich schwer damit, sich in eine größere Gruppe einzufinden und gemeinsame Regeln zu verabreden; ich fragte mich, ob dies wohl mit unserer Kultur zusammenhängt, die immer individualistischer wird. Und dann gab es natürlich noch die Erwachsenen: Sie standen zunächst herum und dachten, sie wären da, um ihre Kinder zum Spielen zu animieren. Dann merkten sie, dass sie ja auch selbst spielen konnten.

Howard Chudacoff, Autor und Geschichtsprofessor an der Brown University, schrieb: „Mir scheint es interessant, dass wir als Erstes an Spielzeug denken, wenn wir heute übers Spielen sprechen. ... Wenn ich mir hingegen vorstelle, wie das Spielen im neunzehnten Jahrhundert war, dann denke ich eher an eine *Aktivität* als an einen Gegenstand."[58]

Im 21. Jahrhundert ist Spielen komplett zu einer Sache des Spielzeugs geworden. Das Angebot an Spielzeug lässt immer weniger Platz für die Fantasie übrig, hat häufig nur eine spezielle Funktion, die kein freies Spielen ermöglicht und ist immer mehr an den Unternehmensbedürfnissen als an denen der Kinder ausgerichtet. Jay Griffiths, Autorin von *Kith*, meinte zu mir, kommerzielles Spielzeug suggeriere den Kindern, *dass es in ihnen einen Mangel gibt, dass sie nicht in der Lage sind, ihre eigene Fantasie einzubringen und die Welt in etwas anderes zu verwandeln. Gibt man einem Kind einen Zweig und einen Haufen Blätter, kann es damit alles Mögliche anstellen. Das ist Fantasie, und für Kinder ist es wirklich wichtig zu lernen, dass sie keinen Mangel in sich tragen, sondern eine Fülle an Vorstellungskraft, ein von Fantasie geprägtes Gefühl der Selbstständigkeit, das, wenn nötig, durchaus auch aus der Reihe tanzen kann.*[59]

Besonders fasziniert, aber auch beunruhigt, bin ich von Hello Barbie, der ersten WLAN-fähigen Chatbot-Version jener Plastikprinzessin des Kapitalismus, die mit einem Kind „spricht" und auf seine Reaktionen eingeht. 2015 von Mattel auf den Markt gebracht, nutzt „Hello Barbie ... WLAN und Spracherkennungstechnologie für einen Dialog in beiden Richtungen!"[60] Letzten Endes funktioniert sie so wie Siri und greift auf ein 216-Seiten-Skript zurück, um mit dem Kind über sein aktuelles oder späteres Leben zu sprechen:

Ich möchte dich gerne besser kennenlernen. Oh, ich weiß was! Lass uns ein Spiel spielen. Das Spiel heißt „Meine Stadt"! Wir tun so, als ob jeder aus deiner Familie einen Laden hat, in deiner Fantasiestadt! Ich komme zu Besuch und du kannst mich herumführen! Also ... wie heißt die Stadt, in der deine Familie wohnt? Ich sehe schon, hier gefällt es mir! Also, jeder aus deiner Familie hat seinen eigenen Laden. Einen pro Person! Ich gehe in einen Laden nach dem anderen und du sagst mir, wem er gehört! Alles klar so weit?[61]

Fachleute haben hinsichtlich der Technologie dieser Puppen eine Reihe von Bedenken angemeldet, die unter anderem die Möglichkeit des Hackens und der Datenerhebung im Blick haben. Mattel schöpft sogenannte „Dialogbrocken" ab – die Antworten des Kindes auf die Fragen der Puppe –, die aufgenommen, analysiert und gespeichert werden. Diese wertvollen Informationen lassen sich dann verkaufen und zur Planung gezielter und personalisierter Marketingstrategien in Umlauf bringen.[62]

Dank „Hell No Barbie", einer Initiative, die kurz nach der Markteinführung von der Kampagne für eine kommerzfreie Kindheit (Campaign for a Commercial-Free Childhood, CCFC) lanciert wurde, brachen die Verkäufe dieser grässlichen Erfindung zum Glück ein. Josh Golin von CCFC erklärte mir via Skype aus Boston, dass neben den zahlreichen Gründen, von solchem Spielzeug entsetzt zu sein, vor allem die Wirkung auf die Fantasie der Kinder, die es in die Hände bekommen, eine Rolle spiele.

> *Die Fantasie ist ein so wichtiger Bestandteil der Kindheit. Geschichten zu erfinden, Spiele auszuhecken, sich imaginäre Freunde auszudenken und Fantasiewelten zu entwickeln, sind so überaus wichtige Aspekte einer gesunden kindlichen Entwicklung. Das alles gibt den Kindern die Möglichkeit, Probleme zu verarbeiten ..., sich Alternativen vorzustellen. Wenn wir Kinder so viel Zeit mit Geräten verbringen lassen, die ihnen Geschichten erzählen, anstatt ihnen den Freiraum zu geben, sich eigene Welten vorzustellen, beschränken wir ihre Fantasie.[63]*

Im Vereinigten Königreich hat der Verband der Spielzeughändler zwar verlauten lassen, dass solche Puppen „kein besonderes Risiko darstellen", die Öffentlichkeit aber ist zunehmend alarmiert. Die Bundesnetzagentur, Deutschlands Telekommunikationsüberwachungsbehörde, stufte ein ähnliches Spielzeug, My Friend Cayla, als „verbotenes Spionagegerät" ein. Einzelhändlern, die sie weiterhin verkaufen, aber auch Eltern, die die WLAN-Verbindung nicht funktionsuntüchtig machen, drohen Strafen.[64]

Doch nicht nur die Privatsphäre und Sicherheit von Kindern stehen hier auf dem Spiel. Ein Spielzeug wie Hello Barbie bahnt sich einen direkten Weg in die Psyche des Kindes und macht die persönlichen Fantasie-Freund*innen über Nacht arbeitslos. Wer muss sich denn noch Gespräche ausdenken und Szenen ausmalen, wenn Mattels Hello-Barbie-Skript dies für einen erledigt?

Shoshana Zuboff bringt ein gewisses Unbehagen über das Modell des „Überwachungskapitalismus" hinter solchen Geräten zum Ausdruck, wenn sie schreibt:

> *Die Puppe, früher mal Spiegel ungezügelter Kindheitsfantasien, ist zu-*
> *sammen mit dem Rest der Spielzeugkiste – nebst Kiste, Kinderzimmer*
> *und Elternhaus – vorgemerkt für Rendition, Berechnung, Vernetzung*
> *und Profit. Nicht länger bloßes „Zeug", wird alles zu Vehikeln für*
> *eine Reihe von Geschäftsgelegenheiten, die man aus unseren „Dialog-*
> *brocken" und diversem anderen Goldstaub fabriziert.*[65]

Es gibt tatsächlich starke Argumente dafür, dass der kindlichen Fantasie
am besten gedient ist, wenn Kinder *nicht so viele* Spielsachen haben. Eine
2008 von der Beschäftigungstherapeutin Alexia Metz an der University
of Toledo in Ohio durchgeführte Studie untersuchte, wie sich die Zahl der
Spielsachen, mit denen Kinder spielten, auf ihre Fantasie auswirkt. Metz
beobachtete 36 Kleinkinder im Alter von 18 bis 30 Monaten, und lud sie
ein, zweimal die Woche in dem Spielzimmer ihres Universitätslabors zum
Spielen zu kommen. Bei einem dieser Besuche wurden ihnen 16 Spiel-
zeuge gegeben, bei einem anderen nur vier. Mit Kameras wurde aufge-
zeichnet, wie die Kinder spielten.

Die Forscher fanden heraus, dass die Kinder, wenn sie nur wenige
Spielsachen zur Verfügung hatten, jeweils mehr Zeit mit den einzelnen
Gegenständen verbrachten. Interessanter freilich wurde es, als sie sich
mit der Qualität des Spiels befassten, mit der Intensität, in der die Fantasie angeregt wurde. Spielten die Kleinkinder mit lediglich vier Spielsachen, spielten sie besser, kreativer, und mit größerer und länger anhaltender Aufmerksamkeit, da sie nicht von zu vielen Gegenständen abgelenkt
wurden. „Eine Umgebung, die weniger Ablenkungen bietet", schrieb das
Team, „dürfte den Kleinkindern die Möglichkeit bieten, ihre spezifischen
Aufmerksamkeitsspannen und -level zu trainieren." Die Kinder mussten
sich, was den Gebrauch der einzelnen Spielsachen anbelangte, mehr einfallen lassen, dies bedeutete, dass sie anfingen, in alle möglichen Richtungen zu denken. Das Team kam zu dem Schluss, dass die Qualität des Spiels
umso größer ist, je weniger Spielzeug zur Verfügung steht. Mit weniger
Spielzeug war den Kindern die Möglichkeit gegeben, das, womit sie spielten, immer wieder neu und auf kreative Weise zu betrachten.[66]

Es handelt sich hier um eine Beobachtung, der eine Vorschule in
München eine weitere Dimension hinzugefügt hat. Initiiert von zwei

Gesundheitsbeamten, die sich fragten, ob sich Suchtverhalten bereits im frühen Kindesalter einstellt und die sehen wollten, wie fröhlich Kinder auch ohne „Sachen" spielen können, wurde dort drei Monate im Jahr alles Spielzeug beiseitegeräumt.[67] Die Kinder kamen am ersten Tag in einen leeren, großen Raum, sie waren zögerlich und ein bisschen gelangweilt. Am zweiten Tag bauten sie Höhlen aus Stühlen und Decken, und am Ende der Woche spielten sie mit „unbändiger Fantasie". Ihre Zeichnungen und Bilder wurden viel ausdrucksstärker und einfallsreicher.

Wann hast du das letzte Mal bewusst gespielt? Und damit meine ich nicht ein Computerspiel oder Schach oder Tennis; ich meine ein unstrukturiertes „Lass uns so tun als ob"-Spiel, in dem du völlig aufgingst, spontan warst und andere Leute mitgerissen hast? Ich denke mal, das ist eine ganze Weile her. Für Erwachsene kann allein schon die Vorstellung grässlich sein und an jene fürchterlichen Übungen zur Teambildung erinnern, wie sie vielleicht am Arbeitsplatz stattfinden. Was sich für ein Kind so natürlich angefühlt haben mag, kann Erwachsene geradezu peinlich berühren. Wenn wir in meiner Gemeinde mit Transition Town große öffentliche Veranstaltungen abhalten und Übungen zur Sprache bringen, die auch nur andeutungsweise verlangen, in kleinen Gruppen oder paarweise mit anderen Personen sprechen zu müssen, führt das dazu, dass etwa fünf Prozent der Anwesenden, in der Regel ältere Menschen, den Veranstaltungsort verlassen. Ist das wirklich unvermeidlich? Schließen sich Spielen und Erwachsensein etwa gegenseitig aus? Leah Stella Stephens schreibt: „Wer hat schon die Zeit oder den Freiraum, das kaum vernehmbare Flüstern unserer lange vernachlässigten Fantasie zu hören? Tagsüber sind unsere Fantasien verbannt, eingesperrt in unser inneres Gefängnis, nur nachts kommen sie, *wenn wir Glück haben,* flüchtig zum Vorschein."[68]

Eine Möglichkeit für Erwachsene, wieder mit dem Spielen in Kontakt zu kommen, ohne sich dabei in die Enge getrieben zu fühlen, ist das Improvisationstheater. Deshalb habe ich mir gedacht, es wäre an der Zeit, improvisieren zu lernen. Im September 2017 belegte ich in London zusammen mit sieben anderen Leuten einen von Jeremy Finch vom Spontaneity Shop geleiteten Improvisationskurs für Anfänger, um herauszufinden, wie es ist, als Erwachsener zu spielen, und warum es so wichtig ist. Ich wollte als Erwachsener wieder lernen zu spielen. Tom Salinsky und Deborah Frances-White, Gründer des Sponaneity Shops, schreiben in *The Improv Handbook*: „Viele Erwachsene haben einfach aufgehört, kreativ zu sein, also sind ihre Muskeln dafür müde und verkümmert. Die Fantasie ist wie ein ängstliches Tier, man muss sie hätscheln und ermutigen."[69] Und so versammelten wir uns, ein junger Mann, der in der Finanzwirtschaft arbeitete, ein schüchterner Typ, der gerade den Job wechselte, eine aparte ältere Frau und ein paar andere, insgesamt altersmäßig und in Sachen Lebenserfahrung sehr durchmischt, in einem Raum eines Kunstzentrums in London, und blickten leicht nervös, aber bereit, unsere Fantasien zu hätscheln und zu ermutigen, in die Runde.[70]

Als Einstieg erzählte uns Jeremy seine Improvisationsphilosophie: „Ich bin grottenschlecht und ein grandioser Versager." Wir mussten es wiederholen wie ein Mantra. Die Absicht dahinter: Wir sollten uns zugestehen, Dinge auszuprobieren, ohne auf Brillanz zu setzen, das „Versagen" feiern, denn es bedeutet, Risiken einzugehen, sich auf das Ungewisse einzulassen und den Leuten um uns herum Vertrauen zu schenken. Ich fragte Jeremy, was wir in dem Kurs lernen. Er antwortete:

> *Improtheater ist kreative Zusammenarbeit. Man erfindet etwas, aus dem Stehgreif, häufig vor einem Publikum. Es geht darum, spontan Material zu generieren. Es geht darum, sich auf seine kreativen Partner einzulassen, zuzuhören, präsent zu sein. Es hat einen Zen-ähnlichen „Im-Moment"-Aspekt. Es geht zudem darum, Erzählstrukturen zu verstehen, wie wir spannende Geschichten erfinden, die uns bezaubern, uns anrühren oder unsere Fantasie einfangen. Man wird Schauspieler und Schriftsteller zugleich.*

Zwei Tage lang spielten wir Spiele. Das erste Spiel war dreiteilig. Beim ersten Teil sollten wir „auf Dinge zeigen und sie benennen"; für ein paar Minuten machten wir nichts anderes und liefen durch den Übungsraum. Dann sollten wir „auf Dinge zeigen, aber das Ding, auf das ihr zuvor gezeigt habt, benennen", was etwas mehr Denkanstrengung erforderte, da man den letzten verwendeten Namen im Kopf behalten musste.

Dann, beim dritten Teil, sollten wir „auf Dinge zeigen und sagen, was sie nicht sind", was einfach klingt, aber es ist faszinierend, wie schnell einem die Wörter dafür ausgehen. Bei dieser Übung ging es laut Jeremy darum, das Gehirn neu zu verdrahten und sich die Idee zu eigen zu machen, dass es keine richtige Antwort gibt, also zu lernen, unseren inneren Zensor auszuschalten, der seit der Schulzeit fürchterliche Angst davor hat, vor den Augen der Öffentlichkeit eine „falsche" Antwort zu geben.

Wir spielten auch „Ja, und", ein Spiel, das zu zweit beginnt, wobei eine Person einen Vorschlag macht, etwa: „Lass uns in den Urlaub fahren!" Die Partnerin – oder der Partner – lehnt die Idee entrüstet ab: „Du weißt doch, ich kann nicht in den Urlaub fahren, ich habe mir gerade das Bein gebrochen!" Der Partner – oder die Partnerin – macht dann seiner-/ ihrerseits einen Vorschlag, den man auf ähnliche Weise ausschlägt und so weiter. Im nächsten Schritt macht man einen Vorschlag, worauf die Partnerin – oder der Partner – wenig begeistert antwortet: „Wir können schon in den Urlaub fahren, aber ich fühle mich müde und würde lieber nicht fahren." Eine derartige Antwort führt zu nichts, sie schließt auch nichts wirklich aus, sondern ertränkt den Vorschlag des anderen einfach in mangelnder Begeisterung. In der letzten Spielphase antwortet man auf den Vorschlag des Partners – oder der Partnerin – mit einem „Ja, und". Daraufhin entwickelt man zusammen eine Stehgreifgeschichte, in der jeder neue Vorschlag darauf basiert, was der andere begeistert angeboten hat und schafft so eine kohärente Erzählung, bei der beide Partner zuhören und positiv gestimmt zusammenarbeiten. „Ja, und" ist das Fundament aller Improvisation. Als ich Deborah Francis White nach dem Grund fragte, sagte sie, dass „Nein" zu sagen uns in unserem Leben Sicherheit suggeriert, wohingegen „Ja" zu sagen bedeutet, anderen Menschen vertrauen zu lernen und dafür offen zu sein, durch den anderen verändert zu werden.

In einem weiteren Spiel erfanden wir grüppchenweise Geschichten. Der Reihe nach fügte man der Geschichte weitere Wendungen hinzu und zwar anhand unterschiedlicher einleitender Phrasen:

„Es war einmal ..."

„Und jeden Tag ..."

„Bis eines Tages ..."

„Und deshalb ..." (Mehrmals wiederholbar)

„Bis schließlich ..."

„Und seit dieser Zeit ..."

Das Spiel bot uns die Möglichkeit, sich mit Unsicherheit wohl zu fühlen und auf den Beiträgen der anderen aufzubauen, so wie wir es bei „Ja, und" getan hatten. Nachdem wir gespielt hatten, meinte Jeremy: „Die eigentliche Kunst des Improvisationskünstlers besteht darin, sich zu sagen, ‚Ich habe keine Ahnung, wo das endet'."

Er beharrte darauf, dass er uns keine neuen Fähigkeiten beibrachte, sondern dass wir „einen offeneren, kindlicheren Zustand erinnern lernten ..., der zu dem tiefsitzenden Wissen gehört, das wir als Menschen haben". Wir lernen durch das Spiel, sagte er. Mit zunehmendem Alter werden wir starrer, und ein Kurs wie dieser öffnet die Erinnerung an einen freieren Zustand. In der Formulierung von Salinsky und Frances-White: „Ja zu dem Vorschlag eines Partners zu sagen, ist ein Risiko. Man muss eine fremde Idee zulassen und wenn man dazu noch auf sie eingehen soll, lässt man zu, dass sie einen beeinflusst. Man kann seine Antwort nicht im Voraus planen, sie hängt davon ab, was dein Gegenüber dir anbietet."

Nach dem Ende des Kurses fragte ich einige meiner Mitstreiter*innen nach ihrer Meinung. Paolo, der junge Mann zwischen zwei Jobs, sagte: „Als Erwachsene, die in der Stadt leben, sind wir darauf geeicht, in unserer kleinen Welt zu bleiben und haben meist ein bisschen Angst, sie zu verlassen. Der Kurs gibt einem die Möglichkeit, aus seiner Welt herauszukommen und etwas anderes zu erleben." Tony, ein Koch, war überzeugt, dass ihm „Ja, und" mehr Selbstvertrauen gegeben hat und er die Ideen von anderen nun besser annehmen kann. Er meinte, er sei nun offener für die Möglichkeiten, die Kontakte und das Potenzial, die in dem steckten, was andere Leute anzubieten haben. Ich meinerseits dachte sofort daran, wie inspirierend und anregend eine einfache spielerische Übung wie „Ja, und" für eine neue Herangehensweise an scheinbar unlösbare Probleme wie den Klimawandel sein kann.

Wenn wir uns in unserem Erwachsenenleben kein Spiel mehr leisten, weil wir uns damit zu unbehaglich oder albern fühlen, verkommt unsere Fähigkeit, Neues zu denken und neue Verbindungen herzustellen, völlig. Wie viele große Ideen werden eigentlich in neonbeleuchteten und mit einer Schreibwand ausgestatteten Konferenzsälen generiert, wo ein Manager zum „Brainstorming" auffordert? Bestimmt nicht viele! Die meisten großen Ideen landen auf alten Briefumschlägen und Bierdeckeln, weil sie kommen, wenn die Leute entspannt sind, wenn sie mit anderen zusammen und in einer gelösten Stimmung sind und die Ideen fließen, wenn sie es am wenigsten erwarten.

Was, wenn das Spiel selbst für Erwachsene im Alltag verankert wäre und man sich nicht, wie ich, extra für einen Kurs einschreiben müsste? Was, wenn wir mehr und mehr Menschen zu sehen bekommen würden, die Spiel und Fantasie in die Politik einbringen? Was, wenn es in unserem alltäglichen Leben mehr Gelegenheiten und Orte fürs Spielen geben würde? Würde es unsere Befangenheit mindern? Würde es zu mehr Empathie führen? Würde es zu neuen Kontakten führen? Und würde es uns helfen, mit mehr Fantasie und positiver auf die Zukunft und ihre Möglichkeiten zu blicken?

Im Jahr 1993 rückte Antanas Mockus als Präsident der Nationaluniversität von Kolumbien in den Fokus der Öffentlichkeit. Als er bei einer Rede in der Universität von linksradikalen Studierenden mit Zwischenrufen unterbrochen wurde, ließ er seine Hosen runter und zeigte dem Publikum seinen nackten Hintern. Später erklärte er, dass „innovatives Verhalten hilft, wenn einem die Worte ausgehen".[71] Begreiflicherweise führte die Aktion zu seiner Entlassung als Universitätspräsident, lieferte ihm aber ein Jahr später eine unverhoffte Plattform für seine Kandidatur als Bürgermeister von Bogotá.

Im Superheldenkostüm ging er als „Superbürger" auf Stimmenfang, eine erfolgreiche Kampagne, die ihm die erste von zwei nicht aufeinanderfolgenden Amtszeiten einbrachte. Im Amt erschien er live im Fernsehen unter der Dusche, um die Stadtbewohner*innen von der Notwendigkeit zu überzeugen, Wasser zu sparen. Er fragte die Einwohner*innen, ob sie nicht auf freiwilliger Basis eine zehnprozentige Sondersteuer zur Durchführung dringend notwendiger Arbeiten in der Stadt zahlen wollten und 63.000 zahlten. Er initiierte „Ein Abend ohne Männer", bei dem die Männer gebeten wurden, zu Hause zu bleiben und sich um die Familie zu kümmern, während die Frauen ausgingen und die Polizistinnen der Stadt für Ruhe und Ordnung sorgten. Er organisierte eine Waffenamnestie und lud Mitglieder der Armee und des Klerus ein, der feierlichen Zerstörung der Waffen beizuwohnen.

Mockus nahm es sogar mit der notorisch korrupten Verkehrspolizei der Stadt auf. Damals war die Todesrate auf den Straßen der Stadt eine der höchsten in Kolumbien. Die Verkehrspolizei steckte den größten Teil der eingetriebenen Strafgebühren selbst ein und nahm auf die Verkehrssicherheit oder das Fahrverhalten nur wenig Einfluss. Mockus heuerte also ein Team von 20 Pantomim*innen an, die, an den städtischen Kreuzungen stehend, schlechten Fahrer*innen die Rote Karte zeigten, den Verkehr anhielten und den guten applaudierten. Er feuerte sämtliche Verkehrspolizist*innen und bot ihnen an, sie wieder einzustellen, wenn sie sich zu Pantomim*innen umschulen ließen – was vierhundert taten. Seine Maßnahmen reduzierten die Zahl der Verkehrstoten um 50 Prozent.[72] Über seine Zeit als Bürgermeister schrieb Mockus: „Eines habe ich gelernt: Die Menschen reagieren bei Politikern auf Humor und spielerische Aktionen. Es sind die wirksamsten Instrumente, um Veränderungen zu bewirken."[73]

Antanas Mockus' Aktionen sind ein Beispiel, wie sich spielerisches Handeln einsetzen lässt, um unsere Städte zu gestalten. Eine der grundlegenden Herausforderungen, die sich in diesem Buch zu erkennen gegeben haben, ist, dass wir imstande sein müssen, uns positive, realisierbare und reizvolle Versionen der Zukunft vorzustellen, bevor wir sie umsetzen können. Keine Utopien, sondern Zukunftsaussichten, in denen alles gut läuft. Die Möglichkeit, die Zukunft „auszuprobieren" und verschiedene Versionen der Zukunft zu erleben, kann uns das Gefühl geben, dass sie tatsächlich möglich sind (oder umgekehrt, sie als etwas zu erkennen, was wir keineswegs erleben wollen). Spielen ist dafür zentral. Es kann die Zukunft in einem Ausmaß lebendig werden lassen, dass man sie sehen, fühlen, schmecken und riechen kann. Wenn es uns gelingt, das Spiel in unseren Aktivismus einzubringen, um die Zukunft, von der wir träumen, zum Leben zu erwecken, dann ist das ein überaus mächtiges Mittel. Die Designerin und Futurologin Grace Turtle meint: „Spiel ist ein politisches Instrument"[74], und fügt hinzu: „Wenn wir politische Entscheidungen darüber treffen, wie wir in der Welt leben wollen, müssen wir über das Unmögliche nachdenken ... Das Spiel macht uns offen für das, was wir nicht wissen können."[75]

Das Spiel vermag auch unsere Fähigkeit wiederzuerwecken, *positiv* über die Zukunft zu denken. Für die Transition-Network-Konferenz 2012 entwarfen die Community-Arts-Gestalterin Ruth Ben-Tovim und andere eine Spielhandlung, die sie „Transition Town Anywhere" nannten.[76] Am letzten Morgen der zweitägigen Konferenz wurden etwa 380 Teilnehmer*innen für eine Veranstaltung, deren Inhalt noch geheim gehalten wurde, in eine leere große Halle am Battersea Arts Centre gebracht. Wir drängten uns in einen schmalen, vom übrigen Raum durch ein rotes Band abgetrennten Streifen der Halle, der die Gegenwart symbolisierte, bevor man uns mitteilte:

> *Bitte kommen Sie herein ... Danke, dass Sie gekommen sind. Heute Morgen werden wir zusammen auf eine Reise gehen, eine Reise in die nahe Zukunft, blicken Sie in den leeren Raum vor sich, in die Zukunft, wir steuern in Richtung Transition Town Anywhere ... Alles, was wir mitnehmen müssen, ist unsere Erfahrung, unsere Fantasie und uns gegenseitig. Heute haben wir die Chance, ein blühendes und gut vernetztes Stadtzentrum aufzubauen ... Sind alle bereit? ... Sobald das Band durchschnitten ist, sind wir dort.*

Das Band wurde gekappt und wir verstreuten uns in der Halle, in der Zukunft. Jeder von uns bekam eine Tafel und ein Stück Kreide ausgehändigt. Wir wurden aufgefordert, unsere Ecke zu finden, eine Stelle in der Halle, die uns ansprach. Das wäre unser „Zuhause". Darauf machten wir uns mit unseren nächsten Nachbar*innen bekannt, erzählten uns gegenseitig eine Geschichte und dokumentierten ihren Inhalt jeweils auf unseren Tafeln nach dem Muster „Ich habe eine Geschichte gehört über ...". Als Nächstes bildeten wir Gruppen aus drei oder vier Leuten, eine „Straße", und diskutierten Projekte, die wir gemeinsam anpacken könnten, um die Lebensqualität in dieser imaginären Straße zu verbessern.

Wir dokumentierten auch diese Projekte auf unseren Tafeln und gingen dann durch die Halle, um zu sehen, was sich die anderen Gruppen ausgedacht hatten.

Im nächsten Schritt wurde uns gesagt: „Wir werden jetzt zusammen ein Stadtzentrum aufbauen ... Eine Stadt benötigt verschiedene Dinge: Lebensmittelversorgung, Verwaltung, Erziehung, Innovation, Unternehmen, Feiern ... Was würden Sie unter diesen Stichworten gerne in Ihrer Stadt verwirklicht sehen? ... Schreiben Sie Ihre Anliegen an die Wände."[77]

Das taten wir dann auch, im Dialog mit anderen und indem wir uns mit anderen, die unsere Interessen teilten – Lebensmittelversorgung, Transport, Feste, Finanzen, was auch immer –, zu Gruppen zusammenschlossen. Sobald sich eine Gruppe auf ein Projekt geeinigt hatte – manche wollten in der Hauptstraße der Transition Town Anywhere ein Geschäft eröffnen –, wurde den einzelnen Gruppen eine Grundstücksnummer verliehen und ihre Teilnehmer*innen wurden aufgefordert, sich bei den vorhandenen Kartons, Bambusstöcken, Schnüren und Klebeband zu bedienen und zum Aufbau der Stadt beizutragen.

Nachdem die Hauptstraße Gestalt angenommen hatte, wählten die Organisator*innen aus den Teilnehmenden per Zufallsprinzip einen „Bürgermeister von Anywhere", gaben ihm eine goldene Kette (aus mit Alufolie verkleidetem Karton) und forderten ihn auf, ein quer über die Straße gespanntes Band zu durchschneiden und die Straße als eröffnet zu erklären. Als dies unter großem Applaus und Jubel erfolgt war, verkündete einer der Organisator*innen: „Ihr sind nun bereit, loszugehen. Loszugehen und andere Projekte zu besuchen und zu sondieren, wie ihr zusammenarbeiten könnt, was ihr tauschen könnt; ein paar von euch bleiben zuhause, um andere Leute in eurem Projekt zu empfangen."

Über Stunden waren wir nun in Lachen und Kreativität vertieft, erarbeiteten zusammen, wie unsere Zukunft aussehen sollte, und machten sie wahr. Unsere Läden aus Karton und Schnur, unsere Banken, Arztpraxen und Fahrradreparaturwerkstätten nahmen eine Wirklichkeit an, der eine tiefe Bedeutung zukam. Die Anwesenden waren stolz auf das, was sie geschaffen hatten. Dass man miteinander sprach, als ob diese Fantasiestadt eine funktionierende Realität sei, trug noch dazu bei. Am Ende waren manche zu Tränen gerührt, als sie realisierten, wie viel ihnen das gemeinsam Geschaffene bedeutete. Später sagte Ben-Tovim zu mir: „Es war einer dieser denkwürdigen Momente, an dem Zusammenarbeit, Fantasie, Spiel und Kreativität abheben."[78]

Besonders bemerkenswert an der ganzen Sache ist, dass einige Teilnehmenden ihre an diesem Tag erträumten Dinge inzwischen in die Wirklichkeit umgesetzt haben. Ich selbst habe mich mit anderen Leuten zusammengetan und das „Hefe-Kollektiv" ins Leben gerufen, eine Kombination aus Bäckerei und Brauerei. Während ich dies schreibe, gibt es diese Brauerei bereits seit fünf Jahren und sie steht kurz davor, sich mit einer wunderbaren Sauerteigbäckerei neue Räumlichkeiten zu teilen.

Isabela Maria Gomez de Menezes, eine Transition-Aktivistin aus Brasilien, erzählte mir von einer ähnlichen Erfahrung. „Es handelte sich um einen dieser magischen Momente im Leben, die man niemals vergisst. Ich war in der Gruppe, die einen Kultur- und Kunstraum einrichtete. Es war eine Art Platz, auf dem alles, was mit Kunst zu tun hatte, stattfinden konnte. Ich kehrte in mein Land zurück und träumte davon, als lokale Produzentin zu arbeiten." Ein paar Jahre später bekam sie von einer Nachbarin einen Kombucha-Pilz geschenkt und begann für Freundinnen und Nachbar*innen probiotische Getränke herzustellen. Dann fing sie an, Kombucha auf dem örtlichen Markt zu verkaufen, den sie als „wimmelnd und lebendig mit all den Kleinproduzenten für Honig, Bier, Brot, Süßigkeiten, Salate, Gemüse, Obst und viele andere Produkte aus unserer Region" beschrieb, und der, wie sie sagte, sich genauso anfühlt wie die Hauptstraße in Transition Town Anywhere. „Und ich sage dir, ich bin noch nie so glücklich gewesen."[79]

Auch Filipa Pimentel, eine Transition-Aktivistin aus Portugal, war von dem Erlebnis angerührt: „Als wir dazu aufgefordert wurden, die Hauptstraße zu bauen, zu bauen, wovon wir träumten, war das absolut magisch." Sie erzählte, dass sie bei dem Event die meiste Zeit in Tränen aufgelöst war. Als ich sie nach dem Grund fragte, sagte sie: „Ich fühlte tief in mir, dass alles möglich ist, dass wir aus dem Nichts und mit fast gar nichts, bloß indem wir ein Spiel spielten, verstanden, dass das geht, seine Träume wahr zu machen. Durch Träumen eröffnet man sich einen Weg zu dem, was möglich ist." Sie erinnert sich daran, wie sie die Straße entlanglief, über die Läden staunte, die Kontakte, den Straßenkarneval, das Schwimmbad („ich erinnere mich an alle Einzelheiten"). „Ich rufe mir diesen Event immer wieder vor Augen", endet sie, „wann immer ich denke, ‚das geht nicht', gibt es mir ein Gefühl, dass es doch möglich ist."[80]

Was wir auch immer unternehmen, damit sich Leute für Veränderungen einsetzen, lässt sich, wenn es im Kern spielerisch ist, vertiefen und erweitern. Wir müssen spielen, in der Welt zu leben, die wir erschaffen wollen. Wir brauchen solche Instrumente wie Transition Town Anywhere, um „die in die Gegenwart eingeschriebene Zukunft"[81] freizulegen, wie es der Zukunftstheoretiker Franco Berardi formuliert. Wenn wir unseren Kindern das Recht, frei und kreativ zu spielen, verwehren, wenn wir Erwachsenen das Gefühl vermitteln, Spielen sei albern, wenn unsere Initiativen und unser Aktivismus so ernst daherkommen, dass es weder für das Spiel noch für das Eingehen von Risiken Raum gibt, wenn wir annehmen, dass die Kindheit unserer Kinder nur existiert, damit wir ihre Karrieren planen und ihre Lebensläufe in ihrem vierten Lebensjahr beginnen lassen können, laufen wir Gefahr, genau jene Kreativität und Fantasie, von der unsere Zukunft abhängt, stillzulegen.

In einem Artikel im *Time*-Magazin erfassen Walter Kirn und Wendy Cole ganz gut, was auf dem Spiel steht und zitieren Alvin Rosenfeld, den Co-Autor von *The Overscheduled Child*: „Die heutige Manie, lauter Einsteins heranziehen zu wollen, hätte den echten Einstein verhindert – einen notorischen Träumer, der in der Schule nur schlechte Noten erzielte, aber irgendwo in seiner Ausgelassenheit die Formel für das Verhältnis von Energie zu Materie erkannte."[82] Wie relevant das ist, ist kaum zu verkennen. Oder wie es Peter und Iona Opie formulieren, die bereits viel über die von Kindern entwickelten Kulturen geschrieben haben: „Je mehr die ‚freie Zeit' von Kindern durchorganisiert wird und je mehr Ausrüstung sie zur Verfügung haben, desto mehr geht ihnen die traditionelle Kunst der Selbstunterhaltung verloren."[83] Wer kann schon sagen, ob nicht heute ein in den Bäumen schaukelndes, verträumtes Kind die Lösung für den Klimawandel oder für irgendeine andere der uns bedrohenden Krisen intuitiv erkennt? Freies, unstrukturiertes, freches, lautes, nachdenkliches, spontanes, verrücktes, andächtiges und wildes Spiel ist für die Gesundheit unserer Kinder entscheidend und ebenso für unsere Fähigkeit, uns die Welt in anderen Farben auszumalen. Ohne es sind wir ärmer, unsere Straßen verstummen und unsere Fantasie trocknet aus.

ZWEI

WAS, WENN WIR DIE FANTASIE ALS GRUNDLEGEND FÜR UNSERE GESUNDHEIT ERACHTEN?

„Weil die Angst alles tötet",
hatte Mo irgendwann mal
zu ihr gesagt, „den Verstand,
dein Herz, die Phantasie
sowieso."

—*Cornelia Funke,* Tintenherz

Im August 2018 berichtete der Journalist William Hutton über einen neuen umgangssprachlichen Ausdruck, der von Ärzt*innen in den USA und im Vereinigten Königreich verwendet wird, um „eine vertrackte Mischung aus ökonomischen, sozialen und emotionalen Problemen" zu beschreiben, die sich in „einer gedrückten Stimmung, resultierend aus widrigen Lebensumständen" äußert. Das „Shit Life Syndrome" (SLS), wie es genannt wird, tritt auf, wenn „es fast unmöglich ist, noch einen Lebenssinn zu finden; der Überlebenskampf beansprucht sämtliche intellektuellen und emotionalen Ressourcen ... Dabei ist nicht bloß Armut, sondern, in einer Zeit zunehmender Ungleichheit, eine wachsende relative Armut mit all ihren psychologischen Nebenwirkungen der Killer."[84] Auch wenn Hutton das SLS vor allem als Argument gegen Entbehrungen und wachsende Ungleichheit in Anschlag brachte, beschreibt es offenbar, wie sich heutzutage ziemlich viele Menschen, arme wie reiche, fühlen.

Kein Mensch wird angesichts dieser Malaise überrascht sein. In den vergangenen dreißig Jahren haben Angststörungen um das Zwanzigfache zugenommen.[85] Eine 2018 durchgeführte Erhebung ergab, dass drei Viertel der Briten mindestens einmal im Laufe eines Jahres mehr oder minder heftige Angstzustände erlebt haben, bei denen sie mit ihrer Situation nicht mehr zurechtkamen oder sich überfordert fühlten. Ein Drittel davon wurde von Suizidgedanken gequält und ein Sechstel hat sich selbst Verletzungen zugefügt. Besonders junge Menschen trifft es schlimm. In der genannten Erhebung berichteten 84 Prozent der zwischen Achtzehn- und Vierundzwanzigjährigen von einem Überforderungsgefühl.[86]

Eine 2018 vom Prince's Trust (einer vom Prince of Wales gegründeten, gemeinnützigen Organisation) durchgeführte Umfrage ergab, dass 18 Prozent der Sechzehn- bis Fünfundzwanzigjährigen die Aussage

„Ich finde das Leben wirklich lebenswert" als nicht zutreffend empfanden und 27 Prozent mit dem Satz „Für mich hat das Leben einen Sinn" nichts anfangen konnten.[87] In den USA ist zwischen 2010 und 2015 die Zahl der Teenager, die sich nutzlos und freudlos fühlten – ein typisches Depressionssymptom – um 33 Prozent gestiegen.[88] Ein Bericht aus dem Jahr 2018 stellt fest, dass wir „unter Jugendlichen eine Epidemie an Selbstzweifeln, Angstzuständen, Minderwertigkeitsgefühlen und dem entsprechenden aggressiven Verhalten erleben".[89] Forschungen haben ergeben, dass unter jungen Menschen das Gefühl, die Kontrolle über ihr eigenes Leben zu haben, stetig abnimmt.[90] Überdies macht sich ein steigendes Interesse an Büchern und Filmen bemerkbar, die eine dystopische Zukunft ausmalen und, in den Worten des New Yorker Autors, Dichters und Englischprofessors an der City University of New York Christopher Schmidt, „von Zerstörung und post-apokalyptischen Szenarien besessen sind".[91] Einsamkeit und Isolation nehmen zu.[92] Dreiundachtzig von hundert Menschen berichten, dass sie so gut wie nie „entspannen oder nachdenken".[93]

Was haben diese beunruhigenden Statistiken und die „vertrackte Mischung aus ökonomischen, sozialen und emotionalen Problemen" mit Fantasie zu tun? Wenn man unsere gegenwärtigen politischen und kulturellen Prioritäten betrachtet, absolut gar nichts. Doch zieht man in Betracht, wie das Gehirn arbeitet, wie man der Fantasie die bestmöglichen Bedingungen angedeihen lässt, und daran interessiert ist, aus den Initiativen zu lernen, die erfolgreich versuchen, die Fantasie wieder aufzupäppeln, dann absolut alles.

Ich wollte wissen, was ich von Leuten lernen kann, die offenbar sehr viel richtig machen, und begab mich auf eine Reise nach Dundee in Schottland, um ein Projekt namens Art Angel zu besuchen.[94] Art Angel, das ursprünglich Arts Advocacy Project hieß und zur Dundee Rep Theatre Company gehörte, wurde 1997 mit dem Ziel gegründet, Menschen mit psychischen Problemen zu helfen, mithilfe der Kunst ihre Stimme wiederzufinden. Im Jahr 2003 fand in den McManus Galleries die Ausstellung *Life at Liff* statt, die die Geschichte des Royal Dundee Liff Hospital, des psychiatrischen Krankenhauses der Stadt, erzählte, aber vor allem Kunst, Fotografien und kreative Texte von Menschen präsentierte, die dort behandelt worden waren. Die Ausstellung hatte schätzungsweise fünfzehntausend Besucher. Einige Jahre später erhielt das Projekt (das nun den Namen Art Angel trug) Mittel vom National Health Service, erweiterte sein Angebot und zog in ein eigenes Gebäude im Dudhope Art Centre um. Inzwischen ist es an seinen aktuellen Standort im Zentrum der Stadt umgezogen.

Ich besuchte Art Angel an einem Tag im Oktober 2018 und kam in ein helles Büro im ersten Stock mit großen Südfenstern, mit Kunst und Fotografien geschmückten Wänden und Regalen mit Pinseln und einer Vielzahl an Farben, Buntstiften und Kunstbüchern. Ich wurde von der künstlerischen Leiterin Rosalie Summerton begrüßt, die mich einlud, an den Tagesprogrammen teilzunehmen.

Art Angel bietet eine Alternative – und vielleicht sogar ein Gegenmittel – zur herkömmlichen psychiatrischen Behandlung und zu Krankenhäusern, die von vielen Patient*innen als entmündigend erlebt werden, weil sie sich dort ihrer Autonomie beraubt fühlen und sogar einfache Entscheidungen nicht mehr selbst treffen können. Die ohnehin magere Unterstützung, die die herkömmliche Psychiatrie bietet, ist oft mit langen Wartezeiten verbunden, und dies zu einem Zeitpunkt im Leben eines Menschen, an dem Pflege, ein offenes Ohr und Unterstützung am dringendsten vonnöten sind. Was diese Menschen schließlich an Unterstützung erhalten, wird, wenn überhaupt, häufig nur vorübergehende Erleichterung bringen, denn die Mittel für diese Dienste wurden in den letzten Jahren stark zusammengestrichen. Viel mehr steht meistens nicht zur Verfügung.

Art Angel hingegen bietet den Menschen die persönliche Wärme und Nähe, die zur psychiatrischen Pflege gehören sollte, sowie Strukturen, Routinen, Gemeinschaft und die Möglichkeit, etwas Konkretes und Sinnvolles zu schaffen. Die Räumlichkeiten sind so gestaltet, dass sie möglichst nicht an eine Klinik erinnern. Die Teilnehmenden werden nicht als „Patient*innen" oder „Klient*innen" bezeichnet – sie sind „Künstler*innen" – und alle Mitarbeiter*innen des Teams hatten in ihrem Leben selbst schon eine psychische Erkrankung erlebt. Bei Art Angel gibt es Kekse und viel, viel Tee.

Wie genau vermag Kunst den Menschen zu helfen? Ich fragte Rosalie, die mir mit einer Liste antwortete:

Kunst ist eine andere Kommunikationsform.
Kunst ist eine soziale Aktivität (oder kann es sein).
Kunst ist eine Herausforderung.
Kunst ist pädagogisch.
Kunst ist kollaborativ. (Die Menschen inspirieren sich gegenseitig.)
Kunst auszuüben, ist therapeutisch.
Jeder kann Kunst machen.
Kunst lässt sich mit anderen in der Gemeinschaft teilen.
*Kunst ist eine sinnvolle Beschäftigung, die die Vereinzelung abmildert
und das Leben verbessert.*[95]

Menschen, die die Fähigkeit verloren haben, Entscheidungen zu treffen, gelangen durch die Kunst wieder in die Lage, dies zu tun. Welcher
Pinsel, welche Farbe, welche Malmittel: Das sind kleine, aber unerlässliche Entscheidungen. Derek Ramsay ist der Vorsitzende von Art Angel
und war seit der Gründung dabei. Er erzählte mir, dass in den 1990ern
am Liff, wenn es Zeit für eine Tasse Tee war, jedem ein Becher mit Tee
und Milch und zwei Stück Zucker gereicht wurde. „Wie groß ist denn
die Wahrscheinlichkeit", fragte er, „dass alle 25 im Raum Anwesenden
ihren Tee mit Milch und zwei Stück Zucker nehmen?"[96] 2005 veröffentlichte Dr. Hester Parr, Geografin an der Universität von Dundee, einen
Forschungsbericht über Art Angel, in dem sie einen Künstler mit folgen-
der Aussage zitierte: „Ganz am Anfang war es schon eine große Sache,
nur eine einzige Farbe auszuwählen. Ich fühlte mich völlig nackt und es
hat mich total beansprucht."[97]

„Zu den wichtigsten Aspekten, die wir hier fördern, gehören Sicherheit und Hoffnung. Das ist nirgends schriftlich niedergelegt, aber es ist
unser Ziel", sagte Derek. „Die Schwierigkeiten, die die Menschen haben,
gehen ja in der Regel auf irgendetwas zurück", fuhr er fort. „Irgendetwas
ist passiert, das sie nicht verarbeiten konnten und sie bekamen Angst.
Die Leute, die zu uns kommen, haben eines gemeinsam: Sie haben Angst
vor dem Leben."

Ich unterhielt mich mit Sandra (nicht ihr wirklicher Name), die
seit ihrem vierzehnten Lebensjahr mit ihrer psychischen Gesundheit zu
kämpfen hat, und nun mit siebenunddreißig und vor allem seit dem Tod

ihrer Eltern an lang anhaltenden Depressionsphasen leidet. Letztes Jahr war sie knapp davor, sich das Leben zu nehmen. „Vor Art Angel fühlte ich mich immer wie taub", erzählte sie, „wie an einem sehr dunklen Ort. Ich konnte keinen Gedanken fassen. Es war einfach nichts da. Mit Art Angel hat etwas Klick gemacht. Als ob in mir ein Licht angeknipst wurde, und meine Fantasie blühte regelrecht auf. Meine innere Verfassung verwandelte sich von einer leeren Leinwand zu einem farbenfrohen Stück Kunst."

Ich überlegte, ob, oder wie, die Erfahrung bei Art Angel Sandras Vorstellungen von der Zukunft beeinflusst hat. „Ich sehe sie jetzt positiver", meinte sie, „irgendwann gehe ich vielleicht auf eine Kunsthochschule, etwas, was ich mir früher auf keinen Fall zugetraut hätte. Ich habe immer gedacht, ich sei nicht gut genug dafür, aber jetzt denke ich, ich wäre dazu in der Lage. Ich betrachte mittlerweile so viele Dinge mit Fantasie, selbst mein Zuhause. Meine Wohnung einrichten, Sachen in Angriff nehmen. Zukunftspläne. Dinge, die ich nie zuvor in Erwägung gezogen habe."[98]

Sandras Äußerungen haben mich berührt und mich in meinem Eindruck bestärkt, dass Art Angel einen Ansatz gefunden hat, der dem, was wir über das Gehirn – insbesondere über einen kleinen, aber mächtigen Teil – und seine Funktionsweise wissen, viel mehr entspricht als die herkömmliche Psychiatrie.

Der Hippocampus, der wegen seiner Ähnlichkeit mit einem Seepferdchen so heißt, besteht beim Menschen eigentlich aus zwei Hälften, eine auf jeder Seite des Gehirns, und ist wie ein Gabelbein an seiner Oberseite miteinander verbunden. Er ist das Drehkreuz des Gedächtnisses, eine Art Zeitmaschine, die die Einzelinformationen zusammenführt, und unsere Kurzzeiterinnerungen in Langzeiterinnerungen umwandelt, auf die wir unser ganzes Leben zurückgreifen können. Der Hippocampus steht auch im Zusammenhang mit Kontextverarbeitung, Mustererkennung und der räumlichen Wahrnehmung, hilft uns also bei der Orientierung und dem Ortsgedächtnis.

Fünfzig Jahre lang war man davon ausgegangen, dass der Hippocampus lediglich eine Rolle für das Gedächtnis spielte, aber in den letzten Jahren hat sich ein Paradigmenwechsel abgezeichnet. Heute wird allgemein akzeptiert, dass das Organ auch für unsere Fähigkeit, an die Zukunft zu denken und sie uns auszumalen, maßgeblich ist. Eine der führenden Forscherinnen auf diesem Gebiet ist Donna Rose Addis, sie hält einen Kanada-Forschungslehrstuhl für kognitive Neurologie des Gedächtnisses und des Alterns und ist leitende Wissenschaftlerin am Rotman Research Institute in Toronto. Mit ihrer Arbeit hat sie die Funktion des episodischen Gedächtnisses als „vornehmlich auf die Zukunft ausgerichtet" in ein neues Licht gerückt. Kürzlich entdeckte sie, dass bestimmte Teile des Hippocampus bei Imaginationsprozessen, vor allem, wenn es um Zukunftsszenarios geht, aktiver sind als bei Erinnerungsvorgängen.[99]

Anfänglich erstaunt, konnte sie sich die Sache bald erklären. Sie erzählte: „Wenn wir uns ein zukünftiges Ereignis vorstellen, dann müssen wir Einzelinformationen zusammenführen, die zuvor womöglich noch nie zusammengeführt worden waren. Wenn man sich hingegen an etwas erinnert, werden Informationen neu zusammengeführt, bei denen bereits Verknüpfungen bestanden, dies ist also für den Hippocampus weniger beanspruchend."[100]

In anderen Worten, im Hippocampus sind Vergangenheit und Zukunft unauflösbar miteinander verknüpft; wir können uns Szenarios vorstellen, in denen wir vergangene Ereignisse durchspielen oder uns zukünftige ausmalen und dabei abändern, was wir seinerzeit sagten, was die anderen sagten, was geschehen ist. Der Mechanismus dahinter wird noch nicht genau verstanden. Was aber ist beiden Möglichkeiten gemeinsam? Es könnte mit unserer Raumerfahrung zusammenhängen, oder mit den sensorischen Erfahrungen hinter verschiedenen Ereignissen und Szenarien. Die Forschung arbeitet daran, diese Fragen zu beantworten. Wenn der Hippocampus beschädigt wird, kann eine Person ihr Erinnerungsvermögen verlieren, aber auch die Fähigkeit, sich die Zukunft vorzustellen.

Der Hippocampus repräsentiert zwar das dynamische Epizentrum unseres Vorstellungsvermögens, ist aber auch einzigartig fragil. Er steckt voller Glucocorticoid-Rezeptoren, die ihn besonders empfindlich auf Cortisol reagieren lassen, also auf jenes „Stresshormon", das heute offenbar für viele Menschen zu einem fast ständigen Begleiter geworden ist.[101] In kleinen Dosen ist Cortisol nützlich. Es hilft, Energiereserven freizusetzen, die einem bei Gefahr ermöglichen, wegzulaufen, sich tot zu stellen oder zu kämpfen. Durch einen hohen Cortisolspiegel allerdings können Zellen im Hippocampus beschädigt oder zerstört und Größe sowie Volumen des Organs reduziert werden. Wenn zum Beispiel eine Frau während der Schwangerschaft unter chronischem Stress steht, kann dies auf die nächste Generation durchschlagen und sich auf die Gehirnentwicklung des Kindes auswirken, etwa in Form einer Schädigung oder Verkleinerung des Hippocampus. Tatsächlich konnte die Forschung feststellen, dass das Gehirnorgan während starker Beunruhigungs- und Angstzustände schrumpft.[102]

Traumata ziehen sich in unterschiedlichem Ausmaß durch alle Gesellschaftsschichten. Einer von vier Amerikanern wuchs mit alkoholabhängigen Verwandten auf; einer von vier wurde von einem Elternteil so geschlagen, dass Spuren am Körper zurückblieben; einer von fünf wurde als Kind sexuell belästigt; und bei einem von drei Paaren kommt es zu körperlicher Gewalt.[103] Professor Gordon Turnbull, ein Psychiater, Spezialist für Posttraumatische Belastungsstörungen (PTBS) und Autor von *Trauma: From Lockerbie to 7/7*, erläuterte mir, wie ein Trauma die Fähigkeit beeinträchtigen kann, sich eine andere Zukunft vorzustellen. Ich hatte ihn gebeten, aus seiner klinischen Erfahrung heraus abzuschätzen, wie viel Prozent der Bevölkerung an einem Trauma leiden. Er konstatierte, dass die gemeinhin zitierten 10 Prozent bei Weitem nicht ausreichend sind; die wirkliche Zahl liege eher bei 50 Prozent.[104]

Ist der Hippocampus erst einmal geschädigt, kann es passieren, dass wir alltägliche Ereignisse als stressiger erleben, dass uns künftige, potenziell negative Ereignisse schneller in den Sinn kommen und wir nach Informationen suchen, die unsere zunehmend pessimistische Weltsicht bestätigen. Dieser Teufelskreis führt zur Ausschüttung von mehr Cortisol und zu einer weiteren Schädigung des Hippocampus. Daniel Schacter, Professor für Psychologie an der Harvard University, der häufig mit Donna Rose Addis zusammenarbeitet, berichtete mir: „Angst steht in enger Beziehung zu unserer Vorstellungskraft. Sie kann uns dazu bringen, unsere Fantasie noch mehr auf zukünftige negative Ergebnisse auszurichten, die uns gegebenenfalls noch ängstlicher machen."[105]

Vor dem Hintergrund dessen, was mir Sandra später noch bei Art Angel, wo sie an den Fotokursen teilnimmt, erzählte, sind die Ausführungen von Addis bemerkenswert und geben einen Vorgeschmack darauf, wie es aussehen und sich anfühlen könnte, wenn sich diese negative Spirale umkehrt:

> *Früher bin ich an den schönsten Dingen vorbeigelaufen, ohne sie überhaupt wahrzunehmen. Wenn ich jetzt die Straße entlanggehe, halte ich stets Ausschau nach Sachen, die ich so noch nie gesehen habe. Art Angel öffnet deinen Geist einem Reich voller Möglichkeiten. Nichts ist unmöglich. Früher habe ich, wenn ich rausgegangen bin, oft nur das Negative gesehen. Es gibt ja so viel davon. Besonders wenn man in der Stadt lebt, gibt es so viel Negatives.*
>
> *Man sieht Obdachlosigkeit, man sieht Drogenabhängige, man sieht Müll herumliegen, aber wenn man tiefer schaut, sicher, man sieht immer noch die Obdachlosen, aber man sieht sie als Menschen, und man sieht, dass sie, obwohl sie diese schlimme Zeit durchmachen, immer noch etwas Positives haben, sie grüßen dich, lächeln dich an. Drogensüchtige ... Ich sehe sie an und denke, sie sind Söhne oder Töchter, oder Väter oder Mütter von Kindern. Ich glaube nicht, dass ich noch irgendetwas als negativ ansehe. Das ist vorbei. Ich sehe immer die positive Seite an den Dingen.*[106]

Dass Sandras Erfahrungen bei Art Angel sie dazu befähigt haben, sich nicht nur konkretere Gedanken über ihre Zukunft zu machen, sondern sogar stressige Alltagsereignisse in einem positiveren Licht zu sehen, ist ganz offen gesagt großartig. Als ob sie diesen Teufelskreis erst abzubremsen, dann anzuhalten und schließlich umzukehren vermochte. Als ob man zusehen könnte, wie ein verkümmerter Muskel durch Übungen wieder in Fahrt kommt oder eine Wüste nach dem Regen plötzlich zu blühen beginnt.

An jenem Tag sprach ich mit mehreren bei Art Angel tätigen Künstler*innen und in ihren Äußerungen sah ich Sandras Bemerkungen gespiegelt, als ob eine Kombination aus dem sicheren und einladenden physischen Raum, der Gleichbehandlung, dem Gemeinschaftsgefühl, der Würdigung persönlicher Geschichten und der Tatsache, dass man seine Hände wieder benutzen und seine Fantasie erleben lernte, den Menschen erlaubte, sich über sich selbst und ihr Leben andere Geschichten zu erzählen und ihre Erlebnisse mit neuen Augen zu sehen.

Dabei kam mir die Arbeit von Sarah Corbett und ihrem Craftivist Collective in den Sinn. Corbetts Ansatz eines „sanften Aktivismus" konzentriert sich „auf alles, was Handarbeit und Aktivismus miteinander verbindet". Es hat, wie sie mir gegenüber meinte, mit „Neugier und Fragen stellen" zu tun. Handarbeit setzt sie so ein, dass sie eine Art Safe Space für nervöse oder introvertierte Künstler*innen schafft und sie findet, dass der fehlende Augenkontakt, wenn man beim Stricken oder Sticken nach unten schaut und sich dabei trotzdem unterhalten kann, ideal für Introvertierte ist. „Sobald die Leute etwas tun, eine Farbe aussuchen und ein paar Stiche machen", erzählt sie, „gewinnen sie Selbstvertrauen und denken: ‚Ich kann das. Was kann ich womöglich noch alles?', oder ‚Ich habe ja tatsächlich etwas hergestellt.'"[107].

Gegen Ende eines Art-Angel-Fotografie-Kurses saß ich neben Mark (nicht sein wirklicher Name) vor einem großen Computerbildschirm, an dem er Fotos durchsah, die er an diesem Morgen bei einem Spaziergang durch die Stadt aufgenommen hatte. Die Fotos zeigten Details, die er entdeckt hatte, etwa Wassertröpfchen auf einer Telefonzelle, die wie ein Puzzle ineinandergeflossen waren, einen Haufen Herbstblätter, zwischen die sich ein goldenes Bonbonpapier geschlichen hatte, ein überquellender Papierkorb vor einem Haus, eine Wespe auf einem Fenster, ein in einer Pfütze gespiegelter Ausschnitt eines fahrenden Busses. Es war, als ob Mark neu sehen lernte, als ob er lernte, der Welt um sich herum wieder mehr Aufmerksamkeit entgegenzubringen, sie wahrzunehmen in mehr Einzelheiten, bunteren Farben und konzentrierter. Als würde sie sich wieder mit Leben füllen.

Ob die Künstler*innen nun Seidenschale bemalten, Drahtgeflechte erstellten oder auf Leinwand malten, nach und nach wurde mir klar, mit das Wichtigste, was bei Art Angel passierte, war, dass die Menschen wieder lernten, sich selbst zu sehen, sich wieder vorzustellen lernten, wer sie in der Welt sind. Als ich mich mit Terry (nicht sein wirklicher Name) unterhielt, einem ehemaligen Gemeindemitarbeiter, der aufgrund von

Depressionen und schwachem Selbstwertgefühl schon seit einiger Zeit nicht mehr arbeitete, und dessen Bilder von indischer Kunst beeinflusst waren, die er in einem Kinderbuch entdeckt hatte, fragte ich ihn: „Hältst du dich für einen Künstler?" Er zögerte etwas, als spiele er in seinem Kopf durch, ob er dem Anspruch gewachsen sei, und sagte: „Aye, warum nicht?"

Rosalie sagte etwa Ähnliches: „Du kommst hierher, und du bist nicht bipolar, du bist nicht depressiv, du bist weder das eine noch das andere."

> *Du bist ein*e Künstler*in ... arbeitest an deinem Kunstwerk. Du lernst Neues, du denkst darüber nach, was du als Nächstes tun könntest, hörst von anderen Künstler*innen, gehst auf eine Ausstellung und nährst dein Interesse und deine Leidenschaft für die Kunst ... Gesund werden heißt nicht, wiederzugewinnen, was man zuvor hatte. Dass man krank geworden ist, liegt häufig daran, dass man sein Leben mit etwas zugebracht hat, das einen krank machte. Es macht keinen Sinn, genau dahin wieder zurück zu wollen. Es geht darum, ein neues Leben zu entwickeln, Neues zu machen, das einem hilft, gesund zu werden, gesund zu bleiben und ein besseres Leben zu führen ... dazuzugehören, Teil einer Gemeinschaft zu sein.*[108]

Rosalies Bemerkungen sind insofern bedeutsam, weil es eben nicht nur Individuen sind, die individuelle Entscheidungen treffen, durch die sie krank werden. Auf gesellschaftlicher und politischer Ebene propagieren wir Maßnahmen, Regulierungen und Lebensstile, die die Menschen in einem Maße krank machen, dass sich Stress, Trauma und Angst durch alle Ebenen des Gesellschaftsgefüges ziehen. Und es gibt starke Argumente für die Annahme, dass Stress, Angst und Depression tatsächlich eine völlig angemessene Reaktion auf eine Welt darstellen, in der die Menschen zunehmend von anderen und von der Natur abgeschnitten sind. „Was wäre anders", so die klinische Psychologin Dr. Lucy Johnstone gegenüber Johann Hari in seinem Buch *Der Welt nicht mehr verbunden*, „wenn ein Arzt die ‚Diagnose Abgeschnittensein' stellte? Was würde daraus folgen?"[109]

„Depressionen", schreibt Ruth Cain, Hochschuldozentin für Recht an der Universität von Kent, „sind fast so etwas wie ein Selbstschutz: ein Ausstieg aus einer unaufhörlichen Folge von Behauptungskämpfen, die nicht zu gewinnen sind."[110] Obwohl Depressionen in vielerlei Hinsicht stigmatisiert sind, sind sie eine gesunde Antwort auf eine verrückte, lieblose Welt.

Wir wissen, dass die Menschen immer mehr Angst haben: 77 Prozent der Amerikaner*innen glauben, dass die Welt in den letzten zehn Jahren ein beängstigenderer Ort geworden ist.[111] Eine Studie aus dem Jahr 2016 ergab, dass sich die Kluft zwischen den Generationen in Bezug auf die politische Apathie schnell vergrößert, wobei der Prozentsatz der jungen Amerikaner*innen, die sich für Politik interessieren, abnimmt und die Zahl der US-Bürger*innen, die denken, dass es „gut" oder „sehr gut" wäre, wenn ihr Land vom Militär regiert würde, in den letzten dreißig Jahren stetig gestiegen ist.[112]

Austerität hat dabei nicht gerade geholfen. Die politisch verordnete Austerität, wie sie viele Länder seit der Wirtschaftskrise 2008 erlebt haben, schafft nicht nur Armutsprobleme, sondern auch eine größere Ungleichheit. Aufgrund der Austeritätspolitik sind in Großbritannien seit 2008 die Mittel für die Kommunalverwaltungen um 49 Prozent gekürzt und die Ausgaben für Prozesskostenhilfe um 950 Millionen Pfund reduziert worden; die Lebensmitteltafeln wurden doppelt so häufig in Anspruch genommen, 478 Bibliotheken sind geschlossen und bei den übrigen die Öffnungszeiten um 230.000 Stunden gekürzt worden, Sozialleistungen für Erwachsene wurden um 5,8 Prozent gemindert und neben vielen anderem mehr sind über sechshundert Jugendzentren dicht gemacht worden.[113] Ungefähr im gleichen Zeitraum ist das Vermögen der reichsten eintausend Menschen in Großbritannien um 83 Milliarden Pfund gestiegen – genug, um nach Berechnungen des Equality Trust sechsundfünfzig Jahre lang die Lebensmittelrechnungen all jener Familien zu bezahlen, die derzeit auf Lebensmitteltafeln angewiesen sind.[114] Untersuchungen von Richard Wilkinson und Kate Pickett ergaben, dass in den Ländern, in denen sich die Ungleichheit vergrößerte, die Zahl der Menschen, die über Halluzinationen, Gedankenkontrolle und Wahnvorstellungen berichteten, sowie insgesamt die Symptome dieser Art zunahmen. „Die Realität", so schreiben sie, „lautet, dass Ungleichheit echtes Leid verursacht, unabhängig davon, wie wir dieses Leid bezeichnen wollen. Größere Ungleichheit erhöht die soziale Bedrohung, steigert die Angst vor Statusverlust und ruft Schamgefühle hervor, die sich in unsere Instinkte für Rückzug, Unterwerfung und Unterordnung einspeisen: Wird die soziale Pyramide höher und steiler und nimmt die Statusunsicherheit zu, führt dies zu psychologischen Kosten auf ganzer Breite."[115]

Das Royal College of Psychiatrists nennt die Ungleichheit als einen der wichtigsten Faktoren psychischer Erkrankungen und stellt fest, dass eine ausgeprägtere Ungleichheit mit einer Verschlechterung der geistigen Gesundheit korreliert: „Psychische Erkrankungen stehen regelmäßig im Zusammenhang mit Entbehrung, niedrigem Einkommen, Arbeitslosigkeit, unzureichender Schulbildung, schlechterer körperlicher Gesundheit und zunehmend gesundheitsschädlichen Verhaltensweisen."[116]

Rosalie berichtet, sie habe in den vergangenen acht Jahren beobachtet, dass sich die Einsparungen auf die Menschen, mit denen Art Angel arbeitet, zunehmend stärker auswirken. „Immer mehr Menschen haben psychische Probleme aller Art. Ängste, Depressionen. Alles Mögliche. Vor allem ist ein deutlicher Anstieg unter jungen Leuten zu beobachten ... und bei jungen Männern ist die Selbstmordrate sehr hoch." Die Einsparungen in der psychischen Gesundheitsfürsorge und bei den Sozialleistungen führen dazu, dass immer weniger Menschen mit psychischen Problemen die Hilfe bekommen, die sie benötigen. Rosalie erzählt von den jüngsten Veränderungen im Sozialsystem und welche Anstrengungen sie für die Menschen bedeuten, die nun sehr reale Entscheidungen treffen müssen, etwa ob sie ihre Wohnung heizen oder lieber Essen kaufen. „Die meisten Leute, die uns aufsuchen, können einem am Anfang gar nicht in die Augen sehen ... So kaputt sind sie. Meistens denken sie, es sei ihre Schuld, dass sie etwas falsch gemacht haben, ihre Familien sind zerrüttet, sie haben ihre Freund*innen verloren, da ist ganz viel Verlust involviert. Sie sind an einem Punkt, wo sie glauben, sie seien nichts wert."[117]

Jamie Hanson ist Assistenzprofessor an der Psychologischen Fakultät der Universität von Pittsburgh. Seine Forschungen haben ergeben, dass eine Kindheit in Armut zu einer Verringerung der Aufmerksamkeitsprozesse sowie des Arbeitsgedächtnisses und zu einem messbar kleineren Hippocampus führen kann.[118] Es sei zwar nicht so, dass alle, die in Armut leben, mit diesen Problemen zu tun haben, erzählt er, aber bei vielen träfe es zu. Hanson hat zwei Hauptbereiche ausgemacht, die die schlimmsten Auswirkungen haben. Der eine hat mit dem Umfeld zu tun. In den 1970ern wurden Forschungen angestellt, bei denen Mäuse für 45 Tage in „üppige Umgebungen" gesteckt wurden, die alles enthielten, was Mäuse mögen, sozusagen ein mit allen möglichen Anreizen ausgestatteter „Mäusepalast". Andere Mäuse wurden in Umgebungen gehalten, in denen es nichts gab, was Mäuse lieben; sie hatten nichts zu tun und blieben sich selbst überlassen. Am Ende des Experiments war bei den Mäusen in dem reich ausgestatteten Umfeld der Hippocampus um 15 Prozent größer. Auch der durch Armut und Ungerechtigkeit entstehende Stress wirkt sich auf den Hippocampus aus. Menschen, die in Armut leben, neigen zu übermäßiger Wachsamkeit. Die Psychoanalytikerin Joy Schaverien verweist darauf, dass „einem Kind, das immer auf der Hut sein muss, nur wenig Raum für symbolisches Spiel bleibt ... es hat wenig Zeit zum Tagträumen und die Fantasie kommt zu kurz"[119]. Könnte es nicht sein, dass wir umso unfähiger sind, uns einen Ausweg vorzustellen, je tiefer wir uns in einer Krise befinden und je dystopischer die Zukunft erscheint? Ich trug diese Idee Gordon Turnbull vor, der antwortete, dass seines Erachtens Bevölkerungsgruppen, die mutlos und deprimiert sind, die gleichen Symptome aufweisen wie Einzelpersonen, bei denen der Hippocampus schrumpft: „Sie verlieren ihre Fähigkeit, kreativ zu denken." Er führte als Beispiel den National Health Service an, eine Organisation, die unter großen Druck geraten ist. „Man kann sich vorstellen", sagte er, „dass die Menschen, die in dieser Gemeinschaft arbeiten, momentan einen Hippocampus entwickeln, der nicht optimal arbeitet. Sie werden deshalb unter ihren Möglichkeiten bleiben ... Sie werden die Fähigkeit und die Fantasie verlieren, sich Dinge auszudenken, die neu sind, und ihre Probleme lösen helfen könnten. In diesen Organisationen werden die gleichen Fehler, oder ähnliche Fehler, immer wieder von Neuem gemacht. Es ist ein gleichbleibendes Muster."[120]

Der Hippocampus benötigt nicht nur ein gewisses Maß an Geborgenheit, Sicherheit, Stabilität und Komfort, sondern auch eine angemessene Ernährung und genug Schlaf, was beides nicht möglich ist, wenn man zwischen einer geheizten Wohnung und einem gefüllten Magen entscheiden muss. Selbst für Menschen in relativ stabilen Lebensumständen ist es zunehmend schwieriger, sich ordentlich zu ernähren und genug Schlaf zu bekommen. Die Weltgesundheitsorganisation (WHO) hat Schlafmangel zu einer Epidemie erklärt, von der die gesamte industrialisierte Welt, besonders aber die Vereinigten Staaten, das Vereinigte Königreich, Japan und Südkorea betroffen sind.[121] Dreißig Prozent der Erwachsenen in den USA berichten von mindestens einem Symptom von Schlaflosigkeit, die Krankenhausaufenthalte aufgrund von Schlafinsuffizienz haben sich in den letzten zehn Jahren verdreifacht und zwischen 2000 und 2010 stiegen die diagnostizierten Schlafstörungen um 266 Prozent, Verschreibungen für Schlafmittel um 293 Prozent.

Zu wenig Schlaf – wir benötigen mindestens sechs und idealerweise acht Stunden – ist so schädlich für die Gesundheit wie eine schlechte Ernährung oder zu wenig körperliche Ertüchtigung. Schlafmangel löst chronische Entzündungen aus, was einen Risikofaktor für Diabetes, Krebs, Depression, Herz-Kreislauf-Erkrankungen und neurodegenerative Krankheiten darstellt.[122] Er führt zu Aufmerksamkeitsstörungen, mindert das divergente Denken, beeinträchtigt unsere Entscheidungsfähigkeit und unser Gedächtnis, alles Elemente, die sich auf unsere Fantasie auswirken.[123] Er ist der stärkste Einzelfaktor für die Wahrscheinlichkeit einer klinischen Depression.[124] Eine Stunde weniger Schlaf täglich kann zu einer Beeinträchtigung der schulischen Leistung führen und bis zu zwei Schuljahre kosten, und manche Forscher*innen vermuten, dass Schlafprobleme in den prägenden Jahren eines Kindes zu dauerhaften Veränderungen der Gehirnstruktur führen können.[125]

Schlafmangel bringt das Gehirn um Tiefschlafphasen, oder REM-Zeit, in der Informationen assoziativ vernetzt, neue Verknüpfungen zwischen scheinbar unzusammenhängenden Informationseinheiten hergestellt werden, was uns befähigt, morgens aufzuwachen, und Lösungen für bestimmte Probleme parat zu haben. Während des REM-Schlafs agiert der Hippocampus wie das Personal in einer Bibliothek, das die Bücher, die über den Tag hereingekommen sind, sortiert und wieder zurück in die richtigen Regale stellt. Das heißt, er geht die Erlebnisse des Tages durch und entscheidet, welche als Langzeiterinnerungen abgelegt und welche aus dem Kurzzeitgedächtnis gelöscht werden sollen, um Platz für den folgenden Tag zu schaffen.[126] Der Hippocampus ist, das soll hier nicht außer Acht gelassen werden, auch entscheidend für unsere Fähigkeit zu träumen.

Der Hippocampus benötigt eine gesunde Diät. Das Gehirn hat während seiner Entwicklung sowohl im Mutterbauch als auch in den ersten drei Lebensjahren einen besonders hohen Bedarf an Eisen und Zink. Schätzungen gehen davon aus, dass in Großbritannien und den Vereinigten Staaten 50 bis 70 Prozent der werdenden Mütter die Ernährungsempfehlungen nicht einhalten, was sich auf die neurokognitive Entwicklung der Kleinkinder auswirkt und auch die Entwicklung des Hippocampus beeinflusst.[127]

Irakli Loladze hat die Auswirkungen des steigenden CO_2-Gehalts in der Atmosphäre auf Nahrungspflanzen untersucht – mit beunruhigenden Ergebnissen. Klimaskeptiker*innen argumentieren mitunter, dass die Ernteerträge umso höher sind, je mehr CO_2 in der Atmosphäre ist, aber die Arbeit von Loladze zeigt, dass bei höherem CO_2-Gehalt die Pflanzen mehr Kohlenhydrate wie Glukose und weniger Kalium, Kalzium, Zink, Eisen und Eiweiß aufnehmen.[128] Seine Arbeit, die dreißig Jahre Forschung zusammenfasst und 130 Pflanzenarten untersucht, legt nahe, dass der für das Ende des Jahrhunderts prognostizierte CO_2-Anstieg den Nährstoffgehalt in den Pflanzen um durchschnittlich acht Prozent zurückgehen lässt. Dies bedeutet, dass wir, um ausreichend Nährstoffe aufnehmen zu können, mehr essen müssen, ein Faktor, der für Fettleibigkeit in wohlhabenderen Nationen verantwortlich ist. Gemäß einer Studie aus dem Jahr 2005 von William Jagust und Kolleg*innen ist der Hippocampus umso kleiner, je größer das Verhältnis von Taille zu Hüfte (das heißt der Bauchumfang) einer Person ausfällt.[129]

Was kommt dem Hippocampus neben ausreichendem Schlaf, einer guten Ernährung und einem überschaubaren Stresslevel noch zugute? Nun, unter anderem Meditation. Meditation reduziert nachweislich Stress, senkt den Cortisolspiegel und steigert das Wohlbefinden. Sie führt unter Umständen zu einem höheren Anteil grauer Substanz im

Hippocampus und lässt ihn gegebenenfalls um 15 Prozent größer werden als bei Nicht-Meditierenden. Auch Bewegung ist gut. Durch regelmäßiges Aerobic-Training lässt sich bei Erwachsenen das Volumen des Hippocampus erhöhen.[130] Doch nicht jeder hat die Möglichkeit zu Sport und Meditation. Robert Macfarlane meinte mir gegenüber: „In gewisser Weise setzt die Fantasie Privilegien voraus ... Ich will nicht behaupten, dass nur die Wohlhabenden fantasievoll sein können, aber es gilt schon die Art von geschütztem Raum zu berücksichtigen, den ‚Was-wenn'-Raum, den man für diese Art des Denkens braucht."[131]

So besehen stellt die von der Regierung insbesondere nach der Finanzkrise von 2008 durchgesetzte Austeritätspolitik einen Gewaltakt gegen die verletzlichsten Mitglieder der Gesellschaft dar, sei es durch Energiearmut, Kürzungen der Sozialausgaben, steigende Obdachlosigkeit oder mangelnde Hilfe für psychisch und körperlich beeinträchtigte Menschen.[132] Wir sollten sie vielleicht aber auch als Angriff auf die Fantasie begreifen. Der Kolumnist Aditya Chakrabortty formuliert es so: „Eines der größten Opfer der Austerität ist wahrscheinlich die Fantasie, der Sinn dafür, dass Alternativen zu diesem kaputten System nicht nur existieren, sondern auch von uns aufgebaut werden können."[133] Der Geisteswissenschaftler und Kulturkritiker Henry Giroux schreibt: „Die von Seiten des Staates und von Unternehmen geförderte Ignoranz, wie sie auf verschiedenste Weise vor allem durch die Fantasieverhinderungsmaschine der Mainstream-Medien und der Öffentlichkeitsarbeit produziert wird, funktioniert nun weitgehend so, dass sie bestimmte Elemente der Geschichte ausradiert, kritisches Denken verachtet, Dissens auf eine Art Fake News reduziert und somit das gesellschaftliche Vorstellungsvermögen unterminiert."[134]

„Fantasieverhinderungsmaschine", der Ausdruck sprang mich an und das aus vielerlei Gründen.[135] Wenn es eine solche Maschine tatsächlich gibt, dann scheint sie offenbar zu funktionieren. Die Aufmerksamkeitsspannen werden geringer. Unser Umgang mit Fakten und Wissen wird immer oberflächlicher. Die Neugier im Klassenzimmer nimmt ab.[136] 34 Prozent der in London lebenden Kinder stimmen mit der Feststellung „Ich habe nicht genug Zeit, um meine Fantasie einzusetzen", überein, 21 Prozent hingegen im nationalen Durchschnitt. Ein Drittel der

Erwachsenen (33 Prozent) und ein Viertel der Kinder (26 Prozent) meinen, dass sie für ihre Arbeit, ihr Studium oder ihre Schulaufgaben keine Fantasie bräuchten. Nur 51 Prozent der Rentner und Rentnerinnen und 47 Prozent derjenigen Personen, die keiner Arbeit nachgehen, behaupten, ihre Fantasie „regelmäßig" einzusetzen. Eine vor Kurzem durchgeführte Umfrage ergab, dass nur 40 Prozent der Befragten meinen, ihre Fantasie einzusetzen, wenn sie online sind.[137] Nach einer Erhebung in der Kreativwirtschaft sind 48 Prozent der dort Beschäftigten davon überzeugt, dass die Kreativität in den letzten zehn Jahren in einem Zustand der Stagnation verharrte.[138]

Vieles spricht dafür, dass die neoliberale Wirtschaft und ein wachstumsorientierter Kapitalismus in ihrem Kern Fantasieverhinderungsmaschinen sind. Der Soziologe Richard Sennett stellt fest: „Der moderne Kapitalismus funktioniert so, dass er die Fantasie der Menschen, ihren Möglichkeitssinn, kolonisiert."[139] Thomas Piketty hat dargelegt, dass das kapitalistische Modell bis hinein in seine DNA auf die Erzeugung von Ungleichheit angewiesen ist.[140] Das kapitalistische Modell lebt davon, dass es sich den Menschen als vereinzelten Konsumenten imaginiert, der ein Verlangen nach eigentlich nicht benötigen Dingen sowie ein Gefühl der Unzulänglichkeit kultiviert, wenn er sie nicht bekommen kann. Dabei verbreitet er den Mythos, der Weg zum Glück läge in der Anhäufung von „Sachen". Dies zusammengenommen mag dazu führen, den Kapitalismus als „System" zu bezeichnen, das „geisteskrank macht".[141]

Aber das Gefühl, dass wir uns, was den Niedergang der Fantasie anbelangt, wie Frösche im Kochtopf verhalten, reicht tiefer. Während ich dies schreibe, liegen die weltweiten CO_2-Emissionen bei etwa 410 Teilchen pro eine Million (ppm); als ich 1968 geboren wurde, lagen sie bei 321 ppm. Mitte des 21. Jahrhunderts werden sie 550 ppm erreichen und 1000 ppm im Jahr 2100. Die Forschung geht davon aus, dass Konzentrationen um die 1000 ppm die kognitiven Fähigkeiten des Menschen um 21 Prozent schmälern.[142] Selbst die im Pariser Klimaabkommen festgelegten 660 ppm würden noch in einem Abfall dieser Fähigkeiten um 15 Prozent resultieren. Falls es uns gelingen sollte, die schlimmsten Vorhersagen zu vermeiden und auf eine entschieden kreative Weise zu reagieren, das heißt die Welt und wie sie momentan funktioniert in der

Mehrheit ihrer Grundzüge neu zu denken, wie es Paul Hawken in seinem Buch *Drawdown* unternimmt, dann weil wir unsere Vorstellungskraft erfolgreich mobilisiert haben.[143] Und falls nicht, falls wir dazu bestimmt sind, in einen unvermeidlichen Klimazusammenbruch hineinzutaumeln, werden wir unsere Vorstellungskraft mehr denn je benötigen, um uns so gut wie möglich an eine sich rapide verändernde Welt anzupassen.[144] Und nur fürs Protokoll: Es gibt keine dritte Option für „grünes Wachstum", einfach so weitermachen wie bisher und „nur ein paar Solarzellen aufstellen und alles wird gut" – dafür ist es jetzt zu spät.

Ein weiterer Beitrag zu dem Gleichnis mit dem „kochenden Frosch" stammt aus einer Studie, die zwischen März 2014 und November 2016 Milliarden Twitterposts daraufhin abklopfte, wie die Twitterati über Wetterextreme diskutierten.[145] Von extremen Wetterereignissen abgesehen ist der Klimawandel meist nur eine schleichende Veränderung, eine sich verschiebende Grundlinie dessen, was wir für „normal" halten. In der Studie wurde festgestellt, dass anomales Wetter häufiger kommentiert wurde, dass dies aber weit weniger geschah, wenn solche Wetterlagen über mehrere Jahre anhielten. Geschätzt wird, dass es ungefähr fünf Jahre dauert, bis solche Extreme nicht mehr bemerkenswert sind und zu einer „neuen Normalität" werden. „Offenbar ist es einfach", schreiben Nick Obradovich und Frances C. Moore, Autor und Autorin der Studie, „ein Klima, das sich, zumindest in geologischen Zeitmaßstäben gesehen, rapide und dramatisch verändert, zu normalisieren."[146]

Was mich nachts wach liegen lässt, ist der Gedanke, dass wir, je weiter wir in die großen Herausforderungen der Gegenwart vordringen – ökonomische Ungleichheit, Klimawandel, das sich deutlich abzeichnende Risiko eines Zusammenbruchs wichtiger Wirtschaftsfaktoren, von denen wir abhängen, Massenmigrationen und so weiter –, desto weniger in der Lage sein werden, uns einen Ausweg vorzustellen. Dies liegt vielleicht an der sehr realen Angst und dem Leid derjenigen, die klimabedingte Brände, Überschwemmungen, Vertreibung oder Not erleben, oder vielleicht daran, dass die Energie, die wir aufwenden, vor diesen Problemen die Augen zu verschließen und so zu tun, als ob es sie nicht gäbe, in uns eine unterschwellige Angst auslöst.[147] Vielleicht liegt es daran, dass unser Verstand, wie neuere Forschungen zeigen, umso langsamer wird, je mehr CO_2 in der Atmosphäre ist: Unser Denken wird trüber, es wird schwieriger, neue Ideen zu entwickeln, schwieriger, komplexe Gedanken zu formulieren und neue Informationen aufzunehmen.[148]

Was bedeutet das für uns? Wenn Stress, Trauma und Angst unsere Fantasie genau in dem Moment austrocknen, an dem wir unser Vorstellungsvermögen am dringendsten benötigen, wo stoßen wir dann auf Ideen, die diesen Prozess umkehren könnten? Ich glaube nicht, dass wir sie von Politiker*innen oder Think Tanks erwarten können. Viel eher werden wir ihnen an Orten begegnen, an denen, wie bei Art Angel, Einsicht in die Bedingungen zu herrschen scheint, die für ein Entfachen und Aufblühen der Fantasie optimal sind. Erinnerst du dich an Sandra? Von ihr können wir lernen, wie wir diesen Teufelskreis ausbremsen, anhalten und umkehren. Wenn die Zukunft aus unserem Vorstellungsvermögen verschwindet, wenn wir in der Gegenwart oder in der Vergangenheit stecken bleiben, geraten wir in Schwierigkeiten. Es ist gewiss kein akademisches Konzept, wenn wir behaupten, dass Räume zu schaffen, in denen wir uns sicher fühlen und Hoffnung schöpfen können, eine fundamentale Voraussetzung für den Wiederaufbau unserer Vorstellungskraft ist. An Sandras Geschichte nämlich lässt sich ablesen, wie dies in der Realität funktioniert.

Bei Art Angel habe ich tatsächlich eine Ahnung davon bekommen, wie der Wiederaufbau der kollektiven Vorstellungskraft aussehen könnte. Die Räume, in denen wir uns sicher fühlen und Hoffnung schöpfen, müssen nicht unbedingt mit Kunst zu tun haben. Es könnte sich auch genauso gut um Gärtnern, Schweißen, Bauen, Kochen, Backen, Waldarbeit, Musikmachen, Tanzen, Meditieren oder Arbeit mit Tieren handeln oder einfach nur um einen Platz, an dem man sitzen und sich unterhalten kann. Es könnte die Schule sein, gesetzt den Fall, sie wäre etwas anderes als das, was sie heute ist.

Wir müssen auch damit beginnen, anders zu sehen, so wie „Mark", um uns wieder mit der Welt um uns herum zu verbinden, anstatt zerstreut, die Augen auf die Bildschirme geheftet und unter allen Umständen die Kontaktaufnahme mit anderen vermeidend, durch unsere Umgebung zu huschen. Alle, die ich bei Art Angel kennengelernt habe, lernten wieder zu sehen, lernten mit neuen Augen zu sehen, auf neue Art, durch neue Filter. Eine der größten Herausforderungen, mit denen Art Angel konfrontiert ist – mit der wiederum auch die Fantasie konfrontiert ist – ist die Frage, wie in einer Welt gedeihen, die alles und jedes quantitativ bemessen und bewerten möchte, und zwar mit Mitteln, die die Autorin Rebecca Solnit als „Bilanzierungssysteme" bezeichnet, „die das, worauf es ankommt, nicht erfassen können"[149].

„Warum reichen unsere Referenzen nicht aus?", fragt Rosalie.[150] Mit wem auch immer ich bei Art Angel gesprochen habe, alle haben mir gesagt, wie sehr die Einrichtung ihr Leben umgekrempelt hat und wie lebenswichtig sie für ihr Wohlergehen und ihre Gesundung gewesen ist. „Ich habe hier zurück ins Leben gefunden", erzählte mir eine Künstlerin.

Was, wenn wir dort, wo wir leben, wo wir arbeiten, wo wir lernen, wo wir beten, wo wir jeden Tag entlanggehen, Bedingungen schaffen würden, in denen unsere Fantasie optimal aufblühen kann? Was würdest du tun? Was würdest du ändern?

All das bringt uns zurück zu der Frage, wie wir Fantasie messen wollen. Die Frage freilich, wie wir eine quantitative „Messlatte" an die Fantasie anlegen wollen, steckt voller Herausforderungen. Vielleicht aber stellen wir die falsche Frage. Vielleicht sollten wir lieber fragen, wie die Welt aussähe, wenn in unserem Alltagsleben eine unversehrte Fantasie als unerlässlich für ein gesundes Leben erachtet würde? Ich bin auf zwei Vorschläge gestoßen, wie das aussehen könnte. Bei dem ersten handelt es sich um eine Übung, mit der mich Gabriella Gómez-Mont bei einer vom Institute for the Future organisierten Veranstaltung bekannt gemacht hat, sie lautet: „Wir werden Ideen messen, Ideen, die erzeugt, Ideen, die übersetzt, geteilt und getauscht, und Ideen, die umgesetzt werden. Wir werden ... unseren Erfolg an den neuartigen Denkungsarten, den frisch gebildeten Koalitionen, den neu errungenen Gemeinsamkeiten und den erworbenen Träumen messen."[151]

In ihrem Buch *Imagination First* entwickeln Eric Liu und Scott Noppe-Brandon diese Idee weiter: „Der wahre Nutzen der Vorstellungskraft lässt sich nicht an irgendeinem Verhältnis von Neuerungen pro gebildeter Idee messen. Am besten lässt er sich daran messen, ob das Ökosystem als Ganzes an Möglichkeiten hinzugewonnen hat und ob die Gesellschaft, in die wir unsere Vorstellungskraft einspeisen, allen Marktteilnehmern oder Angehörigen der Gemeinschaft ermöglicht, ihr volles Potenzial zu entfalten."[152]

Anders gesagt, wir werden wissen, dass die Welt fantasievoller geworden ist, wenn unser Alltagsleben über spürbar mehr Möglichkeiten verfügt, vor fantasievollen Ideen nur so sprudelt, wenn es empfänglicher, weniger angstbesetzt, weniger nervös und offener gegenüber neuen Ideen ist. Als ich Lucy Neal, eine Künstlerin und Transition-Aktivistin frage, wie wir ihrer Meinung nach erkennen würden, dass die Welt fantasievoller geworden ist, antwortet sie: „Man steht vielleicht morgens mit dem Gedanken auf, ‚Ich habe keine Ahnung, was heute passiert, aber wahrscheinlich dürfte es ganz nett werden. Ich gehe mal raus und schaue, was los ist' … Eine freudige Stimmung liegt in der Luft, und Freude ist etwas Radikales. Freude ist eine radikale Kraft, weil sie uns mit dem Leben verbindet, und das Leben ist begeistert vom Leben."[153]

Auch wenn auf der Hand liegt, dass sich heute nur sehr wenige Orte auf der Erde tatsächlich so anfühlen, bietet uns Art Angel und seine Geschichte eine verlockende Kostprobe dafür, wie es gehen könnte, die Welt mehr in diese Richtung zu bewegen.

DREI

WAS, WENN WIR DEM BEISPIEL DER NATUR FOLGEN?

*In den Augen eines fantasiebegabten
Menschen ist die Natur die Fantasie selbst.*

—William Blake, an Reverend John Trusler

W ann hast du das letzte Mal das frühmorgendliche Vogelkonzert gehört?

Ich meine nicht das letzte Mal, als du aufgewacht bist,
weil du versehentlich dein Fenster offen gelassen hast. Ich meine, wann
bist du das letzte Mal absichtlich vor der Morgendämmerung aufgestan-
den und nach draußen gegangen, nur um zuzuhören? Ich zermartere
mir das Gehirn und kann mich nicht erinnern, wann ich das das letzte
Mal gemacht habe. Für mich ist die Morgendämmerung eher eine Zeit,
um tief zu schlafen und nicht in nebligen frühmorgendlichen Feldern
zu hocken.

Trotzdem habe ich mich 2018 eines Morgens im Mai um vier Uhr
aus dem Bett gehievt, um in Dartington Hall unweit von Totnes am „Tag
des morgendlichen Vogelkonzerts" teilzunehmen.[154] Dawn Chorus Day,
so der englische Name, ist ein jährlich am ersten Sonntag im Mai statt-
findendes Ereignis, das seinen Ursprung irgendwann in den 1980ern hatte, als der Radiomacher und Umweltaktivist Chris Baines um vier Uhr
morgens zu seiner Geburtstagsparty einlud, damit seine Gäste dem Vogelgesang lauschen konnten. Inzwischen organisiert das Kunstkollektiv
SoundCamp eine vierundzwanzigstündige Live-Übertragung des Vogelkonzerts und lädt die „Reveille" ins Netz, so dass diese Morgen-Musik auf
der ganzen Welt angehört werden kann. Das Kollektiv koordiniert auch
verschiedene „Soundcamps", an denen man leibhaftig teilnimmt. Mein
örtliches Camp wird von SoundArt Radio, einer kommunalen Radio-
station, organisiert. Seit drei Jahren kommen Tonleute, Künstler*innen
oder einfach nur Neugierige einmal jährlich für ein Wochenende zusammen. In dem Camp werden unter anderem Workshops für Feldaufnah-
men, Yoga und Körperarbeit angeboten; auch eine Tierstimmen-Disko
wird abgehalten, um „aus dem, was alles an Vinyl oder an mitgebrachten
Naturaufnahmen – darunter schreiende Hasen, heulende Eichhörnchen

und pfeifende Fischotter – zur Verfügung steht, das Beste zu machen"[155]. Und dann war da natürlich noch dieser frühmorgendliche Weckruf im Freien.

Es ist noch dunkel, als sich unsere siebenköpfige Gruppe an einem kleinen Parkplatz in der Nähe unseres Zeltes versammelt. Abgesehen von ein paar Rotkehlchen, die von der Straßenbeleuchtung zu einem vorzeitigen Start veranlasst wurden, ist es ruhig. Es ist kühl, aber nicht kalt. Wir alle sind konzentriert, entschlossen und gespannt. Zusammen brechen wir zu einem zehnminütigen Fußweg auf. Unterwegs sind bereits ein paar weitere Frühaufsteher zu hören: die ersten Amseln und, als wir über offenes Weideland einen Hügel hinuntergehen, hoch über uns der Gesang einer Lerche. Unser Ziel ist eine Biegung des River Dart, an deren gegenüberliegender Seite sich Wald erstreckt, so weit das Auge reicht. Als wir dort ankommen, hat das Vogelkonzert richtig begonnen. Tony Whitehead, der den Ausflug leitende Ornithologe und Tonmann, lädt uns ein oder stellt uns die Aufgabe, nur zuzuhören – still zu sein und das fantastische Konzert zu genießen. Ich mache es mir so komfortabel wie möglich, setze mich an eine Eiche gelehnt auf meine Regenjacke. Ein dünner Nebelstreifen liegt über dem Fluss.

Schon bald hören wir Rotkehlchen, Amseln und Singdrosseln. Zaunkönige, Ringeltauben und Krähen schließen sich an. Eine Mandarinente reiht sich mit ihrem typischen glucksenden Ruf ein. Stockenten, Schwanzmeisen, Zilpzalpe und Buchfinken sind zu hören. Und gelegentlich ein Fasan. Bald teilt sich der Gesang der Amseln in zwei Hälften. Der erste Teil ist immer nahezu gleich und stellt sozusagen ihre Signatur dar. Im zweiten Teil wird improvisiert, jedes Mal etwas anderes. Ich fühle mich an Charlie Parker erinnert (ironischerweise war sein Spitzname Bird), der sagte: „Erst musst du dein Instrument lernen. Dann heißt es üben, üben und üben. Und wenn du schließlich oben auf der Bühne stehst, musst du alles vergessen und einfach nur spielen, was das Zeug hält." An diesem Morgen höre ich, wie die Natur improvisiert: Jazzvögel. Die Vogelstimmen kommen in Intensitätsschüben, was ich beim Zuhören nur vage wahrnehme, was aber unmissverständlich zu Tage tritt, als ich mir später das Klangprofil der Aufnahme mit seinen Wellenbergen und -tälern anschaue. Von einem gelegentlichen Flugzeug oder einem entfernten Motorrad abgesehen, werden wir mit einer intensiven und spektakulären Aufführung verwöhnt.

Am Vorabend hat uns Tony erzählt, dass das Morgenkonzert der Vögel vornehmlich zwischen Februar und Juni stattfindet und seinen Höhepunkt im Mai erreicht. Zu hören sind fast ausschließlich Vogelmännchen. Um die Weibchen ihrer Art anzulocken, lassen sie die Welt wissen, „Ich bin hier und das ist mein Territorium" oder „Ich kann mich selbst ernähren und bin so stark und so großartig, dass ich schon wach bin und diesen schönen, lauten Gesang zu produzieren vermag". Es ist die Waldgemeinschaft, die hier mit sich selbst kommuniziert. (Als eine Frau auf die Ähnlichkeit mit sozialen Medien aufmerksam macht, stimmt Tony zu und meint, der Wald würde „buchstäblich tweeten [zwitschern]".) Beim Zuhören erinnere ich mich an eine Bemerkung Tonys, wonach Vögel, die eine Gefahr oder Bedrohung wahrnehmen, anders rufen. Erfahrene Vogelbeobachter*innen vermögen dem Weg von Menschen oder Tieren durch den Wald zu folgen, allein indem sie auf die Vogellaute hören.

Nach fünfzig Minuten großer Intensität lässt der Gesang nach, wird zu einem Hintergrundgeräusch. Die Vögel sind hungrig und freuen sich aufs Frühstück. Wir Gefiederlosen kommen zusammen und unterhalten uns über das Erlebte. Meine Begleiter*innen sind von dem, was sie gehört haben, sichtlich berührt. Obwohl Tony schon viele morgendliche Vogelkonzerte gehört hat, meint er, er würde ihrer niemals müde werden, und ermuntert uns, wir sollten doch, wann immer möglich, die Mühe auf uns nehmen, hinauszugehen. „Man erlebt nicht so viele Maimonate in seinem Leben", bemerkt er. Später sagt er mir: „Es ist einfach bemerkenswert, wie reich einen diese Erfahrung macht. Ich habe Leute sagen hören, dass sie sozusagen ihr Leben verändert hat ... Für einige ist es echt eine sehr tiefgehende Erfahrung."[156]

Und tatsächlich, die Monate danach merke ich, dass ich ein offeneres Ohr für Vogelgezwitscher habe. Als ob der Aufenthalt an der Flussbiegung mich darauf eingestimmt hätte. Ich nehme es wahr, wo immer ich gehe. Dieser frühmorgendliche Spaziergang hat meine Verbindung zur Natur und ihrer Vielfalt auf profunde Weise erneuert. Die Wachheit, in die er mich versetzt, die Konzentration, die er mir gegeben hat, war Belohnung genug, aber er befeuerte auch spürbar meine Vorstellungskraft. In den folgenden Tagen und Wochen bemerkte ich, dass mir das Schreiben leichter von der Hand ging. Ich war ganz allgemein weniger zerstreut. Der Zauber dieses Morgens übertrug sich auf mein Leben. Selbst Monate später, beim Schreiben dieser Zeilen, fühle ich mich in meinem Alltag noch von dieser reichen Erfahrung berührt. Ich bin vielleicht nicht in der Lage, die einzelnen Vögel zu bestimmen, aber ich nehme sie nun in einer Weise wahr, die ich zuvor nicht kannte. Ich fühle mich zudem ein bisschen gegenwärtiger, ein bisschen mehr in der Welt.

Ein Erlebnis dieser Art kann sowohl auf persönlicher als auch gesellschaftlicher Ebene eine tiefe Wirkung entfalten. Das erinnert mich daran, dass Präsident Theodore Roosevelt den Naturalisten und Umweltphilosophen John Muir aufsuchte, nachdem ihn die Lektüre seiner Bücher so tief berührt hatte. 1903 besuchten die beiden, nur begleitet von zwei Park Rangern und einem Zeugmeister der Armee namens Jackie Alder, drei Tage lang die besonders herausragenden Orte in der Wildnis von Yosemite, darunter Mariposa Grove, Sentinel Dome, Glacier Point und das Yosemite Valley. Der Ausflug wurde als „der wichtigste Campingtrip in der Geschichte der USA"[157] bezeichnet. „Unter all den großartigen Menschen in der Welt, war er [Muir] derjenige, mit dem es sich am meisten lohnte, Yosemite zu besuchen",[158] schrieb Roosevelt später. Der Präsident schlief, wie es hieß, auf und unter einem Stapel von vierzig Wolldecken. Worauf Muir schlief, wird nicht erwähnt.

Muir hatte ein Anliegen: Er wollte den Präsidenten dazu bewegen, sich Gedanken über den dringenden Schutz von Wildnisgebieten zu machen. „Vielleicht bin ich in der Lage, während ungezwungener Unterhaltungen am Lagerfeuer etwas Gutes für den Wald zu tun", hatte er zuvor in einem Brief an einen Freund geschrieben.[159] Die beiden blieben bis spät in der Nacht am Lagerfeuer sitzen und sprachen über die Wichtigkeit der Wildnis; das Erlebnis – aber auch die Gespräche – machten auf Roosevelt einen starken Eindruck. Drei Jahre später verabschiedete er die Yosemite Recession Bill, ein Gesetz, durch das zahlreiche der mit Muir besichtigten Orte unter den Schutz der Bundesregierung gestellt wurden. In seiner Zeit als Präsident hob Roosevelt fünf neue Nationalparks und 55 Vogel- und Tierschutzgebiete aus der Taufe, vergrößerte die Waldflächen des Landes um 60 Millionen Hektar und schuf 150 neue Staatsforste.[160] In seiner zehn Jahre später veröffentlichten Autobiografie schrieb er: „Ich kann mich für immer glücklich schätzen, mit John Muir im Yosemite gewesen zu sein."[161]

Was, wenn all unsere gewählten Amtsträger*innen in die Wildnis hinausgehen und so tief bewegt wie Roosevelt aus ihr zurückkehren würden? Was, wenn selbst nur eine oder zwei hinausgehen würden? Was, wenn sie hin und wieder an einem Vogelkonzert-Spaziergang teilnehmen würden – einfach innehalten, zuhören und darüber nachdenken würden, was sie der Nachwelt wirklich hinterlassen möchten?

Der Vogelkonzert-Ausflug machte mich aber auch traurig, denn ich weiß, dass die Artenvielfalt, der ich an jenem Tag lauschen durfte, so üppig sie auch in meinen Ohren klang, einen rapiden Niedergang erleidet. Seit 1970 ist die Zahl der Vögel, Fische, Reptilien und Säugetiere, mit denen wir uns den Planeten teilen, um 60 Prozent zurückgegangen.[162] Seit den 1960er-Jahren ist die Population der Nachtigallen um 91 Prozent gefallen, die der Singdrosseln in den letzten vierzig Jahren um 51 Prozent. Der Rückgang der Fluginsekten seit 1989 liegt bei 75 Prozent.[163] Nach Angaben der Vereinten Nationen verlieren wir jeden Tag zwischen 150 und 200 Arten.[164] Für immer. Verschwunden. Der Umweltjournalist Michael McCarthy bezeichnet dies als „Großen Schwund", ein Ausverkauf der Artenvielfalt, die noch unsere Großeltern als selbstverständlich erachteten – und von ihren Windschutzscheiben kratzten.[165] McCarthy merkt an:

> Unsere Vorstellungen sind in der Natur verwurzelt. Sie haben sich in der Natur ausgebildet. Sie nehmen ihre Metaphern und Gleichnisse aus der Natur. Wenn wir denken, etwas sei „stark wie eine Eiche" oder „fragil wie ein Schilfrohr", kommt das Bild aus der Natur. Ich glaube nicht, dass uns die Werke des Menschen im Ganzen gesehen Sprachfiguren liefern. Die bekommen wir aus der Natur. [...] Unser Vorstellungsvermögen selbst hat seine Wurzeln in der Natur, wir entfernen uns immer weiter von ihr und das wird unsere eigene Fantasie umso mehr verarmen lassen.[166]

Robert Macfarlane meinte zu mir: „Es handelt sich um einen Schwund der elementarsten Form, nämlich der materiellen Grundlage des Lebens, einer Biodiversität, es ist aber auch eine Ausdünnung der Sprache und eine Ausdünnung der Möglichkeiten." Sich allein schon die Namen ausgestorbener Arten in Erinnerung zu rufen, weckt in mir das schreckliche Gefühl verschwundener Farben, verarmter Erfahrung und erloschenen Reichtums. Diese Namen befeuern zwar unsere tiefe und uralte Vorstellungswelt, stellen aber keine Realität mehr dar. Ilin-Borkenratte. Percy-Island-Flughund. Quagga. Tasmanischer Tiger. Riesenalk. Kaukasischer Elch. Pyrenäensteinbock. Rotbäuchige Schmalbeutelratte. Chadwick-Beach-Baumwollmaus. Auerochse. Blaubock. Wüsten-Langnasenbeutler. Wandertaube.[167] Das American Museum of Natural History schreibt: „Die Wandertauben zogen einst in so großer Zahl durch Kanada und die Vereinigten Staaten bis hinunter in den Golf von Mexiko, dass sie den Himmel verdunkelten. Bevor die Vögel als billige Nahrungsquelle zu Millionen getötet wurden, wurde ein Schwarm etwa als ‚eine Kolonne von acht oder zehn Meilen Länge' beschrieben, die ‚den Windungen eines breiten und majestätischen Flusses ähnelte'."[168]

Wie wirkt sich diese im freien Fall befindliche Biodiversität und die schwindende Fülle auf unser Vorstellungsvermögen aus? (Und als Konsequenz, ist die Tatsache, dass wir diese entsetzliche Tragödie tolerieren, unserer geschmälerten Vorstellungskraft geschuldet?) Der Umweltaktivist und Mikrobiologe René Dubois sagte, wenn wir auf dem Mond lebten, wäre unsere Fantasie so öde wie der Mond.[169] Unsere Fantasie braucht die Vielfalt. Sie weitet sich und schrumpft – oder stürzt gegebenenfalls ab –, je nachdem wie üppig diese ausfällt. Selbst wenn wir uns irgendwie einzureden vermögen, von dieser Verheerung unberührt zu bleiben, so gilt doch, wie es Madeleine Bunting formuliert: „Auch etwas zu ignorieren [...] erfordert eine Art Aufmerksamkeit. Es kostet uns Beachtung, etwas zu ignorieren."[170] Und das hat seinen Preis.

Mit dem Verlust der Biodiversität verlieren wir, wie Robert Macfarlane feststellt, die Sprache, die mit ihr einherging. Er hat eine schwindelerregende Reihe dokumentiert. „Feetling" zum Beispiel ist ein alter Ausdruck aus Suffolk für die Trittsiegel von Tieren im Schnee. „Appledrain" ist ein sehr schönes, altes, aus Devon stammendes Wort für Wespe, und

„Dumbledore", ein Wort, das durch die Harry-Potter-Bücher berühmt wurde, ist ein regionaler englischer Ausdruck für „Hummel".[171] Wenn ein Tier oder ein Erlebnis verschwindet, verschwindet auch die Notwendigkeit, es mit sprachlichen Mitteln zu beschreiben. Macfarlane spricht von einem „tiefen uralten Coding", das uns mit unserer Vergangenheit, mit unseren Vorfahren und mit all den anderen Dingen, mit denen wir auf diesem Planeten leben, verbindet.[172] Was hat es zu bedeuten, dass bis 2100 über die Hälfte der 6000 auf der Welt existierenden Sprachen verschwunden sein werden? Und es ist kein Zufall, dass uns zur gleichen Zeit Nahrungspflanzen verloren gehen, die Menschen über Jahrtausende ernährten. Auf der ganzen Welt schwindet die Vielfalt jener Pflanzen, von denen unsere Ernährung abhängt. *National Geographic* berichtet, dass in den Vereinigten Staaten innerhalb von 80 Jahren 93 Prozent der Getreidesorten und anderer Saaten verloren gegangen seien, ebenso 80 Prozent der Tomatensorten.[173] 1903 gab es noch an die 500 Sorten Gartensalat, 1983 nur noch 36. Von den einstmals 285 Gurkensorten sind nur noch 16 übrig geblieben. Bei Kohl ging die Anzahl von 544 auf 28 Sorten zurück und bei Rettich von 463 Sorten auf 27. Und in einem vergleichbaren Zeitraum verloren die Vereinigten Staaten 85 Prozent ihrer Apfelsorten.[174] Wie der indische Aktivist Manish Jain mir gegenüber sagte: „Die Fantasie hängt mit einem Gefühl des Überflusses zusammen."[175]

Vorstellungskraft, diese „Fähigkeit, auf die Dinge zu blicken, als ob sie auch anders sein könnten", muss mit Vielfalt gefüttert werden. Sind wir fantasievoller, wenn unser Essen aus einem riesigen Supermarkt stammt oder wenn es von zahlreichen kleinen Erzeugern auf einem pulsierenden Markt stammt? Wie wirkt es sich auf unsere Vorstellungskraft aus, wenn, verglichen mit einem Lebensumfeld, wo zahlreiche Geschäfte, die es nur an einem bestimmten Ort gibt, in ganz Großbritannien die Hauptgeschäftsstraßen mit ihren immer gleichen Einzelhandelsketten nahezu identisch aussehen? Und wenn wir unterschiedliche lokale Ökonomien mit riesigen Amazon „Fulfillment centres" („Erfüllungs-" bzw. Logistikzentren) – einer der ungeheuerlichsten Euphemismen der englischen Sprache, dem ich je begegnet bin – ersetzen, die bei den dort Arbeitenden zu unerhörten psychischen Schädigungen führen? In *The Creative Spark: How Imagination Made Humans Exceptional*, stellt der

Anthropologe Agustín Fuentes fest: „Die überall in den Vereinigten Staaten anzutreffenden Großkaufhäuser und Einkaufszentren töten unsere Fantasie. [...] In den letzten dreißig Jahren hat dies zu einer Vereinheitlichung geführt, die die amerikanische Vorstellungskraft unterdrückt. Wenn alles gleich ist, egal wo man aufwächst, wird das Bewusstsein von dieser Gleichheit geformt."[176]

Wo unser Landwirtschaftssystem die Diversität verdrängt und dabei riesige Monokulturen entstehen lässt, wird dies von einem Niedergang jener Vielfalt begleitet, die für unsere Kultur und unsere Verbindung mit der Welt so wesentlich ist. Im Osten der Vereinigten Staaten sind die Vorkommen des Monarchfalter aufgrund schrumpfender Habitate um 90 Prozent zurückgegangen, aber auch, weil mehr Land für den Anbau von genetisch modifiziertem (GM) Soja und Mais in Beschlag genommen und damit einhergehend das Unkrautvernichtungsmittel Roundup verstärkt eingesetzt wurde, das den als Unkraut geltenden und für den Monarchfalter lebenswichtigen Seidenpflanzen den Garaus gemacht hat. Tierra Curry, eine leitende Wissenschaftlerin am Center for Biological Diversity, konstatierte in *Newsweek*: „Uns droht eine symbolische Gartenschönheit verloren zu gehen, die seit unzähligen Generationen zur amerikanischen Kindheit gehörte."[177]

Die Vorstellungskraft schöpft aus der Palette der Optionen und Möglichkeiten, die wir in unseren Erinnerungen abgespeichert haben. Erfahrungen und Ideen, die wir bereits erlebt oder gesehen haben, setzt sie neu zusammen, sie schneidet aus, fügt ein und bildet einzigartige Kombinationen. Je größer die Vielfalt in der natürlichen Welt um uns herum ist und je größer unsere Fähigkeit ist, sie wahrzunehmen, desto mehr können wir sie als Muse betrachten und aus ihr für unsere Existenz in der Welt schöpfen.

Wir wissen auch, dass das Gegenteil zutrifft: Der große Schwund schaltet uns ab. Die Psychoanalytikerin Lise Van Susteren hat den Begriff „prätraumatische Belastungsstörung" geprägt, um einen Zustand zu beschreiben, der der posttraumatischen Belastungsstörung ähnlich ist, nur dass die Symptome bereits vor dem Trauma auftreten. Sie wurde bei Soldaten beobachtet, die bereits vor ihrem Einsatz in Afghanistan viele der Symptome erlebten, die sie danach erleben würden: Traurigkeit, Trauer, Schlaflosigkeit, Alpträume, unentwegte heftige Sorgen. Das Ganze lässt sich als eine Art Erwartungsangst betrachten, oder, wie Van Susteren formuliert, als „eine vorgängige Version von PTBS"[178].

Van Susteren verwendet den Ausdruck, um die Auswirkungen zu beschreiben, die bei Klimawissenschaftler*innen und Aktivist*innen zu beobachten sind, die sich den ganzen Tag mit den Wahrscheinlichkeiten katastrophaler Zukunftsszenarien beschäftigen müssen. Ich denke aber, er trifft auf uns alle zu. Wenn wir, während wir durch unsere verschiedenen Nachrichten und Social-Media-Feeds scrollen oder einfach nur die Nachrichten im Fernsehen oder in den Zeitungen verfolgen, täglich mit Geschichten überschwemmt werden, die uns mit Schrecken und Hoffnungslosigkeit über die Zukunft erfüllen, ist eine prätraumatische Belastungsstörung eine angemessene Reaktion. In der Tat ist, wie Van Susteren anmerkt, der Begriff „Störung" eine Fehlbezeichnung.[179] Es handelt sich nur insofern um eine Störung, als die Sorge um eine Familie, die auf einem Bahngleis picknickt, während sich ein Zug nähert, eine Störung ist. In Wirklichkeit haben wir es mit einer gesunden menschlichen Reaktion auf gefährliche oder dysfunktionale Umstände zu tun. Die eigentliche Störung wäre zu versuchen, ein Leben zu führen, das diese unbequemen Wahrheiten ignoriert. Prätraumatischer Stress*zustand* ist wahrscheinlich ein besserer Begriff. Es handelt sich auch hier um einen ständigen Angstzustand, der vom Hippocampus still und leise Tribut fordert. Ein Zustand, den Mark Cocker in seinem Buch *Our Place* als „anhaltenden Herzschmerz auf niedrigem Niveau, als Hintergrundmelancholie"[180] beschreibt.

Sich wieder mit der Natur zu verbinden, besonders im jüngeren Alter, ist eine Strategie, mit Prä-TSD umzugehen. Bereits fünfundzwanzig Minuten im Freien, so konnte nachgewiesen werden, helfen dem Gehirn ähnlich gut, sich zu entspannen und die kognitiven Funktionen zu steigern, wie Meditation.[181] Im Jahr 2012 machte sich Ruth Ann Atchey mit zwei Mitstreitern daran, die kognitiven Auswirkungen zu untersuchen, die eine viertägige Wanderung und der Verzicht auf elektronische Geräte bei einer Personengruppe, die noch nie wandern war, hinterlässt. Sie fanden heraus, dass die Wander*innen, nachdem sie vier Tage in der

Natur unterwegs waren, um 50 Prozent kreativer waren als vor ihrem Aufbruch. „Unsere Ergebnisse zeigen klar, dass sich durch die Zeit, die wir in einer natürlichen Umgebung verbringen, ein kognitiver Vorteil einstellt", notierten die Forscher.[182] Der präfrontale Kortex, der Teil unseres Gehirns, das überlastet ist, wenn wir Multitasking betreiben, hat nur eine begrenzte Kapazität. Unser Gehirn hat schätzungsweise eine Leistung von 120 Bits pro Sekunde; allein, sich auf eine Person zu konzentrieren, die zu uns spricht, erfordert 60 Bits.[183] Draußen in der Natur zu sein, ist für das Gehirn eine Möglichkeit, sich auszuruhen, damit das Default Mode Network, das Ruhezustandsnetzwerk, anspringt und uns in einen Zustand versetzt, den die Neurowissenschaft als „sanfte Faszination" bezeichnet; ein Zustand, in dem unser Geist entspannt ist, in dem wir uns in unsere Umgebung eingetaucht fühlen und wir die kognitive Freiheit genießen, offenen Auges zu träumen.[184]

Umfangreiche Forschungen haben gezeigt, welche positiven Auswirkungen der Kontakt mit der Natur auf die Gesundheit hat. Verminderter Stress, tieferer Schlaf, eine bessere psychische Gesundheit – weniger Depressionen und Ängste –, größeres Glück und Wohlbefinden, Lebenszufriedenheit, weniger Aggression, verbesserte Kindesentwicklung, niedrigerer Blutdruck, ein besseres Sehvermögen und eine stärkere Immunfunktion gehören dazu.[185] In einer weiteren an der Stanford University durchgeführten Studie wurde eine Gruppe von sechzig Teilnehmer*innen in zwei Hälften aufgeteilt; dreißig wurden auf einen Spaziergang durch den Wald geschickt und die anderen dreißig auf einen Spaziergang entlang einer vierspurigen Straße. Die Teilnehmenden wurden vorher und nachher einer Reihe von psychologischen Tests unterzogen. Die Forscher*innen fanden heraus, dass diejenigen, die im Wald spazieren gingen, weniger ängstlich waren, ein besseres Gedächtnis hatten und sich positiver fühlten.[186] Erkrankten wird mittlerweile Zeit in der Natur verschrieben. Auf den vor Schottland liegenden Shetland-Inseln nehmen inzwischen sämtliche Hausarztpraxen an dem Projekt „Nature Prescriptions" teil, das in Partnerschaft mit RSPB Scotland ins Leben gerufen wurde.[187] In den Praxen liegt ein Faltblatt aus, das verschiedene jahreszeitlich bedingte Aktivitäten anbietet, wie zum Beispiel „Nach Weststürmen nach angeschwemmten Nüssen und Samen suchen" (Januar), „Das Gesicht im Gras vergraben" (Mai) und „Einer Hummel folgen" (Juli).[188]

Wir wissen auch, dass die Zeit in der Natur unsere Konzentration verbessert.[189] Forschungen an einer Grundschule in Liverpool ergaben, dass das Abspielen einer Klangkulisse aus Vogelgezwitscher den Kindern während ihrer „Müdigkeit nach dem Essen" half, sich besser zu konzentrieren.[190] Leider verbringt der Durchschnittsamerikaner 93 Prozent seiner Zeit entweder im Haus oder im Auto, und im Vereinigten Königreich verbringen drei Viertel der Kinder weniger Zeit im Freien als Insassen von US-Gefängnissen.[191]

Wir müssen aber auch den Aspekt der sozialen Ungleichheit sehen, der hier mit hereinspielt. Bei einem Besuch Ende 2018 an einer Universität in Cornwall, wo ich einen Vortrag hielt, berichtete mir eine Forschungsgruppe, dass zahlreiche Kinder aus den ärmsten Gemeinden der Umgegend noch nie das Meer gesehen hätten, obwohl es nur ein paar Meilen entfernt sei. Dass Menschen, die am meisten Gewinn daraus ziehen könnten, Zeit in der Natur zu verbringen, diese Möglichkeit häufig außer Acht lassen, ist ein Missverhältnis, das sich auf mehrere Ursachen zurückführen lässt. In Verbindung gebracht wurde es mit mangelnder räumlicher Nähe, mit fehlenden Transportmöglichkeiten, schlechter Zugänglichkeit für Menschen mit eingeschränkter Mobilität, Sicherheitsbedenken und gefühltem „Zeitmangel".[192] Jeder nationale Ansatz zur Wiederherstellung der Vorstellungskraft muss den Zugang zur Natur ernst nehmen und auch anerkennen, welche Kraft darin liegt, die Natur dorthin zu bringen, wo die Menschen leben, das heißt, die Städte, Gemeinden und Nachbarschaften „wieder zu verwildern".

Wie können wir es besser machen? Im September 2017 machte ich eine kleine Reise in das Ruhrtal in Deutschland, bei der ich auch die Grundschule Pantrings Hof in Herne besuchte. Vor zwanzig Jahren haben Schüler*innen, Eltern und Lehrpersonal einen Naturgarten auf einem neben der Schule liegenden Grundstück angelegt, der sich zu einem Waldgarten mit Bäumen und Sträuchern sowie offenen Flächen und einem durch das Gelände laufenden Rindenmulchpfad entwickelt hat. Bei meinem Besuch gaben uns mehrere Kinder eine Führung. Jedes hatte eine besondere Stelle in dem Garten übernommen und dafür eine kurze Einführung vorbereitet.

Wir lernten den Teich und seine Tierwelt sowie eine Steinmauer kennen, die als Lebensraum für Reptilien dient, einschließlich Stöcken, die wie Schlangen bemalt sind und die Mauer zieren. Ein Mädchen zeigte uns das Zucchini-Beet und beklagte, dass die Schnecken die Ernte aufgefressen hatten. Andere Kinder zeigten uns ihr „Bienenhotel", das sie gebaut hatten, um seltene Wildbienen und andere Insekten anzulocken. Die Kinder waren augenscheinlich stolz auf ihren Garten. Ihr Lehrer erklärte, dass er sich hauptsächlich wegen des Gartens an der Schule beworben hatte.

Nach dem Rundgang unterhielten wir uns mit der Schulleiterin. Sie sagte:

> Wenn wir den Kindern im Mathematikunterricht beibringen wollen, den Kreisumfang zu berechnen, schicken wir sie nach draußen, wo sie den Umfang eines Baumes berechnen. In Deutsch schreiben sie Aufsätze über den Garten. Wenn Schüler*innen das Bedürfnis nach Ruhe und Konzentration verspüren, um schreiben zu können, dürfen sie in den Garten gehen und dort arbeiten. Im Kunstunterricht verbringen sie viel Zeit hier draußen im Garten und zeichnen. Alle Fächer, die die Schüler*innen hier lernen, machen von dem Garten so viel Gebrauch wie möglich.[193]

Ich frage mich, ob die Kinder, die im Wildgarten lernen, niedrigere Cortisolspiegel haben als Kinder in Schulen ohne einen derartigen Garten? Und wie wirkt sich dies auf ihr Vorstellungsvermögen aus? Wenn Trauma und Armut, wie in Kapitel zwei gesehen, den Cortisolspiegel erhöhen, könnten wir dann nicht Natur als Heilmittel einsetzen?

Nicht weit von der Stelle, wo ich mich an dem morgendlichen Vogelkonzert ergötzte, gibt es ein Projekt namens LandWork, eine Wohltätigkeitsorganisation, die 2013 gegründet wurde, um „Menschen in Haft oder solchen, die von Gefängnis bedroht sind, Unterstützung zu bieten, einen Weg zurück in die Beschäftigung und die Gesellschaft" zu finden.[194] Untergebracht in einem ehemaligen etwa einen Hektar großen Steinbruch auf dem Anwesen Dartington Hall, bietet LandWorks den Menschen maximale Möglichkeiten, sich auf ein natürliches Umfeld einzulassen und kann damit wirklich etwas bewirken. Im Vereinigten Königreich beträgt die Rückfälligkeit von Straftäter*innen 48 Prozent (bei Jugendlichen noch etwas mehr) und verursacht Kosten von 13 Milliarden Pfund (15 Mrd. Euro) jährlich. Bei solchen, die LandWorks verlassen, liegt sie unter sechs Prozent. 92 Prozent derjenigen, die an LandWorks-Programmen teilgenommen haben, finden danach eine Beschäftigung.[195] „Wir nutzen biointensiven Gemüseanbau, Holzverarbeitung, Töpferei, Holzkohlen- und Kompostherstellung ... und flechten Soft Skills ein, soziale Fähigkeiten", erzählt der Gründer und Leiter des Projekts Chris Parsons. Teilnehmende und Personal kleiden sich gleich, um die Hierarchien einzuebnen und mittags wird zusammen gekocht und gegessen. Vor allem geht es darum, Vertrauen aufzubauen. „Wenn man das erst einmal gewonnen hat, setzt auch ein Wandel ein", fügt Chris hinzu.

Natürlich interessiert mich besonders, wie sich der Aufenthalt auf das Vorstellungsvermögen der Teilnehmenden sowie ihre Fähigkeit, Zukunftsperspektiven zu entwickeln, auswirkt. „Allein schon der Aufenthalt im Gefängnis verursacht einen fürchterlichen Schock", sagt Chris. „Die Fantasie wird dort regelrecht zermalmt." LandWorks arbeitet also daran, die einzelnen Menschen von diesem Trauma zu heilen. „Wir ermutigen die Leute hier vor allem, eine nicht-kriminelle Identität und die Fantasie auszubilden. ... Schon der einfache Gedanke, dass es für dich als Individuum eine Zukunft geben könnte, ist eine wichtige Sache."

Chris führt mich zu üppigen Gemüsebeeten, wir schauen in einer Werkstatt vorbei, in der Gartenmöbel, Vogelkäfige und andere Dinge aus Holz zum Verkauf an einem Straßenstand angefertigt werden, und besichtigen eine Lehmziegelmauer, deren Material aus dem Boden vor Ort stammt. Jeder, der einmal hier war, bringt eine Platte mit seinem Namen an der Wand an und schafft so mit der Zeit eine Chronik, die die Geschichte des Projekts und der Menschen, die an ihm teilgenommen haben, erzählt. Wir sind von großen Bäumen umgeben, Vögel zwitschern, die Natur zeigt sich in ihrer ganzen Fülle. LandWorks ist ein klares und eindringliches Beispiel dafür, dass es andere Wege als das Gefängnis gibt, Gerechtigkeit walten zu lassen.

Chris beschreibt LandWorks als einen Ort, an dem es „ungefährlich ist, verletzlich zu sein". Wir unterhalten uns darüber, ob dieser Ansatz angesichts der knapp bemessenen Plätze hier und in vergleichbaren Programmen in einem größeren Maßstab wiederholbar ist. „Hier könnten viele Leute herkommen", meint Chris. Für ihn ist das, was LandWorks tut, überall vorstellbar, nichts daran sei Zauberwerk. Man würde nichts anderes tun, als die Menschen in ein Natur-Umfeld zu holen, auf sie vertrauend und sie unterstützend, und ihnen die Möglichkeit zu geben, mit ihren Händen zu arbeiten, neue Fertigkeiten zu erlernen und mit anderen Menschen in Kontakt zu kommen. „Wenn die Fantasie ganz fundamental dabei ansetzen könnte, den Menschen einen neuen Blick auf ihre Situation zu ermöglichen, dann, so denke ich, wäre für uns alle schon viel gewonnen."[196]

Wie lässt sich ein derartiges Denken – in dem hinsichtlich der Wiederherstellung von Vorstellungskraft und Wohlbefinden die Verbindung zur Natur eine Schlüsselrolle spielt – auf eine ganze Stadt übertragen? Einen großen, ansteckenden, inspirierenden Traum zu hegen, kann dabei helfen. Als sich der Geografielehrer Daniel Raven-Ellison zusammen mit seinem Sohn auf den Weg machte, alle fünfzehn Nationalparks in Großbritannien zu besuchen, kehrte er mit der Frage zurück, warum davon keiner in einer Stadt liegt. Immerhin leben in London neun Millionen Einwohner*innen. Was wäre, wenn neun Millionen Menschen einen Nationalpark … in ihrem Hinterhof hätten? Obwohl London von den gleichen Umweltproblemen geplagt wird, mit denen so viele andere Städte zu kämpfen haben – Luft-, Boden- und Wasserverschmutzung, Verkehrsstaus, zersplitterte Korridore für Wildtiere, städtebauliche Verdichtung und verdammt viel Beton und Asphalt –, ist es auch die Heimat von fast fünfzehntausend Wildtierarten, 3,8 Millionen Gärten und dreitausend Parks. Siebenundvierzig Prozent Londons bestehen bereits aus Grünflächen. Weitere 2,5 Prozent sind „blaue" Flächen, das heißt Seen, Teiche und Flüsse. Man bräuchte also nur noch 0,5 Prozent mehr – etwa einen Quadratmeter Land für jede in London lebende Person – um den größten Teil der Stadt in eine Naturlandschaft zu verwandeln.

Warum nicht darauf aufbauen? Warum der Geschichte keine neue Wendung geben, warum nicht die Identität vertiefen und den Menschen ein Instrumentarium an die Hand geben, das ihr Verhältnis zu ihrer Stadt in andere Bahnen lenken würde? Also startete Daniel eine Kampagne, um London in die erste Nationalparkstadt der Welt zu verwandeln. Die Absicht dahinter war, das Leben in der Stadt zu feiern, zu genießen und zu verbessern, indem man eine Gemeinschaft aufbaut, das

Land betreut und mehr Frisbee spielt. Daniel – ein selbsternannter „Guerilla-Geograf" – betonte besonders die Vorteile für die körperliche und geistige Gesundheit, die Widerstandsfähigkeit gegen Klimawandel und Wetterereignisse, die wirtschaftlichen Vorteile und, vielleicht am wichtigsten, er unterstrich die Notwendigkeit, eine andere Erzählung über die City of London und die Beziehung ihrer Bewohner*innen und Besucher*innen zu ihr und zu sich selbst zu entwickeln. Zusammen mit dem Designer Charlie Peel erarbeitete er eine Karte von London, die die

> 3.000 Parks sowie Wälder, Spielplätze, Naturschutzgebiete, städtischen Bauernhöfe, Flüsse, Kanäle und all die Gebiete zeigt, die zu Londons Landschaft beitragen ... [darunter] einige der symbolträchtigsten Wanderwege durch und um London ... wie den London Outer Orbital Path (LOOP) und den Capital Ring. Das alles zusammen mit Markierungen für Plätze, an denen man im Freien schwimmen, Hügel erklimmen, ein Zelt aufschlagen oder Kajak fahren kann. Die Karte zeigt sogar Vor- und Hintergärten, aber kein einziges Gebäude![197]

Wie die Transition-Bewegung ist auch die National Park City-Initiative eher von unten nach oben als von oben nach unten entstanden. Obwohl es politische Unterstützung gibt – insbesondere durch den Londoner Bürgermeister Sadiq Khan –, ist das Projekt nicht bürokratisch organisiert. Es ist eine Einladung. „Es geht darum, eine Vision anzubieten, die offen genug ist, um die Menschen mit offenen Armen zu empfangen", sagte Daniel, „und nicht so technokratisch, dass sie abschreckend wirkt, also eine, die deutlich macht, wie alle dazu beitragen können." Bei dieser Geschichte steht für ihn im Mittelpunkt, was wir gemeinsam haben. Wir alle gehen gerne an einem sauberen Kanal entlang. Jeder möchte gesünder sein und in einer Stadt mit sauberer Luft leben. So ziemlich jeder freut sich, wenn er Schmetterlinge sieht. Die Erzählung von London als Nationalparkstadt nutzt verschiedene Instrumente, um die Vorstellungskraft der Menschen zu wecken. Unterschiedliche Medien kommen zum Einsatz: Karten, Fotografien, Zeichnungen, und man ist fest entschlossen, Künstler*innen, Dichter*innen und die Kulturschaffenden der Stadt von Anfang an einzubinden.

Daniels Ratschlag, wie man so etwas auf die Beine stellen kann? „Holt das Ganze so schnell wie möglich aus den Umweltbewegungen heraus." Sein Argument lautet, dass die Leute, die versuchen, Umweltveränderungen voranzutreiben, nicht unbedingt Kulturschaffende seien, die in der Lage sind, ein breites Publikum zu inspirieren, und dass „es die Kultur und die Menschen sind, die den Wandel vorantreiben werden"[198]. Nicht dass die Menschen nicht wüssten, wo die Probleme lägen, sei das Problem, sondern dass die Probleme so groß seien, dass sie sich überfordert fühlten, was wiederum die Vorstellungskraft lähmt. Im Juli 2019 wurde London offiziell zur Nationalparkstadt erklärt, mit Hunderten von Eröffnungen im ganzen Stadtgebiet und einer Charta, die andere Städte dabei unterstützen soll, etwas Ähnliches in die Wege zu leiten. Auf der Website heißt es: „Wir wollen mehr Vogelgesang, ultimatives Frisbee, Hangpurzeln, Baumklettern, Radfahren, Igel, Freiwilligenarbeit, Sharing, Spielen im Freien, Kajakfahren, saubere Luft, Otter, grünere Straßen, Lernen im Freien, Ballspiele, Kunst im Freien und Tanzen auf Hügeln in der Stadt. Warum auch nicht?"[199]

Warum auch nicht? Und was, wenn? Was, wenn unsere Schule ein Nationalpark wäre? Was, wenn du deinen gepflasterten Vorgarten in eine Wildblumenwiese umwandeln würdest? Was, wenn wir fragmentierte Landschaften wieder miteinander verbinden und damit den Lebensraum für Wildtiere und -pflanzen verbessern? Was, wenn wir tatsächlich anerkennen würden, dass die Wildnis gut für die öffentliche Gesundheit ist? London National Park City ist ein fantastisches Beispiel für eine gute Was-wenn-Frage, worauf wir später noch ausführlicher eingehen werden. Die Initiative hält für Interessent*innen so viele Möglichkeiten bereit, sich zu engagieren, eine Stimme zu bekommen oder Bürgerforscher*innen zu werden. Unterschiedliche Organisationen und Individuen können sich für eine Aufgabe entscheiden und auf bereichernde, belebende und substanzielle Weise Beiträge leisten. Das Projekt ist ein leuchtendes Beispiel dafür, wie die kollektive Vorstellungskraft wieder angefacht, den Menschen die Lust an der Veränderung wieder schmackhaft gemacht und einer Gemeinschaft wirkmächtige neue Erzählungen über sich selbst nahegebracht werden können. Und es zieht seine Kreise: In Zusammenarbeit mit Menschen auf der ganzen Welt arbeiten Daniel und sein Team an einer „Universellen Charta der Nationalparkstädte", mit der Begeisterte eruieren können, ob und wie auch ihre Stadt eine Nationalparkstadt werden kann.

Genau das ist es, was ich in der Transition-Bewegung sehe: eine Wiederbelebung der kollektiven Vorstellungskraft, modellhaft von der Natur inspiriert, durch die einzelne Gemeinschaften ein neues Selbstverständnis gewinnen können. Dies beobachte ich in Gemeinschaften und Organisationen überall auf der Welt, ob es sich nun um Wiederaufforstungsinitiativen, die Gründung neuer Solidarischer Landwirtschaftskooperativen (Solawi), um die Nachlese von Feldfrüchten, die Einrichtung von Waldlandkooperativen, die Entwicklung städtischer Landwirtschaftsprojekte oder einfach um Nachbarn handelt, die sich dabei unterstützen, ein bisschen Gemüse auf ihrem Balkon anzubauen. Ich habe es öfter beobachtet, als ich zählen kann: Die im Alltag verankerte Verbindung mit der Natur bringt zahllose Vorteile.

Man findet sie zum Beispiel im kalifornischen Richmond, einer Stadt in der San Francisco Bay Area, die mit Armut, Schusswaffen, Banden, Drogen und Gewalt zu kämpfen hat und wo es nur einen einzigen Lebensmittelladen für hunderttausend Menschen gibt.[200] Wie die in der Stadt ansässige Doria Robinson erzählt: „Die Leute hier öffnen meistens irgendeine Packung, stellen sie in die Mikrowelle und nennen das Ganze Mittagessen."[201] Doria ist die geschäftsführende Direktorin von Urban Tilth, einer Organisation, die sich das Ziel gesetzt hat, fünf Prozent der in Richmond konsumierten Lebensmittel in der Stadt selbst zu produzieren. Urban Tilth hat dreizehn neue Nachbarschaftsgärten angelegt, von denen die Organisation noch sieben selbst betreibt; die anderen sechs hat sie an die Kirche, die Schule und die Nachbarschaftsgruppen zurückgegeben, mit denen sie sie ins Leben gerufen hat. Urban Tilth betreibt auch eine Solawi-Farm, die Woche für Woche 160 Familien ernährt. Und doch stellen die Gärten und kleinen Farmen nur einen geringen, wenn auch entscheidenden Teil all der Aktivitäten dar, mit denen sich die Organisation befasst. Die Website verkündet: „Wir ackern, ernähren, beschaffen Nahrungsmittel, lehren, bilden aus, beschäftigen, betreiben Community Building und geben zurück." Im Grunde erfinden sie Richmonds Wirtschaft, Kultur und Selbstverständnis neu.[202]

Doria erzählt, dass die Leute, die das erste Mal ein Trainings-
programm von Urban Tilth mitmachen, oft schon weitgehend den Kontakt zur Natur verloren haben, da sie nur damit beschäftigt sind, über
die Runden zu kommen und nicht mehr viel gedankliche Energie besitzen, ihre langfristige Zukunft, geschweige denn solche Probleme wie
den Klimawandel in den Blick zu nehmen. Wenn sie aber anfangen, sich
zu engagieren, entwickeln sie eine andere Perspektive, denn sie entdecken, dass wir, wie Doria formuliert, „eigentlich auf gegenseitige Abhängigkeit angewiesen sind"[203].

Inwiefern verändert das Gefühl, mehr Kontakt zur Natur zu haben
und das neue Umfeld, das sich die Menschen damit erobern, ihren Sinn
für das Mögliche und auch, wie positiv sie die Zukunft für sich selbst
sehen? „Die Leute meiner Generation, die hier aufgewachsen sind, versuchten meist nur irgendwie von hier wegzukommen", erzählt sie. „Mittlerweile höre ich wieder viel mehr Menschen, die sagen: ‚Ich möchte
hier leben. Ich möchte mir hier irgendwann ein Haus leisten und ein Leben aufbauen.' Und sie träumen von zahlreichen anderen neuen Dingen
und haben das Gefühl, dass dies alles im Bereich des Möglichen liegt."

Wie bei Art Angel und bei LandWorks konnte ich in Dorias Worten den Weg aufscheinen sehen, der zur Vorstellungskraft zurückführt.
Wenn wir sichere Räume schaffen, und Zeit, in der wir nicht an Bildschirmen sitzen, „Ja, und"-Motivationen bereitstellen, mit anderen an
Aufgaben arbeiten, die zu neuen Kontakten führen, und ein Narrativ
erfinden, das einen hoffnungsvollen Ausblick in die Zukunft bietet,
kann es gelingen, die Welt als solche wieder in den Blick zu bekommen.
In eine Vielfalt lebender Organismen eingetaucht zu sein – und wenn
es nur die bloßen Hände sind, die sich durch die Erde eines Nachbar-
schaftsgartens wühlen –, schafft Bedingungen, die die Vorstellungskraft
wieder lebendig werden lassen. Wie es die Menschen in Richmond, aber
auch auf der ganzen Erde erfahren, weist die lebende Welt bei der Erfindung neuer Wirtschaftsmodelle, der Anpassung an den Klimawandel,
der Förderung sozialer Inklusion und so vielem anderen mehr den Weg.

VIER

WAS, WENN WIR DARUM KÄMPFEN, UNSERE AUFMERKSAMKEIT WIEDERZUGEWINNEN?

Wenn der Konsumkapitalismus nur funktionieren kann, indem er die „Steigerung des Nervenlebens" unablässig ausweitet, tritt ein grundlegender Gegensatz zwischen dieser Wirtschaftsordnung und den in ihr lebenden Individuen zutage.

—Matthew B. Crawford,
Die Wiedergewinnung des Wirklichen

———

Wir erleben heute einen Verlust an Tiefe, das heißt einen Verlust des Paradigmas der Tiefe selbst.

—Sven Birkerts, The Gutenberg Elegies

Stell dir bitte Vincent van Gogh im August 1888 im französischen Arles vor. Ein Tag im Spätsommer und der Mistral weht durch die Straße draußen. Der Maler ist gerade in sein kleines Atelier zurückgekehrt, in jenes von ihm so bezeichnete Gelbe Haus, das in seinen Träumen eines Tages eine Künstlergemeinschaft beherbergen wird. Er hat einen Strauß Sonnenblumen mitgebracht, ein Geschenk seines Freundes, des Gärtners Patience Escalier, dessen Porträt er ein paar Tage zuvor fertiggestellt hatte.[204] Er stellt sie locker angeordnet in einen glasierten Steinguttopf auf dem blanken Holztisch.

Und nun stell dir vor, dass als Nächstes nicht geschieht, was die Geschichte uns erzählt, sondern dass sich der Maler hinsetzt, sein Smartphone hervorholt und auf seinem Instagram-Feed nach Updates schaut. Bald darauf checkt er auch noch seine Facebook-Timeline und sein Twitter-Konto und bevor er es sich versieht, ist eine Stunde vergangen und er schaut sich auf YouTube Videos mit Skateboardern an, die Treppen herunterfallen. Abgelenkt, wie er ist, ist seine Aufmerksamkeit von jeder Möglichkeit abgezogen, diese Sonnenblumen *wirklich* zu sehen, sich in ihre Umrisse, Formen und Farben zu versenken, sich auf die Art, wie das Licht auf ihnen spielt, und welche Emotionen dies bei ihm auslöst, einzulassen. Die Bilder, die damals entstanden sind, wären für jene kommenden Generationen für immer verloren, die sich später so sehr von ihnen angerührt, fasziniert und bezaubert gezeigt haben.

Was, wenn etwa Albert Einstein, anstatt sich auf seine langen träumerischen Fahrradtouren zu machen, zuhause geblieben wäre und Instagram-Fotos von seinem Frühstück gepostet hätte? Oder wenn William Wordsworth und seine Schwester Dorothy gerade ihre sozialen Medien gecheckt hätten, als sie 1802 im Lake District in der Glencoe Bay bei Ullswater an dem berühmten „Meer von goldenen Narzissen" vorbeigingen? Wenn Michail Bulgakow, anstatt *Der Meister und Margarita* zu schreiben, ein YouTube-Star gewesen wäre? Was wäre uns alles verloren gegangen? Oder, wichtiger noch, welche Werke genialer Inspiration verlieren wir in diesem Augenblick, zu einem Zeitpunkt, an dem wir alles, was wir an inspirierter Genialität aufzurufen vermögen, so bitter nötig hätten? „Wir sind andauernd woanders", wie es Sherry Turkle, Abby Rockefeller Mauzé-Professorin für Wissenschafts- und Techniksoziologie am Massachusetts Institute of Technology, auf den Punkt bringt.[205]

Jene Technologien, die uns heute, je nach Standpunkt, helfen oder plagen, hatten auf van Gogh, Einstein, die Wordsworth-Geschwister oder Bulgakow natürlich noch keinen Einfluss. Diese Geistesgrößen mussten sich nicht unzählige Male am Tag überlegen, ob sie nun auf ihr Smartphone blicken oder nicht. Sie mussten keine Willenskraft aufbringen oder kreative Tricks erfinden, um weniger abgelenkt zu sein. Sie mussten sich nicht entscheiden, ob sie, für den Fall, dass jemand, den sie lieben oder für den sie arbeiten, sie dringend erreichen muss, ihr Mobilgerät mitnehmen oder ausschalten oder ob sie den Vibrationsalarm anlassen sollten. Sie konnten einfach dasitzen, stundenlang und ohne Unterbrechung, und ihre ungeteilte Aufmerksamkeit einem Problem, dem Schreiben einer Seite oder dem Betrachten eines Sonnenblumenstraußes auf einem Küchentisch in Arles widmen. Sich derart konzentrieren zu können, hieß, dass van Gogh für sich feststellen konnte, „wenn die Natur so schön ist; dann bin ich ganz außer mir und das Bild kommt mir wie im Traum"[206].

Wer weiß schon, welches Verhältnis diese Menschen zu unserer heutigen Technologie entwickelt hätten. Sie waren glücklich genug, sich darüber keine Gedanken machen zu müssen. Die Tyrannei der Technik, mit der die meisten von uns leben, haben sie nie erfahren müssen, was ihnen unter anderem die Freiheit verlieh, zu träumen, zu fantasieren und die Welt um sich herum auf eine Weise wahrzunehmen, die für sie selbst und für die Menschheit außerordentlich folgenreich war.

Was also muss getan werden für uns, die wir jetzt, hier und heute leben? Unablässig werden wir mit Informationen bombardiert, die um unsere Aufmerksamkeit buhlen, und zwar so sehr, dass sich die meisten Menschen täglich in einem Kampf gegen alle möglichen Formen der Ablenkung befinden. Der Autor Hugh McGuire spricht von dem

„unvermeidlichen Sirenenruf des digitalen Ansturms neuer Informationen" und erklärt, wie digitale Technologien seine Arbeitsweise verändert haben. „Arbeit an etwas Wichtigem, ein Juckreiz im Gehirn, E-Mails checken, *Dopamin*, aktualisieren, *Dopamin*, Twitter checken, *Dopamin*, zurück an die Arbeit. Immer und immer wieder, und jedes Mal verankert sich die Gewohnheit mehr und mehr in den Strukturen unseres Gehirns. Wie können Bücher da mithalten?"[207] Klingt das nicht vertraut? Für mich schon. Nachdem es meine Arbeit in den letzten Jahren mit sich gebracht hat, viel Zeit im Internet zu verbringen, etwas hier zu posten, dort zu twittern, zu mailen, auf Facebook einzustellen und so weiter, war ich, als ich mit der Recherche für dieses Buch begann, schockiert, wie zerschossen meine Aufmerksamkeitsspanne war. Ich konnte kaum fünf Minuten lesen, ohne dass der von McGuire beschriebene Juckreiz einsetzte. Und wofür? Was gewinne oder erreiche ich, wenn ich diesem Juckreiz nachgebe? Meistens doch eher nichts.

Im Jahr 2018 lag der durchschnittliche „Gesamtmedienkonsum" von US-Erwachsenen (und dabei handelt es sich nur um elektronische Medien: Fernsehen, Radio, Online-Zeit, Spiele und Smartphones) bei 11 Stunden und 6 Minuten pro Tag, gegenüber 9 Stunden und 32 Minuten täglich im Jahr 2014.[208] 2013 beobachteten Forscher*innen an der Cal State Dominguez Hills 263 Schüler*innen von der Mittelschule bis zum College beim Lernen und fanden heraus, dass sie sich durchschnittlich sechs Sekunden lang auf eine Aufgabe konzentrierten, bevor sie zu etwas anderem wechselten.[209] Viele Menschen sind sich dieser Ablenkung bewusst und fühlen sich damit unwohl. Bei der Menge an Dingen jedoch, die uns, vor allem online, in alle möglichen Richtungen ablenken, erscheint es mitunter unmöglich, die Aufmerksamkeit dort zu halten, wo wir sie haben wollen. Die Frage lautet: Was können wir tun, damit wir alle eine größere Chance haben, die Narzissen wahrzunehmen, uns des Lebens zu unseren eigenen Bedingungen zu erfreuen und uns auf das fantasievolle Denken einzulassen, das womöglich unsere größte Hoffnung für das Überleben ist?

Als Erstes müssen wir einsehen, dass unsere Ablenkung kein persönliches Versagen ist. Es ist auch kein Unfall. Unsere Aufmerksamkeit wird von riesigen Tech-Unternehmen gekapert und von zahlreichen weiteren Unternehmen in einer Weise ausgenutzt, gegen die wir evolutionär nicht gewappnet sind. Diese Unternehmen (die übrigens Namen und Adressen und Aktionäre haben) setzen aggressive Strategien ein und definieren klare Ziele dafür, wie man seine Zeit verbringen soll – Ziele, die wahrscheinlich massiv im Widerspruch zu den jeweils eigenen stehen, einschließlich jener Ziele, die man in seinem Leben erreichen will. Wie Tristan Harris, früher Design-Ethiker bei Google und laut *The Atlantic* „der Kopf, der noch am ehesten so etwas wie das Gewissen des Silicon Valley verkörpert", feststellt: „Eine Handvoll Personen, die in einer Handvoll Technologieunternehmen arbeiten, ... steuern, was eine Milliarde Menschen heute denken."[210] Anders gesagt, es ist ein gewaltiger Wettbewerb um unsere Blicke im Gange. Der Autor Matthew B. Crawford nennt dies den „Kampf zwischen den um unsere Aufmerksamkeit buhlenden Technologien". Der Gründer von Common Sense Media, Jim Steyer, spricht von einem „Wettrüsten um eure Aufmerksamkeit". Und der Autor James Williams meint, dass das Informationszeitalter besser in „das Aufmerksamkeitszeitalter" umbenannt werden sollte.[211]

Diese Technologien, die Teil der sogenannten „Persuasive Tech" sind, sind so erfolgreich, dass ein Leben ohne sie für viele geradezu unvorstellbar geworden ist – laut einer Studie aus dem Jahr 2016 gab die Hälfte aller Amerikaner*innen an, ohne Smartphone „nicht leben zu können"[212]. Einer aus dem Jahr 2016 stammenden Umfrage von Common Sense Media zufolge gab ein Drittel der amerikanischen Kinder im Alter von zwölf bis achtzehn Jahren an, sich „süchtig nach ihren Mobilgeräten" zu fühlen.[213] Nomophobie, kurz für „No-Mobile-Phobia", also die Trennung vom eigenen Telefon, wurde mit Angstzuständen, erhöhter Herzfrequenz und höherem Blutdruck in Verbindung gebracht.[214] Und was genau gilt nun eigentlich als Internetsucht? In einer Ausgabe von *Newsweek*, die mit dem Titel „iCrazy: Panic. Depression. Psychosis. How Connection Addiction is Rewiring Our Brains" aufmachte, schrieb Tony Dokoupil: „Machen Sie sich nichts vor: Der Abstand zwischen einem ‚Internetsüchtigen' und Hans Mustermann ist dünn bis nicht existent. Als eines der ersten Suchtanzeichen galt bislang, mehr als achtunddreißig Stunden pro Woche online zu verbringen. Dieser Definition zufolge sind wir inzwischen alle süchtig, etliche von uns bereits am Mittwochnachmittag und bei einer arbeitsreichen Woche am Dienstag."[215]

Im Jahr 2018 stufte die WHO „Gaming Disorder" als eine psychische Erkrankung ein. Der Central and North West London NHS Foundation Trust (CNWL) ist der erste NHS Trust, der eigens eine Klinik für Menschen, die unter Internetsucht leiden, eingerichtet hat.[216] Dr. Ryan Kemp, Leiter der Therapieabteilung des Trusts, räumt ein, dass bisher eher anekdotische Evidenzen als harte Fakten existieren und dass es mitunter kompliziert ist, das eine klar vom anderen zu unterscheiden. In der Überzeugung, dass es sich um ein sehr reales Problem handelt, arbeitet der Trust aber mit vollem Einsatz und unterstützt Menschen mit Depressionserkrankungen, Angstzuständen und Panikattacken bis hin zu Beziehungsproblemen, die direkt oder indirekt mit der Mediennutzung zusammenhängen.[217] Das vielleicht vernichtendste Beispiel für die Gefährlichkeit unserer täglichen Tech-Gewohnheiten besteht darin, dass manche Führungskräfte des Silicon Valley ihren Kindern inzwischen nicht mehr erlauben, genau jene Technologien zu nutzen, die sie mitentwickelt haben. Chamath Palihapitiya, ehemals Vizepräsident und verantwortlich für Nutzerwachstum bei Facebook, sagte: „Ich habe keine Kontrolle über Facebook. Aber ich bin insofern Herr meiner Entscheidungen, als ich den Mist einfach nicht benutze. Ich kann die Entscheidungen meiner Kinder insofern kontrollieren, als sie diesen Mist nicht benutzen dürfen."[218]

Was haben diese Firmen, abgesehen davon, wie *sie* unseren Blick lenken, verstanden, die meisten von uns aber nicht? Sie verstehen, wie wertvoll Aufmerksamkeit ist. Wäre dem nicht so, würden sie kaum so erbittert darum kämpfen. Wenn wir eine Chance haben wollen, unsere eigene Aufmerksamkeit wiederzugewinnen, müssen wir unbedingt begreifen, dass sie tatsächlich einen hohen Wert besitzt, für *uns*, unser Leben, unser Wohlbefinden, für unsere gemeinsame Zukunft; es spielt eine große Rolle, worauf wir unsere Aufmerksamkeit verwenden. Für die besagten großen Firmen bedeutet jedes Quäntchen Aufmerksamkeit, das sie von uns ergattern, immensen Profit. Die Frage ist: Was bedeutet sie aber für uns als Individuen, für uns als Gesellschaft, für unsere gemeinsame Zukunft? Was ist sie uns wert? Was, wenn sie es uns wert wäre, um sie zu kämpfen?

Diese Fragen haben mich dazu gebracht, über jene Momente nachzudenken, an denen ich mich am wenigsten abgelenkt, überaus konzentriert und ganz bei der Sache fühle. Das geschieht vor allem beim Zeichnen. Ich ziehe los, mit Papier, Stiften und Farben ausgerüstet, und suche mir ein ruhiges Fleckchen. Für die nächsten Stunden ist meine Aufmerksamkeit völlig auf Dinge konzentriert, die ich vor mir habe: die Formen, die Winkel und Proportionen, die Farben, Licht und Schatten, die Texturen, das Verhältnis der Dinge zueinander. In diesen Momenten sehe ich wirklich hin, intensiver als gewöhnlich. Das Licht wechselt, die Schatten wandern, ich bemerke Details, die ich anfangs nicht bemerkt habe. Mir ist, als würde ich mich mit dem Ort verbinden, als würde ich ihn wirklich sehen, und zwar so, wie ich ihn unter anderen Umständen nicht würde sehen können. Und wenn ich mir Zeichnungen, die ich vor zehn, zwanzig oder dreißig Jahren gemacht habe, noch einmal anschaue, entsinne ich mich, wie dieser Ort aussah, wie er klang und roch, als ich ihn zeichnete, fühle sogar, was ich seinerzeit fühlte. Es ist wie Meditation. Es betrifft alle Sinne zugleich. Der Essayist und Literaturkritiker Sven Birkerts schreibt: „Kunst ist das Aufrufen gespannter Aufmerksamkeit"[219], und diese Aufmerksamkeit hat mir materielle wie immaterielle Dinge von echtem und dauerhaftem Wert geschenkt.

Den Wert der Aufmerksamkeit zu bemessen, heißt auch, ein besseres Verständnis dafür zu entwickeln, wie sie arbeitet. Denn nur so können wir den zahlreichen um sie wetteifernden Ablenkungen besseren Widerstand leisten. Unser Gehirn kennt unterschiedliche Wege, Aufmerksamkeit aufzubringen und erreicht dies, je nach Anforderung, über unterschiedliche Netzwerke. Das Exekutivnetzwerk oder Executive Control Network (ECN) ist aktiv, wenn wir unsere Aufmerksamkeit zur Lösung einer Aufgabe nach außen richten, das Ruhezustandsnetzwerk oder Default Mode Network (DMN) hingegen ist aktiv, wenn wir uns nachdenkend nach innen konzentrieren, und das Salienz-Netzwerk überwacht und reguliert die beiden. (Der Hippocampus sitzt übrigens in der Mitte zwischen diesen drei Netzwerken.) Angenommen zum Beispiel, du schreibst mit höchster Intensität an einem Drehbuch und hast einen festen Abgabetermin. Dein ECN ist nach außen auf die Bewältigung der Aufgabe gerichtet, während dein DMN – oder „Imaginationsnetzwerk", wie es Scott Kaufman vom Imaginations Institute nennt – nach innen auf das Heraufbeschwören der kreativen Arbeit konzentriert ist.[220]

Das DMN wird mitunter auch als „Tagträumerei-Netzwerk" bezeichnet, denn so erleben wir es oft. Es schafft einen Raum in unserem geistigen Leben, in dem wir, oft ohne dass wir es bewusst wahrnehmen, abschweifend und ausschweifend denken und verschiedene Ideen, Möglichkeiten und Szenarien miteinander verknüpfen können. Mit welchem Ergebnis? Es bilden sich neue Assoziationen und unerwartete Lösungen komplexer Probleme stellen sich ein – oft scheinbar mühelos. In anderen Worten, im DMN treffen Aufmerksamkeit und Imagination aufeinander.

Musstest du dich schon einmal richtig anstrengen, etwas auszutüfteln, nur um festzustellen, dass sich die Lösung in dem Moment einstellte, als du aufgehört hast nachzudenken? Menschen, die das wissen, und sei es nur unterbewusst, machen oft einen Spaziergang oder überschlafen ein Problem, anstatt ewig und ergebnislos auf ihm herumzukauen. Der Mathematiker Andrew Wiles spricht von seinem „3B-Mantra": Die besten Ideen kämen ihm, wenn er seinem Unterbewusstsein Zeit und Raum zum Abschweifen gäbe, idealerweise im Bus, im Bett oder im Bad.[221] Wann immer ich beim Schreiben dieses Buchs festhing, setzte ich mich aufs Fahrrad und drehte eine Runde unter ein paar Bäumen entlang, einen Hügel hinauf, und bis ich wieder nach Hause kam, hatte sich die richtige Idee gefunden.

Das DMN mag Aufgaben, die unsere Aufmerksamkeit ein kleines bisschen in Anspruch nehmen, aber dem Geist genug Freiheit lassen, abzuschweifen. Tätigkeiten wie Stricken, Erbsen enthülsen, Unkraut jäten – alles Dinge, die wir heute weit seltener tun als früher. Jonathan Schooler, Professor für Psychologie und Neurowissenschaft an der University of California, Santa Barbara, und ein weltweit führender Experte in Sachen Tagträumen und DMN, berichtete mir, es gebe Tätigkeiten, die offenbar auf das DMN zurückgreifen: ausruhen ohne anspruchsvolle Aufgaben; nachdenken über sich selbst, über Ideen, die mit dem Selbst zu tun haben, oder über soziale Begebenheiten; sowie kreatives Problemlösen. Es handelt sich um das Netzwerk, „zu dem der Verstand, wenn keine anderen Anforderungen vorliegen, ganz natürlich hinstrebt"[222].

Im Rahmen einer Forschungsarbeit baten Schooler und sein Team mehrere Probanden, den Torrance Test für kreatives Denken zu machen, und unterteilten sie dann für eine zwanzigminütige Pause in drei

Gruppen. Eine Gruppe tat in dieser Zeit überhaupt nichts. Die zweite bekam eine anspruchsvolle Aufgabe vorgesetzt, die keine Möglichkeit für gedankenverlorenes Denken ließ und die dritte hatte mit einer weniger anspruchsvollen Aufgabe zu tun, bei der die Gedanken schweifen konnten. Als sie den Kreativitätstest wieder aufnahmen, antworteten die mit der weniger anspruchsvollen Aufgabe betrauten, die ihre Gedanken frei schweifen lassen konnten, am kreativsten auf die Testfragen.[223] Dies, so meinte Schooler, sei einer der Gründe, warum viele Menschen erzählen, die besten Ideen kämen ihnen unter der Dusche. Es handle sich um eine Tätigkeit, bei der man „ein bisschen was zu tun hat, die aber nicht unbedingt anspruchsvoll ist"[224]. Sherry Turkle sagt es so: „Unser Gehirn ist am produktivsten, wenn es nicht auf etwas reagieren muss."[225]

Da wir unsere Zeit des gedankenverlorenen Denkens mehr und mehr an Bildschirmen, mit sozialen Medien und ziellosen Beschäftigungen verbringen, müssen wir uns fragen: Wie wirkt sich dies auf unser Vermögen aus, fantasievoll zu denken? Der Schriftsteller und Physiker Leonard Mlodinow erklärt in seinem Buch *Elastic*, dass wir, „da unser DMN mehr und mehr an den Rand gedrängt wird, weniger Zeit haben, mit uns selbst in einen inneren Dialog zu treten. Wir verfügen deshalb über weniger Möglichkeiten, jene zufälligen Assoziationen herzustellen, die zu neuen Ideen und Erkenntnissen führen."[226]

Ich fragte Dr. Larry Rosen, emeritierter Professor für Psychologie an der California State University, dessen Arbeit sich auf die psychologischen Auswirkungen neuer Technologien konzentriert, wie er die Überschneidung von Imagination und Aufmerksamkeit sieht. Er meinte, dass das abstrakte Denken, das für unser Vorstellungsvermögen wesentlich ist, „Ideen aus verschiedenen Gehirnregionen holt – was man gehört, was man getan, was man gedacht hat – und sie auf einzigartige, aber nützliche Weise zusammensetzt. Uns fehlt mittlerweile die dafür nötige Aufmerksamkeitsspanne und dies gilt nicht nur für junge Leute. Es betrifft jeden." Als ich ihn fragte, warum wir seines Erachtens diesen plötzlichen Aufmerksamkeitseinbruch erleben, antwortete er: „Ich würde sagen, dass unsere Vorstellungskraft ... in dem Maße abnimmt, wie wir Zeit mit dem Smartphone verbringen."[227] Wie er gemeinsam mit Adam Gazzaley in *Das überforderte Gehirn* feststellte, „scheinen wir die

Fähigkeit verloren zu haben, einfach allein mit unseren Gedanken zu sein."[228] Der Suchtspezialist Bruce K. Alexander ergänzte dies mit der beunruhigenden Aussage, dass seiner Erfahrung nach Menschen mit Suchterkrankungen „die Vorstellungskraft völlig abhandengekommen ist"[229].

Wie bei so vielen Aspekten der Vorstellungskraft bildet sich die individuelle Erfahrung auch in Gemeinschaften oder in einem großen gesellschaftlichen Maßstab ab. „Die Art und Weise, wie wir leben, erodiert unsere Fähigkeit zu tiefer, anhaltender, einsichtsvoller Aufmerksamkeit – dem Baustein von Intimität, Weisheit und kulturellem Fortschritt", schreibt Maggie Jackson in *Distracted: The Erosion of Attention and the Coming Dark Age.*[230] Womöglich bedeutet unsere verminderte Aufmerksamkeitsspanne, dass uns die Welt schlicht zu komplex vorkommt, zu verwirrend und wir nicht mehr wissen, wie wir sie beeinflussen können. Vielleicht fühlen wir uns deshalb verstärkt zu vereinfachten Versionen hingezogen, warum wir die Probleme erleben, die wir erleben. Unsere Vorstellungskraft schaltet sich ab, wenn wir mit immer weniger Geschichten zu tun haben, die uns das Gefühl vermitteln, eine andere Zukunft, eine, für die es sich zu kämpfen lohnt, sei sowohl denkbar als auch möglich. Jackson stellt es so dar:

> Wir wussten nicht genau, wie sich das riesige soziale Experiment, das wir an uns und unseren Kindern vornahmen, letztlich auswirkt. Wir wussten nicht, was uns das Leben in digitalen Welten kosten würde, welche Schattenseiten die Zerstreuung mit sich bringt, die Abwicklung einer auf echten zwischenmenschlichen Beziehungen beruhenden Kultur, die Tatsache, dass wir das Tagträumen, das Sinnieren und die Was-wenn-Fragen aufgegeben haben, die fundamental sind für die Vorstellungskraft, und damit die Bausteine bilden für die Erschaffung einer besseren Welt.[231]

Aufmerksamkeit und Vorstellungskraft sind untrennbar miteinander verbunden. Das eine kann ohne das andere nicht existieren. Zusammen stellen sie möglicherweise das wertvollste uns zur Verfügung stehende Instrumentarium dar, um sich eine positive Zukunft vorzustellen und für sie zu kämpfen. Aber das Online-Leben versetzt uns in einen Zustand des „always-on", immer auf der Jagd, die Gegenwart einzuholen, unseren bodenlosen Facebook-Feeds auf den Grund zu gehen, mit unseren E-Mails mitzuhalten, aber wir schaffen es nie. Der Medientheoretiker Douglas Rushkoff merkt an: „Früher war die Gegenwart tatsächlich dort, wo dein Körper, wo dein Geist war. Jetzt halten wir das Jetzt für das, was auf unseren Geräten passiert."[232]

Früher, so argumentiert Rushkoff, waren die einzigen Menschen, von denen man erwartete, dass sie immer „always-on", immer erreichbar waren und einen ständigen Strom eingehender Informationen bewältigten, die eine sofortige Reaktion erforderten, Fluglotsen und Notruf-Disponenten, und sie arbeiteten nur in Drei-Stunden-Schichten.[233] Heute ist „always-on" für die meisten von uns Alltagsrealität. Das Risiko besteht darin, dass eine digitale Welt uns in der Gegenwart feststecken lässt und wir langsam den mit Hoffnung, Optimismus und Vorstellungskraft verbundenen Blick auf die Zukunft verlieren. Die Zukunft beginnt zu verblassen.

Was, wenn wir wieder anfangen, in unserer Aufmerksamkeit einen Segen und ein Geburtsrecht (auch Verantwortung) zu sehen, was sie ja ist – und was sollten wir tun? Ich glaube, wir werden im Großen wie im Kleinen mit aller Macht darum kämpfen müssen, sie zurückzubekommen. Der Design-Ethiker James Williams schreibt in *Stand Out of Our Light*: „Die Befreiung der menschlichen Aufmerksamkeit ist vielleicht der entscheidende moralische und politische Kampf unserer Zeit. Sein Erfolg ist Voraussetzung für den Erfolg praktisch aller anderen Kämpfe."[234] Wir brauchen das, was der Autor Tim Wu als „Projekt zur Rückgewinnung der menschlichen Aufmerksamkeit" bezeichnet. „Im kommenden Jahrhundert", schreibt er, „wird die wichtigste menschliche Ressource, die es zu erhalten und zu schützen gilt, wahrscheinlich unser eigenes Bewusstsein und unser mentaler Raum sein."[235] Was also steht hier auf dem Spiel? Der amerikanische Kulturkritiker Jonathan Beller schreibt in seinem Essay „Paying Attention" über eine Zukunft, in der unsere Aufmerksamkeitsspanne völlig zusammengebrochen ist, eine Welt, in der „die Menschheit zu ihrem eigenen Geist geworden ist".[236]

Wie sieht dieser Kampf im wirklichen Leben aus? Für den Anfang dürften es die kleinen Dinge sein: Wir könnten zum Beispiel die

Social-Media-Apps von unseren Telefonen entfernen und das Farbdisplay auf Schwarz-Weiß umstellen, was die Verlockung vieler der süchtig machenden Funktionen verringert; Benachrichtigungen, die uns dazu bringen, nach dem Telefon zu greifen, sind oft rot. Wir können digitalfreie Tage, Wochenenden oder Feiertage einrichten, wie zum Beispiel den „Slow Sunday" des Tincan-Projekts, einen „wöchentlichen Ruhetag, abseits von Bildschirmen und dem ganzen digitalen Kram"[237]. Es gibt Apps wie Mute, Space und Hold, die die von den meisten Menschen erheblich unterschätzten Nutzungszeiten unserer Smartphones aufzeichnen und uns dazu anregen, sie zu reduzieren. Wir können uns und unseren Kindern selbst eine Sperrstunde auferlegen und dafür sorgen, dass unsere Bildschirme zu einem bestimmten Zeitpunkt am Abend ausgeschaltet werden. Wir können einen Wecker kaufen und die Smartphones aus dem Schlafzimmer entfernen. Das Smartphone vereint viele verschiedene Funktionen in einem Gerät, was einen Teil seiner Anziehungskraft ausmacht, aber wenn wir anfangen, dies aufzubrechen, indem wir eine Uhr tragen, eine separate Kamera und ein Notizbuch dabeihaben und andere Wege finden, Musik zu hören, wird es uns gelingen, seine Macht über uns zu brechen. Wir können einen umfassenderen, als „digitaler Minimalismus" bezeichneten Ansatz verfolgen, bei dem wir, anstatt uns den Geräten auszuliefern, in einer dreißigtägigen „digitalen Entrümpelung" jedes der verwendeten Tools auf seine Notwendigkeit hin abklopfen; danach führen wir nur die Geräte wieder ein, die in unserem Leben einem genau definierten Zweck dienen.[238]

Und es gibt Anlass zur Hoffnung, dass eine Rückeroberung der Aufmerksamkeit bereits stattfindet. Manche Schulen verbieten inzwischen die Smartphone-Nutzung während der Schulzeit; Arbeitsplätze werden auf eine Weise umgestaltet, dass sie die soziale Interaktion zwischen den Mitarbeitern maximieren; vor Meetings werden die Beteiligten dazu aufgefordert, ihre Handys in einen Korb in der Mitte des Tisches zu legen.[239] Der Schriftsteller und Fotograf Craig Mod schaltet sein WLAN vor dem Schlafengehen aus und schaltet es erst mittags wieder ein, wodurch der Morgen zu seiner produktivsten Zeit wird. „Dadurch, dass ich abschaltete, erinnerte ich mich wieder daran, wie sich mein Verstand anfühlte, bevor mir meine Aufmerksamkeit verloren gegangen war."[240]

In den letzten Jahren haben auch Dinge wie Schallplatten, Notizbücher aus Papier und Brettspiele ein Revival erlebt. David Sax, Autor von *The Revenge of Analog*, äußerte mir gegenüber: „Es ist nicht so, dass analog besser ist als digital. Es ist einfach anders. In einigen Fällen funktioniert es besser, in anderen nicht ... Die Technologie sollte Ihrer Fantasie dienen. Nicht die Fantasie der Technologie."[241] Und natürlich könnten wir uns mehr Zeit in unserem Leben nehmen, um das zu tun, was das DMN am liebsten mag: meditieren, Achtsamkeit üben, Bücher lesen, spazieren gehen, Sport treiben, kochen, Yoga praktizieren, stricken, tanzen, Kanu fahren – was auch immer, solange es uns von unseren Bildschirmen abzieht.

Welche Erfahrungen machen die Menschen, wenn sie es schaffen, sich von den Bildschirmen zu lösen? Um das herauszufinden, mache ich mich auf den Weg zum Barn Retreat, in der Nähe meines Wohnorts, und spreche mit der Leiterin Tasha Bassingthwaighte. The Barn bietet buddhistisch basierte Meditation, Zeit im Freien und einwöchige gemeinschaftliche Retreats. In der Bibliothek des Barn Retreat sitzend erzählt mir Tasha, dass es in der Anlage kein WLAN und nur schwachen Handy-Empfang gibt. Die Retreat-Teilnehmer*innen werden gebeten, ihr Handy im Auto oder im Büro zu lassen. Viele Besucher*innen kommen aus London und erleben zum ersten Mal, wie es ist, Zeit ohne Handys zu verbringen, ohne sich dabei zu langweilen.

So berichten sie in den ersten Tagen, dass sie sich, wenn ihnen langweilig ist oder sie unter Nomophobie leiden, dabei ertappen, wie ihre Hände nach dem „Phantom"-Handy in ihrer Tasche greifen. „Die Leute", so Tasha, „sprechen darüber, wie sie realisieren, dass sie jedes Mal nach ihrem Telefon greifen, wenn sie sich ein wenig unwohl oder gelangweilt fühlen oder unsicher sind, was sie als Nächstes tun sollen." Weshalb aber tun sie das? Tasha geht von einer Mischung verschiedener Ursachen aus: Langeweile, Unsicherheit, unverarbeiteter und verdrängter Kummer.

„Wir hören oft", fährt sie fort, „dass die Menschen schon ein Jahr oder ein Jahrzehnt oder gar seit Jahrzehnten in einem quasi bewusstlosen Traumzustand leben. Sie wünschen sich wieder so viel Kontakt mit sich selbst, dass ihr Leben nicht einfach an ihnen vorbeizieht."

Sie berichtet, dass sie am Ende der Retreat-Woche „dieses unübersehbare Leuchten bei den Menschen" beobachtet, wozu auch der neuerliche Kontakt mit der eigenen Aufmerksamkeit wesentlich beiträgt.

Leider hat nicht jeder die Mittel, eine Woche an einem Retreat teilzunehmen. Wie sehr Privilegien das Thema der digitalen Abkopplung bestimmen, ist so faszinierend wie beunruhigend. Als der Musikmogul Simon Cowell sein Smartphone gegen ein älteres Modell eintauschte, weil er den Eindruck hatte, dass Ersteres sich auf seine psychische Gesundheit auswirke, schrieb die Kolumnistin Arwa Mahdawi im Guardian: „Noch vor ein paar Jahren waren Smartphones ein Statussymbol; heute sind sie der Status quo. ... Haben Sie etwa von einem Uber-Fahrer gehört, der sein Telefon aufgeben möchte? Oder von einen Deliveroo-Fahrer? Bestimmt nicht, denn ohne Telefon wären sie nicht in der Lage, ihrer Arbeit nachzugehen."[242]

Auch wenn Digital Detox Retreats der Luxusklasse wie Camp Grounded in Kalifornien den Teilnehmer*innen die Möglichkeit geben, „Computer, Handys, E-Mails, Digitalkameras, Uhren, Zeitpläne, Arbeitsjargon, Networking-Events und Konferenzen gegen vier Tage reinen, unverfälschten Camp-Spaß einzutauschen", wird ein tieferes Problem außer Acht gelassen: Um ein Dach über dem Kopf und Essen auf dem Tisch zu haben, müssen Menschen Arbeiten nachgehen, in denen erwartet wird, dass sie immer eingeschaltet und verbunden sind und zu jeder Tages- und Nachtzeit E-Mails beantworten.[243] Wie soll jemand, der unter solchem Erwartungsdruck steht, *nicht* süchtig werden?

Wir müssen das Recht eines jeden, sich auszuklinken, anerkennen und dafür kämpfen. Könnte Arbeit, die unsere Aufmerksamkeit untergräbt und Ängste erzeugt, bald in der gleichen Weise gesehen werden wie die Auswirkungen des Passivrauchens oder der Asbestbelastung am Arbeitsplatz? Sollten wir nicht anerkennen, dass Arbeitnehmer*innen und alle Übrigen einen gewissen Schutz brauchen, anstatt nur zu seufzen und es als unvermeidlich anzusehen?

Der Auffassung, dass das Suchtpotenzial anerkannt werden müsste, ist auch Dr. Ryan Kemp. „Die Anerkennung wäre ein guter erster Schritt", meint er und spricht von Software, die die Bildschirmnutzung aufzeichnet und meldet; oder von der Idee, ein Regierungsgremium zu bilden, um sichere Nutzungsparameter festzulegen, wie es sie etwa für Alkohol gibt; oder von der Förderung körperlicher, künstlerischer und anderer Aktivitäten für jeden; oder davon, die Industrie dazu zu bewegen, Forschung und Behandlung zu finanzieren.[244] Zum Zeitpunkt der Niederschrift führte CNWL ein Pilotprojekt für eine Klinik für Spielsucht durch, in der eine Mischung aus persönlichen und Online-Gruppensitzungen eingesetzt wurde, mit dem Ziel, Spielsucht besser zu verstehen und zu behandeln.[245] Aber es ist nur ein Pilotprogramm, und außerhalb der Welt der digitalen Entziehungskuren für erschöpfte, gut bezahlte IT-Fachleute gibt es wenig oder gar keine Unterstützung für Menschen, insbesondere Eltern, die sich Sorgen über die von den Smartphones in unseren Taschen und den Spielen auf unseren Bildschirmen ausgehende Suchtgefahr machen.

Zumindest im Moment noch sind wir weitgehend auf uns allein gestellt. In Ermangelung einer sinnvollen Führung durch Technologieunternehmen oder die Regierung müssen wir unser Bestes tun, die Dinge selbst in die Hand zu nehmen. Meistens sieht das so aus, dass wir über den Tag verteilt kleine Taten des Widerstands vollbringen. Wir müssen uns von dem Glauben verabschieden, dass Multitasking eine gangbare Arbeitsmethode ist. Das ist es nicht. Multitasking bedeutet nur, noch mehr Aufgaben schlechter zu erledigen. Menschen, die Multitasking betreiben, indem sie häufig ihre E-Mails abrufen, erleiden eine Intelligenzeinbuße, die mit jener bei Erschöpfung oder beim Rauchen von Marihuana vergleichbar ist.[246] Wenn wir Multitasking betreiben, überlasten wir das Gehirn, und die Verarbeitung verlagert sich vom Hippocampus, der es uns ermöglicht, uns zu erinnern und uns etwas vorzustellen, zum Striatum, das für Routineaufgaben zuständig ist.[247] Das macht es uns schwerer, uns etwas anzueignen oder uns nach einer Zeit des Multitaskings überhaupt daran zu erinnern, was wir getan haben.

Eine Studie der Universität Loughborough fand heraus, dass Menschen nach dem Lesen einer E-Mail, das in etwa zwei Minuten dauerte, im Durchschnitt achtundsechzig Sekunden brauchten, um sich wieder ihrer Arbeit zuzuwenden und sich daran zu erinnern, woran sie gerade saßen.[248] Laut Schätzungen nehmen unnötige Unterbrechungen und die Zeit, die wir brauchen, um unser Gehirn, nachdem wir von unserer ursprünglichen Aufgabe abgelenkt wurden, wieder auf den richtigen Weg zu bringen, durchschnittlich 28 Prozent unseres Arbeitstages in Anspruch.[249] Diese Loslösung vom Hippocampus und die Unfähigkeit, sich nur auf eine Sache zu konzentrieren, mindert unsere Fähigkeit, auf konzentrierte Weise fantasievoll zu sein. Die Forschung zeigt auch, dass es anstrengender ist, von einer Aufgabe zur nächsten zu springen, als sich nur auf eine Sache zu konzentrieren. Sich auf eine Sache zu konzentrieren, zum Beispiel eine Stunde lang intensiv zu lesen, ist weit weniger anstrengend und erfordert weniger geistige Energie als der Versuch, Multitasking zu betreiben.

Auch unsere Toleranz für Langeweile müssen wir kultivieren. Langeweile ist nicht immer eine tolle Sache. Ein langweiliger Job kann sich auf unsere Gesundheit und unsere Beziehungen auswirken und zu Fehlzeiten und erhöhtem Unfallrisiko führen.[250] Langweilige Orte können sich auf unsere geistige Gesundheit auswirken, da sie unser „biologisches Bedürfnis nach Faszination" unterdrücken.[251] Aber Langeweile hat auch einen Zweck. Sherry Turkle formuliert es so: „Langeweile lässt sich als ein von der eigenen Fantasie geäußerter Appell auffassen."[252] Sie sieht in diesen Momenten „ein Signal, dass wir den Dingen mehr Aufmerksamkeit widmen und uns nicht abwenden sollen". Unser Geist sehnt sich in diesem Moment nach Stimulation, aber es ist keine verfügbar. Langeweile bietet eine Art Katalysator zum Handeln, einen Moment nachzudenken, nach innen zu gehen, unsere Fantasie aufflammen zu lassen, zu träumen. Es ist der Moment, in dem unser Gehirn womöglich anfängt, ein Lied oder ein Gedicht zu komponieren, eine wirklich interessante Idee für das Essen heute Abend oder einen neuen Ansatz für ein Problem zu finden. Langeweile lässt uns fantasievoller und kreativer werden. In einer Studie an der University of Central Lancashire wurden achtzig Personen mit langweiligen Aufgaben betraut, zum Beispiel dem Abschreiben von Zahlen aus einem Telefonbuch, wobei eine Kontrollgruppe keine derartigen Aufgaben ausführen musste. Danach wurden beiden Gruppen Tests vorgesetzt, bei denen es um divergentes Denken ging, also etwa die Aufgabe, sich so viele Verwendungsmöglichkeiten für einen Plastikbecher wie möglich auszudenken. Die „gelangweilte" Gruppe kam auf mehr und kreativere Antworten als die

Kontrollgruppe.[253] Matthieu Ricard ist ein französischer buddhistischer Mönch und laut Neurowissenschaftler*innen, die ihn einer Reihe von Tests unterzogen haben, der „glücklichste Mann der Welt". Über Langeweile sagte er: „Gelangweilt sind Menschen, die den unglaublichen Reichtum nicht erkannt haben, der darin besteht, einfach im Geist zu ruhen. ... Langeweile vierundzwanzig Stunden am Tag das ganze Jahr über, das ist für mich die ideale Situation. Auf dem Balkon meiner Einsiedelei zu sitzen und den Himalaya zu beobachten. Wenn Sie das Langeweile nennen, bitte." Am Ende unseres Gesprächs hielt er inne und fügte dann hinzu: „Ich glaube, Buddha hätte in seinem Palast Twitter abgeschafft."[254]

Der Mythologe Martin Shaw bezeichnet das Internet als „toxische Mimik"[255]. Was meint er damit? Als Spezies haben wir uns im Verlauf von Zehntausenden von Jahren so entwickelt, dass wir gerne in Geschichten eintauchen und uns auf imaginäre Reisen mitnehmen lassen. Gute Geschichtenerzähler*innen können uns in ferne Gefilde und Schauplätze versetzen, an warme Kamine in imaginären Schlössern, sie können uns Bohnenstangen in erträumten Feldern, den heißen Atem von Drachen, das sanfte Glühen von Gold in entlegenen Höhlen erleben lassen. Der Wunsch, sich entführen zu lassen, ist grundlegend für unser Menschsein. Geschichten und Mythen erfüllen dieses tiefe Bedürfnis.

Das Internet zieht uns in seinen Bann, indem es an dasselbe Verlangen appelliert, an denselben Instinkt, wo immer es uns hinzieht, auf eine Reise mitgenommen zu werden. Es fühlt sich an, als fülle es den Platz in unserem Leben, den sonst das Träumen einnimmt. Aber das ist keineswegs der Fall. Der Geschichtenerzähler Tom Hirons meinte zu mir: „Es ist dünn und nährt uns nicht so, wie es der tatsächliche Gebrauch der Vorstellungskraft vermag. Ich würde sagen, es ist eher Fantasterei als Vorstellungskraft."[256] Anders gesagt: Das Internet ist das geistige Äquivalent zu Junk Food. Wir reisen in unseren Köpfen an Orte, aber wenig von dem, was uns begegnet, ist nahrhaft. Von einer solchen Reise kehren wir mit wenig wirklich Wertvollem und dem nagenden Gefühl zurück, dass wir unsere Zeit produktiver hätten nutzen können.

Trotz dieser dem Menschen innewohnenden Sehnsucht nach Geschichten ist in den letzten Jahren die Zeit, die Menschen, insbesondere junge Menschen, mit dem Lesen von Büchern verbringen, rapide gesunken. Untersuchungen des National Endowment for the Arts zeigen, dass die Zahl der Erwachsenen, die im Vorjahr mindestens ein belletristisches Werk zum Vergnügen gelesen haben, von 57 Prozent im Jahr 1982 auf 43 Prozent im Jahr 2015 gesunken ist.[257] Untersuchungen zeigen, dass Lesen, insbesondere von Belletristik, uns kreativer und empathischer macht. (Ist der Aufstieg der empathiefreien Politik wirklich so überraschend?)[258] Je weniger wir lesen, desto weniger sind wir in der Lage, Probleme zu lösen, uns in andere hineinzuversetzen, und desto leichter werden wir belogen. Es ist ein Rezept für die vielen Katastrophen, die sich heute in der Welt abspielen.

Der Schriftsteller Charles Chu weist darauf hin, dass es nicht so schwierig sein muss, Zeit für Bücher zurückzugewinnen, wie man sich vielleicht vorstellt. Er rechnet vor, dass man bei einer durchschnittlichen Lesegeschwindigkeit von vierhundert Wörtern pro Minute in einem Jahr 417 Stunden braucht, um zweihundert Bücher zu lesen. Das mag nach viel klingen, aber es ist weit weniger als die 608 Stunden, die der Durchschnittsamerikaner jedes Jahr mit sozialen Medien verbringt, oder die 1.642 Stunden, die er vor dem Fernseher sitzt.[259] Wir müssen jetzt keine zweihundert Bücher pro Jahr lesen. Schon das Lesen eines einzigen Buches ist ein sinnvoller Akt des Widerstands – und genug, um uns daran zu erinnern, wie vergnüglich, beruhigend und erfüllend es sein kann. Lasst uns mehr Bücher lesen.

Die Forscherin Sherry Turkle hat dokumentiert, dass wir mit der zunehmenden Smartphone-Nutzung immer weniger Zeit damit verbringen, uns mit anderen zu unterhalten. „Wir werden von unseren Technologien zum Verstummen gebracht – in gewisser Weise ,vom Sprechen geheilt'", schreibt sie. Sie macht die Tatsache geltend, dass wir weniger Gespräche unter vier Augen führen, dass die Fähigkeit, überhaupt Gespräche zu führen, reale Auswirkungen hat. „Ohne Gespräche", ergänzt sie, „zeigen Studien, dass wir weniger empathisch, weniger verbunden, weniger kreativ und erfüllt sind. Wir sind reduziert, auf dem Rückzug."[260] Untersuchungen zeigen, dass Menschen, die täglich Social-Media-Seiten besuchen, eine um 11 Prozent höhere Wahrscheinlichkeit aufweisen, sich einsam zu fühlen, wobei Einsamkeit das Risiko eines vorzeitigen Todes um bis zu 30 Prozent erhöht.[261] Rein praktisch gesehen verbringen wir 65 Prozent unserer wachen Stunden vor Bildschirmen, wodurch immer weniger Zeit für die Interaktion mit anderen Menschen bleibt. Eine aktuelle Studie der BBC fand heraus, dass das Gemeinschaftsgefühl in den letzten dreißig Jahren in fast allen Gegenden des Vereinigten Königreichs abgenommen hat.[262]

Unsere Smartphones, unsere Tablets sind so verlockend, so blendend, dass sie uns von der tieferen, letztlich bereichernden Beschäftigung mit einem tatsächlichen Gespräch weglocken. Isolation und Einsamkeit führen zu Angstzuständen und Depressionen, die den Hippocampus schädigen und die Vorstellungskraft ausschalten. Die Soziologin Elise Boulding nennt dies „zeitliche Erschöpfung" und argumentiert, dass, „wenn man mental fortwährend außer Atem ist, weil man sich mit der Gegenwart beschäftigt, keine Energie mehr für Zukunftsvorstellungen übrig bleibt"[263]. Ein Gespräch von Angesicht zu Angesicht ist dagegen ein so wichtiger Funke für die Vorstellungskraft und für die Kultivierung von Empathie. „Meine Argumentation ist nicht technikfeindlich", schreibt Turkle, „sie macht sich lediglich für das Gespräch stark."[264] Ein Gespräch mit einem Fremden in der Kneipe zu beginnen, einen Menschen nach dem Weg zu fragen oder eine Nachbarin auf eine Tasse Tee einzuladen – all das sind kleine, aber mächtige Akte des Widerstands, mit denen sich unsere Aufmerksamkeit zurückerobern lässt.

––––––––––

Man vergisst leicht, dass das Informationszeitalter ein Experiment ist, das erst seit zwanzig Jahren stattfindet. Wir beginnen gerade erst, die Konsequenzen zu begreifen.

Manchmal wird behauptet, dass wir in ein „neues dunkles Zeitalter" eintreten, in dem die menschliche Aufmerksamkeit und Verbundenheit, die Demokratie und die Privatsphäre erodieren, ein Zeitalter, in dem die Datenmenge, die über uns erhoben wird, schwindelerregende Ausmaße annimmt und die Macht, die außenstehende Akteure mit diesen Daten erhalten, um zu beeinflussen, wie wir wählen, einkaufen, uns verhalten und interagieren, beispiellos ist.[265] Und natürlich wirkt sich dies alles auf die Fähigkeit aus, sich Alternativen vorzustellen. Wir erleben den Aufstieg des so genannten „Überwachungskapitalismus", eines Systems, das riesige Datenmengen aus unserem täglichen Leben sammelt und sie für die Erstellung komplexer Algorithmen nutzt, mit denen sich unsere zukünftigen Entscheidungen und Wahlmöglichkeiten vorhersagen und riesige Geldsummen mit Wetten auf „Verhaltenstermingeschäfte" verdienen lassen. Eine erschreckende Aussicht, deren Auswirkungen auf Freiheit und Demokratie einem Angst einflößen. Dies ruiniert nicht nur unsere Vorstellungskraft, sondern vereinnahmt und monetarisiert sie auch noch. Wie Shoshana Zuboff schreibt: „Unsere Abhängigkeit steht demnach im Herzen des kommerziellen Überwachungsprojekts, in dem unser gefühltes Bedürfnis nach einem effektiven Leben mit der Neigung ringt, seinen dreisten Eingriffen zu widerstehen. Dieser Konflikt sorgt für eine seelisch-geistige Abstumpfung, die uns dickfellig macht gegenüber der Realität, getrackt, geparst, ausgewrungen und modifiziert zu werden."[266]

Bewirkt die digitale Revolution, von der wir dachten, sie würde uns befreien und eine enorme Ausweitung der Vorstellungskraft bewirken, womöglich das genaue Gegenteil? Wie Douglas Rushkoff mir gegenüber erwähnte, „haben wir in den letzten zwanzig Jahren die kognitiven und kollaborativen Fähigkeiten ausgeschaltet, die wir gebraucht hätten, um ein kollektives Problem wie den Klimawandel anzugehen"[267]. Oder, um es mit den Worten von Sherry Turkle zu sagen: „Wir hatten eine Liebesaffäre mit einer Technologie, die uns magisch erschien. Allerdings funktionierte sie auch wie große Magie: Sie beherrschte unsere Aufmerksamkeit und ließ uns nur sehen, was der Magier uns sehen lassen wollte. Jetzt sind wir bereit, unsere Aufmerksamkeit wieder einzufordern – für die Einsamkeit, für die Freundschaft, für die Gesellschaft."[268]

FÜNF

WAS, WENN DIE SCHULE DIE VORSTELLUNGSKRAFT JUNGER MENSCHEN FÖRDERT?

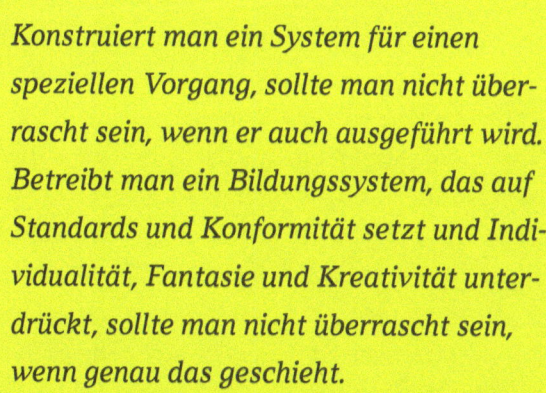

Konstruiert man ein System für einen speziellen Vorgang, sollte man nicht überrascht sein, wenn er auch ausgeführt wird. Betreibt man ein Bildungssystem, das auf Standards und Konformität setzt und Individualität, Fantasie und Kreativität unterdrückt, sollte man nicht überrascht sein, wenn genau das geschieht.

—*Sir Ken Robinson,* Creative Schools

Stell dir einen Moment lang vor – und nimm dir etwas Zeit, denn es dürfte ziemlich viel Fantasie erfordern –, dass du, nachdem du die Schule im Alter von achtzehn oder zweiundzwanzig Jahren, oder wann auch immer, verlassen hast und dich lebendig, gestärkt und aufgeregt für die Zukunft fühltest, mit energischem Schritt loszogst, begierig darauf, dein Leben aufzubauen und die Welt neu zu gestalten. Stell dir vor, dass du in deiner Jugend keine Angst davor hattest, deinen Weg in der Welt zu machen, deinen Platz zu finden, für dich selbst zu sorgen und, nach Maßgabe deiner eigenen Definition und deiner eigenen Werte, ein gutes Leben zu führen. Stell dir vor, dass sich deine Fantasie lebendiger und dynamischer anfühlte als in deiner Kindheit und keineswegs der Vergangenheit angehörte, sondern sich wertgeschätzt und fast zu einer Superkraft erhoben fühlte, so dass dir klar war, du würdest sie für alle anstehenden Entscheidungen heranziehen.

Stell dir vor, du hättest deine Schulzeit geliebt und dich glücklich und dankbar gefühlt, ja, du hättest in ihr etwas wirklich Wertvolles, Einzigartiges für dich gesehen, das dir niemand würde wegnehmen können. Stell dir vor, dass in jener Zeit auch Fragen zur Sprache kamen, die dir wichtig waren, und es darum ging, Probleme zu lösen, die dir relevant erschienen und für die es nie nur eine Lösung gab. Stell dir vor, du hättest die Geschichte aus der Perspektive der einfachen Menschen kennengelernt, was dir geholfen hätte, dich mit anderen gleichgestellt zu sehen und so das Gefühl zu entwickeln, überall hingehen und alles tun und mit jedem ein geselliges Essen in Freundschaft und guter Laune genießen zu können. Was, wenn dazu auch gehörte, im Gras unter majestätischen Bäumen zu liegen, in ihre kathedralenartigen Baumkronen hinaufzublicken, überwältigt von einem Gefühl der Ehrfurcht und der Verbundenheit mit allem Lebendigen? Stell dir vor, der Schulweg wäre voller Momente gewesen, die vor Möglichkeiten nur so gestrotzt hätten.

Was, wenn du zu Füßen von Geschichtenerzähler*innen, Rapper*innen, Musiker*innen, Handwerker*innen und Ältesten gesessen, mit ihnen Zeit verbracht und von ihren Beispielen gelernt hättest? Was, wenn du Zeit gehabt hättest, zu träumen, aus dem Fenster zu schauen, deine Finger in das schnell fließende Wasser eines glitzernden Bachs zu tauchen? Was, wenn du Hände und Gesicht stundenlang in Farbe, Ton, Kohlepulver und Tinte hättest stecken können? Wenn du viel Zeit und Raum zum Spielen gehabt und im spielerischen Schaffen ganze Welten hättest ins Leben rufen können? Was, wenn zu deiner Erziehung auch Lachen gehört hätte? Viel Lachen. Wenn die Schulzeit dir beigebracht hätte, unabhängig zu sein, kompetent mit Geld umzugehen, zu haushalten und mit Einschränkungen zu leben? Was, wenn sie dir Zeit für den Umgang mit Tieren gelassen hätte, in der du sie beobachtet, gefüttert und ihre Laute gelernt hättest? Und was, wenn du gelernt hättest, geschickt mit deinen Händen zu sein und gut mit Werkzeugen umgehen zu können, so dass du dich leicht hättest als Macher sehen und tatsächlich einer hättest sein können?

Ich weiß nicht, wie es bei dir war, aber meine Schulzeit sah anders aus. Ganz anders. Und in den über dreißig Jahren, seit ich die Schule verlassen habe, hat sich ihr Niedergang fast überall nur noch beschleunigt.

Die kindliche Fantasie befindet sich offenbar bis zum Schulbeginn in einem ziemlich gesunden Zustand. Marjorie Taylor, Psychologieprofessorin an der Universität von Oregon, hat über viele Jahre die Entwicklung von Fantasie und Kreativität erforscht und dabei insbesondere das Phänomen der „imaginären Freunde" untersucht.[269] In ihrem „Imagination Lab" beschäftigt sie sich besonders mit dem Vorstellungsvermögen von Drei- bis Fünfjährigen. „In all den Jahren, in denen ich mit Kindern gearbeitet habe, konnte ich keinen Rückgang feststellen"[270], sagte sie mir. Ihre Arbeit zeigt die verblüffend einfallsreichen Fantasiewelten, in denen kleine Kinder leben. Aber sobald die Kleinen in die Schule kommen, passiert offenbar etwas, das diese Welten nicht nur abwertet, sondern aktiv untergräbt.

Ein typisches Beispiel: 2007 wurde in Peterborough die Thomas Deacon Academy eröffnet; mit 46,4 Millionen Pfund war sie die teuerste neue staatliche Schule im Vereinigten Königreich. Aber sie wurde ohne

Spielplatz gebaut. Kein Platz zum Spielen. Alan McMurdo, der Leiter der neuen „Superschule", sagte der BBC, dass „die Jugendlichen in ihrer Freizeit spielen können, zuhause in ihrer Nachbarschaft. Was ich von meinem Lehrkörper erwarte, ist maximaler Unterricht und ich erwarte maximales Lernen von den jungen Leuten."[271]

In den High Schools in Texas verbringen Schüler*innen in ihrem 180-tägigen Schuljahr derzeit bis zu 45 Tage mit Tests, die Schüler*innen der Klassen drei bis acht verwenden zwischen 19 und 27 Tage dafür. Ein Schulleiter sagte: „Wann treten wir endlich auf die Bremse und sagen: Es reicht, hört auf? Denn so versuchen wir die nächsten zehn Jahre, dieses Tempo langsam herunterzufahren, und wir haben Kinder, die zehn Jahre lang darunter leiden."[272] In einem Bericht der *Times* aus dem Jahr 2017 beklagte sich eine Lehrerin der Sekundarstufe in Großbritannien darüber, dass ihre direkt von der Grundschule kommenden Schüler*innen der Jahrgangsstufe sieben nicht in der Lage waren, eine Geschichte zu erzählen. „Sie wussten, was eine vorangestellte Adverbial-Konstruktion ist", sagte sie, „und wie man einen eingebetteten Relativsatz erkennt, und sogar, was eine Präposition ist – aber als ich ihnen die Aufgabe stellte, eine Geschichte zu schreiben, brachen sie zusammen und weinten."[273] Elfjährige, die keine Geschichten erfinden können? Da stimmt etwas nicht. Eric Liu und Scott Noppe-Brandon schreiben in ihrem Buch *Imagination First*: „Warum junge Menschen allergisch gegen Fantasie werden, ist ziemlich klar: Es ist die Schule."[274]

Was, wenn wir es in der kommenden Generation besser machen? Was, wenn die Schule zu einer belebenden und inspirierenden Erfahrung würde? Was, wenn künftige Schüler*innen keine Angst hätten, auf diese großen Fragen nicht die richtigen Antworten parat zu haben (weil sie verinnerlicht haben, dass es nur eine richtige Antwort gibt, nur einen Weg, um in der Welt zu sein, nur einen Pfad, dem man folgen muss)? Was, wenn junge Menschen fest daran glauben würden, dass ihnen alles offen steht und dass sie, sobald sie ihren Weg in die Welt antreten, alles, was sie erreichen wollen, auch erreichen können? Wie würde ihr erster Schritt aussehen? Und der nächste? Was für ein Leben würden sie sich aufbauen? Was, wenn es uns allen so ergangen wäre? Wie würde die Gesellschaft aussehen?

Ich weiß nicht genau, worauf das hinauslaufen würde, aber ich stelle mir Folgendes vor: Weitaus mehr Menschen würden sich als Geschichtenerzähler entpuppen, mit Stimmen, die zupackend, reich und wahr sind. Weit mehr würden den Ort kennen, der ihre Heimat darstellt, seine Flüsse, seine geheimen Plätze, seine Geschichte. Wir würden Bücher lieben. Wir würden unsere Viertel kennen, ihre Unternehmer*innen, Handwerker*innen, Künstler*innen, Köch*innen, Programmierer*innen. Wir wüssten vielleicht, wie man einen Motor auseinandernimmt und wieder zusammensetzt. Wir wären imstande, eine Schüssel, eine Vase oder ein großes Gefäß zu töpfern. Wir hätten die organisatorischen Fähigkeiten, unsere Fantasien in die Tat umzusetzen. Wir wären gütigere, mitfühlendere, nachdenklichere Menschen. Ich glaube zudem, dass viel mehr Menschen ein Leben führen würden, in dem sie sich sicher und zugehörig fühlen. Wir wären in der Lage, in der Stille zu sitzen und die Langeweile zu genießen, ohne zum Smartphone greifen zu müssen. Wir wüssten, wie man Essen anbaut, zubereitet und genießt, und wir hätten Freude daran, das selbst zubereitete Essen mit unseren Freunden, Familien und Nachbarn zu teilen.

Es gäbe auch mehr, die ein leidenschaftliches Verhältnis zur Sprache entwickelten, zu ihrem reichen Schatz an Wörtern und Metaphern, zu Reimen und Alliterationen, zu dem Vergnügen, Wörter wie Wein im Mund herumzurollen. Ich denke, mehr Menschen wären sich bewusst, wie sich ihre Handlungen und ihre Art, in der Welt zu sein, auf ihre Mitmenschen auswirken. Probleme würden lösbar erscheinen; wir könnten uns mit allem und jedem befassen. Wir würden uns sicherer fühlen, die anfallenden Probleme zu diskutieren, sie anderen mitzuteilen, sie zu verarbeiten, weil eine Vertrautheit mit sichtbaren Lösungen von Anfang an Teil unserer Erfahrung gewesen wäre. Wir würden kompetenter darin sein, diese Probleme tatsächlich anzugehen. Wir würden instinktiv nach Verbindungen zwischen den Dingen suchen, anstatt sie zu isolieren. Wir würden die wichtigsten Sternbilder kennen. Ich denke, wir wären sogar glücklicher – ein nicht unwesentlicher Faktor, bedenkt man die hohe und wachsende Rate von Angstzuständen, Depressionen und lebensstilbedingten Krankheiten in der heutigen Welt und die damit verbundenen Kosten.

Mit dieser Meinung bin ich offensichtlich nicht allein. Im Jahr 2011 schickte der britische Künstler Patrick Brill, der unter dem Pseudonym Bob und Roberta Smith auftritt, einen gemalten Brief an den damaligen Bildungsminister Michael Gove. Er kritisierte, dass das Ministerium einen neuen nationalen Lehrplan für die Grundschule und Änderungen am General Certificate of Secondary Education (GCSE), einer zweijährigen weiterführenden Schulausbildung mit Abschlussprüfungen im Alter von etwa 16 Jahren, eingeführt und dabei die Künste eklatant ausgeschlossen hatte. „Ihre Initiative", schrieb Bob und Roberta Smith, „belohnt Konformität und wird zu Stagnation führen ... Sie nehmen die Kunst aus den Schulen heraus und würdigen sie herab ... und Sie werden die britische Kultur kastrieren."[275]

Unbeirrt von der Tatsache, dass der Brief von Seiten der traditionellen Kanäle unbeantwortet blieb, rief Bob und Roberta Smith, der einmal äußerte, dass ihn die Kunsterziehung „gelehrt hat, wie man denken sollte und nicht, was man zu denken hat", 2013 die erste Art Party Conference in Scarborough Beach ins Leben, wo Künstler*innen und Kunstliebhaber*innen eine Demonstration abhielten und Gove aufforderten, die Rolle, die die Kunst für die Bildung spielt, wiederherzustellen.[276] Einem Bericht der BBC zufolge bezeichnete Lesley Butterworth, Generalsekretärin der National Society for Education in Art and Design, Goves Politik als „das Schädlichste, was während meines Berufslebens Kunst und Gestaltung im Bildungswesen passiert ist", und die Bildhauerin Cornelia Parker stellte fest, die Kunst werde „angegriffen".[277]

Die Künstler*innen sind zu Recht besorgt. Während im privaten Sektor die Künste kräftig finanziert werden und florieren, werden im staatlichen Sektor Kunst, Musik und Theater zunehmend als „nicht essenziell" betrachtet, was zu der Behauptung veranlasst hat, Kunst sei in Schulen „vom Aussterben bedroht". Nach Angaben des britischen Bildungsministeriums ist die Zahl der Unterrichtsstunden für künstlerische Fächer an den Sekundarschulen des Landes zwischen 2010 und 2017 um 21 Prozent und die Zahl der Kunstlehrer*innen um 20 Prozent zurückgegangen.[278] Neuntausend Stellen für Kunstlehrer*innen gingen in dieser Zeit verloren.

Die Einführung von Studiengebühren hat die künstlerische Ausbildung auf Universitätsebene getroffen. Obwohl es nie wirklich ein goldenes Zeitalter gab, in der der Fantasie so gehuldigt wurde, wie es ihr meiner Meinung nach gebührt, hatten in den 1950er- und 1960er-Jahren die Kunstschulen im Vereinigten Königreich einen enormen Einfluss auf das kulturelle Leben des Landes, in einem Zeitfenster also, in dem Kinder aus der Arbeiterklasse zum ersten Mal eine Kunsthochschule besuchen konnten. Man denke an David Bowie, Grayson Perry, David Hockney, Mary Quant, John Lennon, Vivienne Westwood, Pete Townsend und andere. Der Historiker Dominic Sandbrook formuliert es so: „Alles in allem kann der Einfluss der Kunsthochschulen auf die britische Popkultur kaum übertrieben werden."[279] Aber inzwischen schließt sich diese Tür wieder, dank Mittelkürzungen und Studiengebühren, und die Künste werden von Neuem zur Domäne der Privilegierten.

In Großbritannien sind die Anmeldungen für künstlerische Fächer im Rahmen des GCSE (General Certificate of Secondary Education) zwischen 2010 und 2018 um 35 Prozent gesunken.[280] Dafür verantwortlich ist unter anderem die gestiegene Bedeutung des English baccalaureate (EBacc), das fünf Schlüsselbereiche anbietet: Englisch, Mathematik, Naturwissenschaften, Fremdsprachen und Geschichte oder Geografie – aber keine künstlerischen Fächer. Die Regierung möchte, dass 90 Prozent derjenigen Schüler*innen, die bislang das GCSE ablegen, bis 2025 mit dem EBacc abschließen.[281] Zwar erkennen die Universitäten noch beide Abschlüsse an, aber das EBacc hat ein zusätzliches Gütesiegel, einen „Premium"-Wert, der für Schulen im Wettbewerb um Schüler*innen und bei dem Versuch, sich in den Ranglisten nach oben zu schieben, von Bedeutung ist. (Die Prüfungsergebnisse britischer Schulen und andere Faktoren werden in einer Rangliste zusammengefasst, in der die Schulen des Landes von den besten bis zu den schlechtesten eingestuft werden). Erwähnt man gegenüber einer Person, die künstlerische Fächer an Schulen unterrichtet, das Wort „EBacc", wird man eine Mischung aus Entsetzen, tiefer Angst, Wut und Resignation beobachten können. Außerschulisch sieht es nicht viel besser aus, denn die Sparmaßnahmen haben zur Schließung von Hunderten von Bibliotheken geführt, ebenso wie zur Einstellung von Kunstprogrammen für Jugendliche oder von Musikunterricht für Familien mit geringem Einkommen. Die Rolle der Kunst als Verfechterin der Fantasie in der Schule darf jedoch nicht unterschätzt werden. Sie ist kein Beiwerk, dessen man sich einfach entledigen kann, sondern lebenswichtig für die geistige Gesundheit junger Menschen. Der Autor Philip Pullman meint: „Wir sollten ebenso wenig in Abrede stellen, dass Kinder Kunst, Musik, Geschichten und Poesie brauchen, wie wir in Abrede stellen, dass Pflanzen Wasser brauchen."[282]

Wenn das emotionale Wohlbefinden unserer Bürger*innen nicht schon Grund genug ist, die Künste zu finanzieren und ihnen einen Wert einzuräumen, dann sollte ihre Bedeutung für das Wohlergehen der Wirtschaft ausreichen, die politischen Entscheidungsträger*innen davon zu überzeugen, dass Kürzungen im künstlerischen Bereich kontraproduktiv sind. Prognosen zufolge wird die Kreativwirtschaft in Großbritannien bis 2020 um 20 Prozent der gesamten Wirtschaftsleistung ausmachen, jährlich 84 Milliarden Pfund erwirtschaften und 2,9 Millionen Arbeitsplätze schaffen – mehr als die Luft- und Raumfahrt, die Automobilindustrie, die Öl- und Gasindustrie und die Biowissenschaften zusammen. Die Beschäftigung mit Kunst in der Schule vermag die kognitiven Fähigkeiten um 17 Prozent zu steigern und die Leistungen in allen Fächern zu verbessern. Schüler*innen aus einkommensschwachen Familien gelangen mit einer dreimal höheren Wahrscheinlichkeit zu einem Abschluss und werden sich mit einer doppelt so hohen Wahrscheinlichkeit an Wahlen beteiligen, wenn sie in der Schule künstlerische Fächer belegen. Sie sind außerdem erwerbsfähiger.[283] Der englische Künstler Ryan Gander meint dazu: „Kunst ist die Quelle kreativer Bürgerschaft und Kunsterziehung bringt ein innovatives, alle Bereiche unserer Gesellschaft durchdringendes Denken hervor."[284]

Der Umstand, dass immer weniger Menschen handwerkliche Fähigkeiten erlangen, hat Auswirkungen auf die gesamte Gesellschaft. Die Forscherin Shirley Brice Heath beobachtete, dass die Fähigkeit von Grundschulkindern, visuelle Elemente in Karten und anderen grafischen Darstellungen, aber auch in kreativer Handarbeit, zu erkennen, immer mehr nachlässt.[285] Wem dies auf den ersten Blick als belanglos erscheint, sollte die Äußerungen von Dr. Roger Kneebone, einem Professor für chirurgische Ausbildung am Imperial College in London, in Betracht ziehen. Er berichtete 2018, dass die Zeit, die junge Menschen vor Bildschirmen verbringen, sich umgekehrt in einem Mangel an grundlegenden Handfertigkeiten niederschlage, die für Aufgaben wie das Nähen von Wunden oder Zunähen von Patient*innen benötigt werden. „Meine wissenschaftlichen Kolleg*innen zeigen sich besorgt, dass Studierende, bei denen man in der Vergangenheit voraussetzen konnte, sie seien nach Abschluss der Schule imstande, praktische Aufgaben zu erledigen – etwas ausschneiden, etwas herstellen –, dazu nicht mehr in der Lage sind", sagte Kneebone.[286]

Politisch wird auf solche Probleme reagiert, indem man die Unterrichtszeit verdoppelt, den Schultag ausdehnt, das Schuljahr verlängert, strengere Schuluniformvorschriften durchsetzt (Kyung Hee Kim berichtete mir von ihren Untersuchungen, wonach das Tragen einer Schuluniform die Fantasie beeinträchtigt), früher und häufiger Prüfungen durchführt, mehr Standards auferlegt, die Kinder mit noch mehr Fakten vollpumpt und alles streicht, was für die Produktion von gefügigen, der Weltwirtschaft pflichtbewusst dienenden Arbeitenden als unwesentlich erachtet wird.[287]

In einer TEDx-Präsentation sagte Peter Gray – dessen Buch *Befreit lernen* eine Pflichtlektüre zur Bedeutung des Spiels ist –: „In den 1950er-Jahren, als ich ein Kind war, hatten wir reichlich Gelegenheit zum Spielen. Wir hatten zwar Schule, aber die Schule war nicht die große Sache, die sie heute ist ... das Schuljahr war fünf Wochen kürzer als heute. Der Schultag war sechs Stunden lang, aber zumindest in der Grundschule waren zwei davon zum Spielen im Freien. ... Hausaufgaben gab es für Grundschulkinder so gut wie keine."[288] Heute gibt es kaum noch Zeit für Pausen, obwohl Untersuchungen zeigen, dass Kinder sich schlechter benehmen, wenn sie weniger Pausen haben.[289] Alles zu testen, von einem immer früheren Alter an, erzeugt ein Stressniveau, das den Hippocampus schädigt. Lehrer*innen beobachten einen Anstieg von psychischen Erkrankungen, Depressionen und Panikattacken schon bei Kindern im Alter von vier Jahren.[290]

Um einen Eindruck davon zu bekommen, wie die Verdrängung der Fantasie im Bildungssystem von innen aussieht, unterhielt ich mich mit zwei befreundeten Lehrerinnen. Eine unterrichtet an einer Schule im Norden Englands. Als Erstes schilderte sie, wie Bildung in ihrer Wahrnehmung aussieht:

> *Stopfe Kinder mit Fakten voll und prüfe sie dann. Setze Ziele und messe die Schulen an ihrer Fähigkeit, diese Ziele zu erreichen. Evaluiere Lehrpersonen an ihrer Fähigkeit, diese Ziele zu erreichen. Zwinge Schüler*innen auf einen engen akademischen Weg. Spiele die Rolle des kritischen Denkens und des forschenden Lernens zu Gunsten des traditionellen Auswendiglernens von Fakten herunter. Die Fantasie wird unterdrückt, die Arbeitszufriedenheit sinkt. Die Lehrpersonen leiden darunter und die Schüler*innen auch. Die derzeitige Ausrichtung des Lehrplans zielt darauf ab, die Fantasie zu unterdrücken, das Ausdrucksbedürfnis zu entwerten und neugieriges Hinterfragen zugunsten der Konformität zu marginalisieren.[291]*

Eine andere Freundin befand sich mitten in ihrer Ausbildung zur Lehrerin. Nach fast einem Jahr Ausbildung und einem Praktikum an einer Schule im Süden Londons sagte sie zu mir: „Im Grunde gibt es keinen Platz für Fantasie. ... Die Schüler*innen werden eher entmutigt, ihre Vorstellungskraft, oder gar ihr Gehirn einzusetzen." Nach ihrem Praktikum schrieb sie: „Ich würde sagen, in den Gesamtschulen in Südlondon befindet sich die Fantasie in einem unheilbaren, momentan kritischen und hoffnungslosen Zustand."[292]

Das britische Bildungsministerium ist derzeit besessen davon, die hohen Leistungen der Schulen in China und anderswo in Südostasien zu kopieren, wie sie im Rahmen des Programme for International Student Assessment (PISA) der Organisation für wirtschaftliche Zusammenarbeit und Entwicklung (OECD) gemessen werden, das alle drei Jahre Fünfzehnjährige auf der ganzen Welt auf ihre Fähigkeiten im Lesen, in Mathematik und in den Naturwissenschaften testet. Als das Programm im Jahr 2000 ins Leben gerufen wurde, stieß es auf wenig Interesse, aber inzwischen ist es zur Quelle eines intensiven internationalen Wettbewerbs geworden. Wie Sir Ken Robinson es ausdrückt: „Bildungsminister vergleichen mittlerweile ihre jeweiligen Rankings wie Bodybuilder ihren Bizeps."[293] Andrew Brewerton, Rektor des Plymouth College of Art in Großbritannien und regelmäßig zu Besuch in Schulen in Shanghai, meinte zu mir: „Meine Freund*innen in Shanghai lachen nur. Sie sagen: ‚Was *glaubst* du, wie wir das anstellen?' Aber es ist kein Ersatz für die Kindheit." Es ist schon eine Ironie, dass in China gerade jetzt ein hohes Interesse an Fantasie und kreativem Lernen aufkommt. Man darf gespannt sein, inwieweit sich die Förderung der Fantasie mit einem autoritären Regierungsstil verträgt.

Die Besessenheit, alles zu evaluieren, höhlt die Motivation der Lernenden aus, wie Brewerton formuliert. Er meint: „Wollte man ein System ersinnen, das kreatives Lernen untergräbt, wäre, was wir [in Großbritannien] unternommen haben, kaum zu übertreffen." Die Zielsetzungskultur, die die Kennzahlen generiere, von denen Ranglistenpositionen, das Ansehen von Institutionen und Führungskarrieren abhängen, zerstöre das kreative Lernen. „Niemand glaubt daran", fügte er hinzu. „Wirklich niemand. Alle finden es widerwärtig. Es treibt die besten Leute in den Wahnsinn und aus dem Beruf. Wenn die Fantasie der Jugendlichen überlebt, dann *trotz* des Systems."[294]

Amy Seefeldt, Direktorin des Centre for Imagination, sagt: „Diese Art von mechanistischem Ansatz, alles zu messen und zu standardisieren, schränkt die Fantasie immens ein."[295] Zehn- und Elfjährigen, die an britischen Schulen an SAT-Tests teilnahmen, wurden wegen „falsch gesetzter Kommas" tatsächlich keine Noten erteilt.[296]

Gillian Judson, Direktorin der Imaginative Education Research Group, setzt sich für eine mehr auf die Fantasie setzende Erziehung in Schulen ein und schult Lehrpersonen, diese stärker in ihre Arbeit einzubeziehen. „Wir sprechen so selten über die Rolle der Fantasie in der Bildung", schreibt sie. „Wir assoziieren sie inzwischen mit dem Irrationalen, mit ‚Fantasterei', mit ‚Fantasiewelten'."[297] Nachdem ich ihre Arbeit gelesen hatte, war ich an einer Unterhaltung mit ihr interessiert und rief sie an. „Wenn man die Vorstellungskraft anspricht, weckt man Emotionen", sagte sie. „Jeder Pädagoge weiß, dass man die Schüler*innen emotional ansprechen muss, damit sie sinnvolle Lernerfahrungen machen können. ... Das, woran man sich am meisten erinnert und was man am besten versteht, ist, was einen selbst berührt hat."[298]

Ruth Sapsed von Cambridge Curiosity and Imagination ist der Meinung, dass die Zurückdrängung der Fantasie im Unterricht mit den verminderten Möglichkeiten zur Zusammenarbeit im Schulleben korreliert. Ihres Erachtens ist der gemeinschaftliche Ansatz verloren gegangen,

„weil der Lehrplan so ausgetrocknet und so vollgepackt und so arbeits-
reich ist, dass die Lehrer*innen sich auf ein Gleis gesetzt sehen, das ihnen keine Möglichkeit mehr zu gemeinschaftlicher Arbeit lässt. Das ist
der Punkt, an dem die beobachteten Probleme mit der psychischen Gesundheit zum Vorschein kommen. Sie bringen einfach nicht die Energie
und die Freude auf, sich untereinander ausreichend auszutauschen."[299]

Warum aber wird die Fantasie in der Pädagogik mit so viel Arg-
wohn betrachtet? Neil Griffiths, Direktor einer Wohltätigkeitsorganisation namens Arts Emergency, meint dazu: „Entscheidungsträger*innen
sehen es so, dass die Welt nicht von Menschen und Systemen regiert
wird, die fantasievolle Bürger*innen brauchen, die Träumer und Denker
und Macher brauchen – in den eigens für uns geplanten Wirtschaftsmo-
dellen werden wir nicht gebraucht." Griffiths gründete Arts Emergency
zusammen mit der Komikerin Josie Long im Jahr 2011, nachdem sie sich
eines Tages ein Foto von Mitgliedern des Bullingdon Club angeschaut
hatten – dem Dining Club in Oxford, der David Cameron, Boris Johnson
und andere mächtige Männer hervorbrachte – und darüber nachdach-
ten, welche Privilegien es manchen Menschen ermöglichen, Macht zu
erlangen, und welche für Menschen, die solche Vorteile nicht haben,
neu geschaffen werden könnten. Arts Emergency arbeitet mittlerweile
mit bis zu zweihundert Jugendlichen im Alter zwischen sechzehn und
neunzehn Jahren, die sich für eine künstlerische Karriere interessieren,
hilft ihnen, ihre Träume und Ziele zu erkennen und zeigt ihnen, wie sie
sie erreichen können. Die Organisation unterstützt zudem eine ständig
wachsende Zahl von über fünfhundert ehemaligen Schützlingen. Arts
Emergency bringt die Schüler*innen mit Mentor*innen aus dem Kunst-
bereich zusammen, die ihnen dabei helfen, die Bewerbungsunterlagen
für die Universität auszufüllen und bezahlte Praktika in der Kunstwelt
zu finden; sie bleiben bis zu acht Jahre lang mit ihnen in Kontakt und
verhelfen ihnen zu „Privilegien für Menschen ohne Privilegien". Ihre
Unterstützung ist, wie Griffiths anmerkt, „ergiebig, kraftvoll und lang-
fristig".[300]

Diese Förderung der ganzen Person erinnert an ein japanisches Konzept namens *ikigai*, was so viel wie „das, wofür es sich zu leben lohnt" bedeutet. *Ikigai* ist all das, was deinem Leben Wert und Bedeutung verleiht.

Es bildet eine Schnittmenge zwischen dem, was du liebst, was du gut kannst, und dem, was die Welt braucht und wofür du bezahlt werden könntest. Diejenigen, die es schaffen, diesen idealen Punkt zu finden, gehören angeblich zu den glücklichsten und zufriedensten Menschen der Welt. Was, wenn wir uns alle darauf verständigen könnten, dass das Ziel der Pädagogik darin liegen muss, uns in Richtung *ikigai* zu führen und uns die Freiheit zu geben, diesen idealen Schnittpunkt zu entdecken und zu entwickeln, und zwar allein für uns selbst? Stell dir vor, was für eine Kraft jeder Einzelne auf Dauer in der Welt entfalten könnte.

Wie also können wir Bildung neu konzipieren und sie zu einer Kraft *für* die Fantasie machen? Ich habe nicht das Ziel, eine detaillierte Pädagogik oder eine Kritik verschiedener Lernmodelle vorzulegen. Ich bin kein Erziehungswissenschaftler. Ich denke aber, dass wir viel lernen können, indem wir verschiedene Bildungsexperimente untersuchen, ob es sich nun um neue, mit einem speziellen Fokus auf die Fantasie gegründete Schulen handelt, oder um bereits bestehende Schulen, die daran gearbeitet haben, die Fantasie in konventionelle Strukturen zu tragen, oder um Menschen, die das Konzept der Schule ganz abschaffen wollen. Bei dem, was ich hier zur Sprache bringe, handelt es sich lediglich um einen Schimmer dessen, was es draußen in der Welt tatsächlich alles gibt. Dabei handelt es sich meist um Geschichten aus den Randgebieten. Um Menschen, die sich für eine Lernerfahrung einsetzen, in deren Zentrum die Fantasie steht und die sich an den fruchtbaren Rändern des Bildungssystems an die Arbeit gemacht haben.

Eines der ergiebigsten Randgebiete stellt das Reggio-Emilia-Modell dar. Nach dem Zweiten Weltkrieg lagen die italienische Stadt Reggio Emilia und die umliegende Region in Trümmern. Eine Elterngruppe verkaufte einen Panzer, drei Lastwagen und sechs Pferde, die von den Deutschen zurückgelassen worden waren (an wen, ist nicht überliefert), und nutzte das Geld, um eine Schule zu bauen – eine Aktion, die sowohl metaphorisch als auch praktisch die mit der nächsten Generation verbundenen Hoffnungen widerspiegelte. Loris Malaguzzi, einer der Gründer*innen, schrieb, man habe sich vorgenommen, „eine neue

Menschenkultur der Kindheit zu schaffen ... ein Motiv, das seinen Ursprung in einer starken Sehnsucht nach der Zukunft findet".[301]

Nach dem so genannten „Reggio-Emilia-Ansatz" werden Kinder als Menschen mit Rechten und nicht nur mit Bedürfnissen betrachtet.[302] Sie sind „schön, kraftvoll, kompetent, kreativ, neugierig und voller Potenzial und ehrgeiziger Wünsche". Sie agieren als aktive Konstrukteure ihres Wissens oder, in den Worten Malaguzzis, „Autoren ihres eigenen Lernens"[303]. Sie sind Forscher, die die Freiheit haben, ihre Interessen durch projektbasiertes Lernen zu hinterfragen und zu erkunden. Sie sind soziale Wesen, die durch ihre Beziehungen und ihre Verbindungen in der Welt um sie herum ermutigt werden, ein Gefühl für sich selbst zu entwickeln. Die Schulen haben keinen vorgefassten Lehrplan; die Schüler*innen erarbeiten zusammen mit den Lehrenden, was und wie sie lernen werden. Als „dritter Lehrer" fungiert die physische Umgebung; die Schulen sind voller Licht und Pflanzen und man ist schnell draußen in der Natur.[304] Im Zentrum jeder Schule befindet sich ein „Atelier", eine Werkstatt, in der immer jemand bereitsteht, den Kindern bei ihren Vorhaben zu helfen. Inzwischen finanziert und betreibt die Stadt Reggio Emilia zweiundzwanzig Schulen für Kinder im Alter von drei bis sechs Jahren und dreizehn Kleinkinderzentren in und um die Stadt, die auf dieser Philosophie basieren. Aus der ganzen Welt reisen Menschen an, um von diesen Projekten zu lernen.

Tatsächlich gibt es eine ganze Reihe von Schulen und Schulmodellen, die uns auf einen besseren Weg führen können. Françoise Nyssen und Jean-Paul Capitani leiten den im französischen Arles ansässigen Verlag Actes Sud. Nach dem Tod ihres Sohnes Antoine, der ihrer Meinung nach vom französischen Bildungssystem im Stich gelassen wurde, gründeten Françoise und Jean-Paul 2015 die *École Domaine du Possible* (Schule des Möglichen).[305] Die Schule, die zunächst in einer ehemaligen Kirche neben dem Verlagssitz untergebracht war, wurde bald nach Volpelière verlegt – einem 120 Hektar großen Bauernhof fünfzehn Kilometer südwestlich von Arles – und entwickelte sich zu einem Anschauungsprojekt für Permakultur, Agroforstwirtschaft und Tierhaltung, mit Mandelbäumen, Olivenhainen, Weinbergen und Reisfeldern. Das Schulgebäude selbst befindet sich im Zentrum des Bauernhofs, wobei die

Schüler*innen zur Mitarbeit eingeladen sind. In der École Domaine du Possible liegt der Schwerpunkt auf Selbstführung, Neugier und Freude am Lernen und der Pflege einer starken Beziehung zur Natur. Dreimal pro Woche wird Zeit im Garten verbracht, mit „den Fingern in der Erde, den Füßen in Stiefeln, und den Haaren im Wind". Die Alltagserfahrung ist von einem Lebensstil geprägt, wie er für eine nachhaltige, resiliente Zukunft erforderlich ist. Essen selbst anbauen, verarbeiten, zubereiten, und gemeinsam zu sich nehmen. Kontakt, Gemeinschaft, Geselligkeit, Konversation. Dinge von Hand machen, basteln, kreieren, formen, reparieren. Verstehen, dass die Zukunft, die es zu erschaffen gilt, aller Wahrscheinlichkeit nach nicht aus einem iPad springen wird, sondern in die Gegenwart gebracht werden muss, in das reale, gelebte Jetzt.

Die École Domaine du Possible ist eine Antwort auf die Krise im französischen Bildungswesen. Sie bietet einen Vorgeschmack darauf, was möglich ist, wenn die Kultivierung der Fantasie zur Hauptaufgabe wird. Schulleiter Jean Rakovitch erzählt, dass die Schule bald ihre „erste Revolution" durchführen und von einem fachbezogenen zu einem projektbezogenen Modell übergehen wird. Die Einrichtung wird von einer großen Riege von Künstler*innen unterstützt, die Workshops und Meisterklassen abhalten. „Die Schüler*innen haben die Freiheit, sich selbst auszudrücken, durch Musik, Tanz, Kunsthandwerk und auch durch die Projekte, die sie machen."[306] Für die Zukunft ist unter anderem eine Universität des Möglichen geplant, die in der Nähe angesiedelt werden und ebenfalls in der entstehenden agroökologischen Landschaft verwurzelt sein soll.

Aus dem gleichen Geist heraus gründeten Karen MacLean und eine Freundin Den Grønne Friskole (Die grüne freie Schule) in einem Industriegebiet in Kopenhagen. Karen ist Dänisch-Amerikanerin, und ihre beiden Töchter besuchten eine örtliche Waldorfschule, bis MacLean sich für Nachhaltigkeit und die Transition-Bewegung begeisterte – zwei Leidenschaften, die, wie sie realisierte, von der Schule nicht geteilt wurden. Sie erzählt: „Ich wurde immer neugieriger, wie eine Schule aussehen würde, die Kinder tatsächlich darauf vorbereitet, Transition mitzugestalten ..., in der es aber nicht als Plackerei empfunden würde, wie es oft bei Erwachsenen der Fall ist (‚Oh, wir müssen alles anders machen, das ist so schrecklich!'), sondern begeistert und aufgeregt aufgenommen und man sich als Aktivistin fühlen würde, deren Engagement für die Transition-Bewegung dem Leben Sinn verleiht."

MacLean und ihre Freundin begannen 2013 mit der Planung, und 2014 öffnete das Haus seine Türen für dreiundvierzig Kinder. Heute leben dort 150. Von ihren ursprünglichen Gebäuden ausgehend, expandierten sie, indem sie manchen einen „Öko"-Anstrich verpassten und andere von Grund auf neu bauten; und sie legten Gartenbeete auf dem Asphalt an. „Wenn man unsere Schule betritt, denkt man nicht unbedingt, dass man es mit einer Schule zu tun hat", meint MacLean. „Es gibt weder Tische noch in Reihen aufgestellte Stühle. Es gibt keine Tafeln ... Dafür gibt es viele verschiedene Räume, die gemütlich sind und in denen man sich wohlfühlt, und das Ganze mutet keineswegs wie eine Lehranstalt an." Die Schule ist teils öffentlich, teils privat. Sie wird zu 70 Prozent vom Staat finanziert, die restlichen 30 Prozent werden von den Eltern aufgebracht. Die Schule muss Inspektionen zulassen, bei denen überprüft wird, ob die Schüler*innen auf einem mit anderen Schulen vergleichbaren Niveau sind, aber ansonsten ist sie auf sich allein gestellt und kann unterrichten, wie sie will. [307]

Wie also fördert Den Grønne Friskole die Fantasie? In der Schule gibt es viel Zeit für Kunst und für Geschichten. Anstatt formalen Unterricht in Fächern wie Englisch, Dänisch und Mathematik anzubieten, ist alles Lernen projektbasiert. Projekte bieten den Schüler*innen die Möglichkeit, ein Thema auf jede beliebige Art und Weise zu erkunden; als Abschlussarbeit kann ein Kunstwerk, eine kunsthandwerkliche Arbeit, ein Text, eine Präsentation dienen, oder wofür sich die Schüler*innen auch immer entscheiden. Es wird deutlich gemacht, dass es keine richtige Antwort gibt. Die Schüler*innen sind frei, ein Thema so zu erforschen, wie sie möchten. Nach Auffassung MacLeans bedeutet dies, dass der Lernprozess „nicht dadurch zum Erliegen kommt, dass die Schüler*innen entweder eine richtige Antwort geben oder eben erraten müssen, was die Erwachsenen erwarten". Dieser projektbasierte Ansatz wurde vor Kurzem in Schulen in ganz Finnland zum Standard erhoben, wobei der „Unterricht nach Fächern" zugunsten eines „Unterrichts nach Themen" abgeschafft wurde. In Den Grønne Friskole, so erzählt

MacLean, startet jedes Projekt mit einer sinnlichen Erfahrung, sei es, dass die betreffende Gruppe ein Theaterstück ansieht, barfuß ins Meer läuft oder in den Wald geht, um den Vögeln zuzuhören. Auf meine Frage, welche Bedingungen ihrer Ansicht nach erforderlich sind, damit die Fantasie aufblühen kann, antwortete sie: Erstens ist es wichtig, so viel Zeit wie möglich draußen in der Natur zu verbringen. Die Schule hat einen Garten, der nur einen kurzen Spaziergang entfernt ist, hinzu kommen wöchentliche Ausflüge. Zweitens: Selbstbestimmung, die Kraft, eigene Entscheidungen zu treffen. Und schließlich geht es darum, sich vom „Irrtum der richtigen Antwort" abzuwenden. „Kindern", so fährt sie fort, „die Vorstellung einzurichten, dass alles; was sie als Kinder und später als Erwachsene tun müssen, darin besteht, die richtigen Antworten zu finden, [erweist] der Fantasie einen Bärendienst."[308]

Natürlich ist es nicht immer möglich, eine eigene Schule zu gründen. Amy Seefeldt gründete und leitet das Centre for Imagination an der Woodstock School, einem internationalen Internat in den Ausläufern des indischen Himalayas. Das Faszinierende am Centre for Imagination ist, dass es sich nicht um eine ganz neue Schule handelt, sondern um ein Programm, das, ähnlich wie ein Reggio-Emilia-Atelier, in einer bestehenden Schule entwickelt wurde. Ein Außenposten der Fantasie, wenn man so will. Im Jahr 2014, als das Projekt aus der Taufe gehoben wurde, war Seefeldt bereits seit etwa sechs Jahren Dekanin in Woodstock. Sie war für den Lehrplan, für die Lehre und das Lernen zuständig und zeigte sich zunehmend frustriert, war sie doch der Auffassung, dass sich Schulen in ihren Funktionsweisen stark verändern müssten. „Man nimmt das eine Fach, und dann das andere, und dann ein weiteres, und so geht man durch den Tag – ein solches System lässt sich nur bis zu einem gewissen Grad optimieren", sagte sie. Sie hatte das Gefühl, dass es kaum eine Chance gab, der Fantasie den nötigen Platz einzuräumen.[309]

Die wertvollsten Interaktionen mit den Schüler*innen fanden eher in den Pausen des Schultages statt, wie sie fand, anstatt in den Schulstunden oder in anderen Unterrichtsphasen. Die wirklichen Fragen, etwa „Was werde ich mit meinem Leben anfangen?", wurden zwischen Tür und Angel abgehandelt. Sie erzählte: „Ich fragte mich zunehmend, wozu Bildung denn gut sein sollte, wenn sie jungen Menschen nicht hilft, ihren Platz in der Welt zu finden, wenn sie sich selbst und die Welt nicht besser kennenlernen und wissen, wie das eine mit dem anderen zusammengeht?"[310] Sie nahm sich ein Jahr Auszeit, um am Schumacher College in Großbritannien zu studieren. Ihre Abschluss-arbeit, *Centring the Ecological Imagination*, dokumentiert, wie aus einem anfänglichen Traum schließlich ein konkreter Plan für das Centre for Imagination wurde.[311] Nach Indien zurückgekehrt, bot ihr die Wood-stock School das älteste Gebäude auf dem Campus an, und sie machte sich an die Arbeit.

Unter der Leitung von Seefeldt und nur gelegentlich von Prakti-kant*innen unterstützt, hat das Zentrum eine Reihe von Initiativen ent-wickelt. So werden zum Beispiel Wissenschaftler*innen, Künstler*in-nen, Fachleute und frisch pensionierte Anwält*innen oder Ärzt*innen eingeladen, für drei bis sechs Wochen mit einem Projekt, an dem sie gerade arbeiten, zu Besuch zu kommen, und zwar so, dass sie Schü-ler*innen und Mitarbeiter*innen daran teilhaben lassen. Eine lockere Agenda wird aufgestellt, die den Schüler*innen, Lehrenden und Mit-arbeiter*innen Gelegenheit gibt, sich über die jeweiligen Projekte zu informieren und an ihnen teilzunehmen. Das Zentrum unterstützt auch unabhängige, von den Schüler*innen vorgeschlagene Projekte – zum Beispiel eine Wetterstation, die zugleich der Überwachung der Luftqualität dient, eine mit Schwerkraft betriebene Lampe, den Bau einer ungiftigen Plastikmüllverbrennungsanlage sowie Untersuchun-gen zu Themen wie Gruppendynamik und politisches Verhalten. See-feldt stellt fest: „Bei jeder von den Schüler*innen ausgehenden Idee oder Initiative [versuchen wir] herauszufinden, wie wir sie verwirkli-chen und ihnen die Sache erleichtern können, indem wir den nötigen Freiraum schaffen. Ihre Fantasie freisetzen."[312]

Das Zentrum organisiert zudem Veranstaltungen, Workshops und Praxiserlebnisse, damit die Jugendlichen das, was in der Welt vor sich geht, besser einschätzen lernen. Dies kann in Form von Dis-kussionen, Filmen oder Debatten geschehen und zum Beispiel einen Workshop über „restorative Gerechtigkeit" beinhalten, um einen Mob-bing-Ausbruch einzuhegen, oder aber mit Gesprächen in den Unter-künften darüber, wie man für die eigene psychische Gesundheit und die der anderen sorgen kann. Jedes Jahr im Mai findet ein „Festival der Ideen" statt, bei dem die Schüler*innen ihre interdisziplinären Projekte präsentieren – etwa zur örtlichen Wasserknappheit oder zur Lärmverschmutzung der Ozeane und wie sie sich auf die Wale auswirkt – und sich den Fragen des Publikums stellen. Außerdem gibt es eine Reihe von Sommersitzungen, die bereits im dritten Jahr stattfinden und mehr als zwölf Programme zu so unterschiedlichen Themen wie Musikproduktion und Songwriting, soziales Unternehmertum, indische Geschichte und Kultur sowie Leadership for Change anbietet. Zukünftige Pläne beinhalten die Einrichtung eines Aufnahmestudios, Videokonferenzen, die formelle und informelle Lernmöglichkeiten aus der ganzen Welt eröffnen, ein Kunst- und Tanzstudio und eine öffentliche Werkstatt. Seefeldt sagt: „Der Filter ist im Grunde: Wird das, was wir tun, ihnen helfen, sich selbst zu erkennen und die Welt besser zu verstehen?" Das Centre for Imagination ist zudem eine Inspirationsquelle für Lehrer*innen an der Woodstock School, die ihren Unterricht fantasievoller, kreativer und effektiver gestalten wollen.

Amy erzählt zwar, dass dem Centre for Imagination anfangs mit Misstrauen und Unverständnis begegnet wurde, doch sei es mittlerweile zu einem wichtigen Element der Schulkultur geworden. Es habe das Gefühl der Schüler*innen für das, was möglich ist und was die Schule bieten kann, entscheidend geprägt. „Eine der wirklich interessanten Erfahrungen, die ich seit der Gründung des Zentrums gemacht habe, ist der Umstand, dass die Schüler*innen geradezu perplex sind, wenn sie mit einer Idee oder einer Frage kommen und ich Ja sage. Wie: ‚Kann ich das wirklich machen? Ich kann versuchen, das zu bauen? Im Ernst?' ‚Klar, warum nicht?'" Seefeldt legt Wert darauf, dass es dabei ein Gefühl emotionaler Sicherheit braucht. „Wir lernen schon früh, zu verschweigen, was wir wirklich meinen, nicht die wirklichen Fragen zu stellen, aus Angst, dass unsere Ideen verurteilt werden könnten. Für mich war es sehr wichtig, sowohl physisch als auch emotional einen Raum zu schaffen, in dem sich die Leute sicher fühlen, in dem sie äußern können, was sie wirklich meinen, und dass nichts Schlimmes passieren wird, wenn ihre Idee nicht funktioniert." Und ergänzt:

Der Raum sollte sich ruhig und einladend anfühlen. ... Bevor wir hier eröffnet haben, habe ich an Universitäten zahlreiche Zentren für Imagination, Labore und Ähnliches besucht, und in den meisten Fällen hatten sie diese völlig weiße, glatte, futuristische Anmutung. Alles ist aus Plastik und Stahl. Ich glaube aber, dass etwas völlig anderes geschieht, wenn man von natürlichen Materialien wie Stein und Ziegeln und Holz und Stoffen umgeben ist, von natürlichen Texturen. Man denkt einfach anders.[313]

Eine künstlerische, auf Fantasie setzende Bildung ist für wohlhabendere Schulen, Familien und Gemeinden natürlich leichter zu haben. Wie verhält es sich aber mit Schulen, Familien und Gemeinden, die über weniger Geld, weniger Ressourcen verfügen? Oft kommt die Fantasie dort als Erstes zu kurz, sie ist ein Luxus, den sich, wenn die Grundbedürfnisse nicht erfüllt sind oder wenn es zum täglichen Kampf gehört, Essen auf den Tisch oder ein Dach über dem Kopf zu haben, niemand leisten kann. Auch deshalb war ich so fasziniert, als ich vom Projeto Âncora in São Paulo in Brasilien hörte. Als es 1995 in dem sozial benachteiligten Stadtteil Cotia gegründet wurde, bot es einfach nur außerschulische Aktivitäten für Kinder aus der Gegend an (unter einem großen Zelt!). 2012 und inspiriert von der Escola da Ponte (Schule der Brücke), einer Grundschule in Portugal, die auf den Prinzipien des demokratischen Erziehungsstils basiert, eröffneten die Organisator*innen des Projekts eine Grundschule. Fünf Jahre später gliederten sie eine weiterführende Schule ein. Die Schule, deren Mittelpunkt nach wie vor das Zirkuszelt ist, ist inzwischen auf eine Fläche von 12.000 m² angewachsen und verfügt über Labore, Lernräume, einen Sportplatz, Küchen, eine Bibliothek, einen Skatepark, einen Speisesaal sowie über Waldflächen, Kräutergärten, einen Obst- und einen Gemüsegarten. Die Schulgemeinschaft, die sich als Akteur für sozialen Wandel versteht („Ihr müsst die Kräfte bekämpfen, die die Städte ungerecht machen"), beherbergt heute 180 Schüler*innen, von denen 60 Prozent aus einkommensschwachen Familien der Umgebung stammen, und eine fünfzehnköpfige Lehrerschaft.

Auch wenn das Projeto Âncora eine Privatschule ist, finanziert wird es durch eine interessante Besonderheit des brasilianischen Steuersystems.

Unternehmen und Einzelpersonen können sich dafür entscheiden, einen Teil ihrer Steuern an ausgewählte Nichtregierungsorganisationen (NGOs) zu zahlen, anstatt direkt an die Regierung.[314] Die Projekte müssen in bestimmte Kategorien fallen (etwa solche, die Kinder und Jugendliche fördern, die nationale Filmindustrie, die Altenpflege, den Sport und anderes unterstützen) und von den zuständigen örtlichen Regierungsbehörden genehmigt werden. (Unternehmen erhalten als Anreiz einen dreiprozentigen Rabatt.) Einfach ist es nicht, diese Finanzierungen zu erhalten, aber die sozialen Ziele der Schule erfüllen die Kriterien, so dass alle Schüler*innen die Schule kostenlos besuchen können. Bisweilen werden keine neuen Schulen gegründet, sondern Programme entwickelt, die in bestehende Schulen integriert werden. Eines meiner Lieblingsbeispiele ist Cambridge Curiosity and Imagination (CCI), das 2002 von der Künstlerin Idit Nathan und Kolleginnen gegründet wurde, „um Gemeinschaften zu inspirieren und zu bereichern, um sie zu unterstützen, ‚an sich selbst zu glauben und ihre eigene Stimme zu finden'. Wir zeigen Menschen jeden Alters Wege auf, ihre eigene Neugier und Vorstellungskraft zu entwickeln, indem wir sie sowohl drinnen als auch draußen in spielerische Umgebungen einladen und ihnen freistellen, sie zu erkunden."[315]

Die CCI führt viele verschiedene Projekte mit Schulgruppen und Gemeindeorganisationen durch, aber mein Favorit ist „Fantastical Cambridge". Bei dieser Arbeit geht es um „kreative Abenteuer mit jungen Kindern und ihren Lehrer*innen, die gemeinsam auf außergewöhnliche, bezaubernde und faszinierende Entdeckungstouren realer Orte hier in der Gegend gehen"[316]. In Zusammenarbeit mit einem Team von Künstler*innen erkunden Kinder, ihre Lehrer*innen und Familien einen bestimmten Ort, ein an die Schule angrenzendes Waldgebiet, einen Garten, einen Bereich ihrer Stadt und dies auf vielerlei Weise, träumend, imaginierend, beobachtend und voller Aufmerksamkeit. Die Teilnehmenden können schreiben, Gedichte verfassen, zeichnen, mit Ton modellieren, Sachen sammeln. Sie können die örtliche Tierwelt in einer vierundzwanzigstündigen Veranstaltung namens „Fantastische Tiere und Lebensräume" untersuchen. Sie können aber auch riesige Landkarten auf dem Boden auslegen und die Kinder einladen, „alles auf die Karte zu schreiben, was ihr wollt".

„Wir sind verkörperte Imaginationen", meint Ruth Sapsed, eine Mitbegründerin von CCI, „die Karten entstanden aus dem Wunsch heraus, das sichtbar zu machen." Der Künstlerin Elena Arévalo Melville fällt die Aufgabe zu, die riesige Datenmenge in fantastische Karten zu verwandeln. Das Endprodukt ist eine digital erstellte, gedruckte Karte aus bis zu hundert Ebenen, die den Ort als Traum präsentiert und festhält, wie die Fantasie mit dem Ort interagiert. „Wir stellen die Kinder als Experten ins Zentrum", sagt Sapsed über ihre Abenteuer draußen, wo sie mit dem Ort in Beziehung treten, der Gegenstand einer Karte werden soll. „Wir mögen ihre Fähigkeit, für andere einen Weg an einen Ort auszukundschaften, denn sie sind Spielexperten und ... sie kommen ohne die vorgefasste Ansicht und die Angst, die viele von uns mitbringen."

Eine Karte beginne damit, meint Sapsed, dass die Kinder gefragt werden, wohin sie gehen und was sie sich ansehen möchten, und dann liege es in ihrer Hand, wobei „wir durch ihre Augen sehen und sie als Führer betrachten". Die Ausflüge seien von einer Qualität gekennzeichnet, die sie „Langsamheit" nennt („Ich habe das Wort so oft benutzt, dass ich vergessen habe, dass es eigentlich gar nicht existiert", sagt sie). Dazu gehört, langsam und leise zu gehen, damit man die Chance hat, Dinge wahrzunehmen. Digitale Geräte bleiben zu Hause, iPads werden nicht benutzt. Die Fantasie und die Materialien im Wald sind „mehr als genug", meinte sie.[317]

Die resultierenden Karten sind atemberaubend, sie fangen Stimmungen und Ideen und Träume ein und verorten sie in den auf der Karte festgehaltenen gelebten Erfahrungen. Nimmt man sich die Zeit, in diese Karten einzutauchen, so schlüpft man in die Traumwelt eines Kindes, in eine mit allen Sinnen erfolgende Neuinterpretation, in eine Welt, die neben unserer eigenen existiert, zu der wir aber mit zunehmendem Alter immer mehr den Bezug verlieren. CCI schafft Räume, in denen diese beiden lebenswichtigen Zutaten für die Vorstellungskraft – Raum und Zeit – die Priorität bekommen, die sie brauchen, wobei die Initiative ihre Rolle darin sieht, den Kindern und ihren Interessen „zur Seite zu stehen". Möglichkeiten, Klassenunterschiede fantasievoll zu umgehen, kann man überall auf der Welt sehen. Tatsächlich ist mir immer wieder aufgefallen, dass einige der genialsten und einfallsreichsten Bildungsansätze nicht in wohlhabenden, sondern in armen Gemeinden zu finden sind, in denen die Ressourcen zwar spärlich, die Menschen aber oft weniger an Vorstellungen gebunden sind, „wie die Dinge zu sein haben". Die Stadt Plymouth, an der Grenze von Devon und Cornwall gelegen, ist Englands bedeutendster Marinehafen. Es gibt dort viele Entbehrungen und wirtschaftliche Ausgrenzung. Es gibt aber auch Regeneration, Sanierung und neues Denken. Eine neue Schule ist das Herzstück davon.

Die Plymouth School of Creative Arts (PSCA) wurde 2013 zunächst als Grundschule eröffnet und 2014 zu einer weiterführenden Schule erweitert. Sie ging aus dem Plymouth College of Arts (PCA) sowie aus zwei strategischen Zielen seines Fünfjahresplans hervor: kreatives Lernen und soziale Gerechtigkeit. Der Direktor des Colleges, Andrew Brewerton, berichtete, wie das zustande kam: „Es ist schon ungewöhnlich, dass Kunsthochschulen Gesamtschulen mit vier- bis sechzehnjährigen Schüler*innen im Stadtzentrum, in Gegenden also, die vielfach benachteiligt sind, einrichten. Tatsächlich sind wir die einzige", sagte er. In zahlreichen Gesprächen mit sechzehnjährigen Schüler*innen hörte er die Aussage, sie seien deshalb so gerne am College, weil es so anders sei als in der Schule. Als ich Genaueres wissen wollte, sagte er: „Sie erzählen dann, dass sie in der Schule nur lernen, wie man Prüfungen besteht, hier aber selbstständig denken können."

Und so wurde die Idee für eine neue Schule im Stadtzentrum geboren, mit dem Ethos der Kunstschule, in allen Fächern durch das Selbermachen zu lernen. „Alles gehört dazu", so Brewerton, „Sprache, Kultur, Geschichte, aber auch Chemie, Biologie, Mathematik und Physik, Projektmanagement gehört dazu, Kreativität, alles zusammen." Die ursprüngliche Idee war, ein altes Kaufhaus im Zentrum der Stadt zu übernehmen und umzubauen. Als dieser Standort nicht zustande kam, wurde ein anderer angeboten. Man begann also mit einem Team von Architekt*innen zusammenzuarbeiten, wobei das Kaufhaus als Vorlage für das Gewünschte immer im Hinterkopf blieb. Brewerton fasste seinen Auftrag an die Architekt*innen wie folgt zusammen: „Diese Schule braucht große, offene Grundflächen. Keine Korridore. Kein Raum, der einer Zelle für dreißig Insassen ähnelt. Spezielle Aufführungs- und Atelierräume. Wir wollen, dass sie für ein innerstädtisches Viertel völlig zugänglich ist. ... Wenn wir das Kaufhaus nicht haben können, dann baut uns ein Kaufhaus, das wir als Schule nutzen können."

Die Schule, die als „The Red House" bekannt ist, ist ein auffälliger großer roter Kubus, der ein Eckgrundstück an einer belebten Straße gegenüber dem Meer einnimmt. Sie beherbergt eintausend Schüler*innen und zweihundert Mitarbeiter*innen. Der Eingang erfolgt durch das Atrium, einen großen offenen Raum mit Tischen, in der Nähe des Herzstücks der Schule: der Schulküche und einer Lernküche, in der die Schüler*innen kochen lernen. Der Entwurf ist von den Schulen in Reggio Emilia inspiriert, aber anstelle eines Ateliers nehmen die Schulküche und die Lernküche das Zentrum ein. Außerdem gibt es ein voll ausgestattetes Theater, Tanzstudios, zusätzliche Aufführungsräume, eine Sporthalle und naturwissenschaftliche Labore. Wände können verschoben werden, Räume können neu konfiguriert werden. Für die Planer spielte die Beziehung zwischen Innen und Außen eine besondere Rolle, daher gibt es viele große Fenster zur Straße hin, auch in den Tanzstudios, die somit einen Übergang zwischen einem privaten Raum und einem Aufführungsraum darstellen und schüchternen Schüler*innen helfen, sich an den Gedanken zu gewöhnen, vor einem Publikum aufzutreten.

In der gesamten Schule – auch im Hauptteil, in dem der Unterricht stattfindet – herrscht das Konzept des Ateliers und der Werkstatt vor. Anders als ein traditionelles Klassenzimmer ist ein Atelier ein gesellschaftlicher Raum, in dem die soziale Natur des Lernens gefördert wird; im Roten Haus öffnen sich diese Ateliers ohne Türen in einen Gemeinschaftsraum. Die Schule schreibt keine Uniform vor, sondern setzt auf eine Kleiderordnung, die den verschiedenen Jahrgangsstufen vorgibt, welche Farben sie tragen sollen; das schafft ein Gefühl der Gemeinschaft und Identität und hält die Kosten in Grenzen. Die Schüler*innen in Phase 1 (bis zur 2. Klasse) tragen rote Oberteile, von der 3. bis zur 11. Klasse tragen sie Schwarz oder Rot, aber die Kleidung ist einfach, Dinge, die man sowieso kaufen würde, und ja, man kann Jeans in der Schule tragen. Die Lehrer*innen werden mit Vornamen angesprochen. Das Rote Haus ist auch eine Anlaufstelle für die Einwohner*innen von Plymouths. Es beherbergt Wochenend- und Abendveranstaltungen außerhalb der Schule wie Märkte, Kirchentreffen und Sportturniere.

Die Schule ermutigt, wann immer möglich, die Verbindung zwischen den Fächern zu erforschen. Eines Tages zum Beispiel ging die Französischklasse hundert Meter die Straße hinauf, nahm die Nachtfähre nach Frankreich und kaufte in der Hafenstadt Roskoff Zutaten für ein französisches Gericht ein, das sie für ihre Mitschüler*innen kochen wollten. Die Schüler*innen kehrten in die Schulküche zurück, lernten, wie man das Essen zubereitet, und sprachen die ganze Zeit nur Französisch – auf der Fähre, auf dem Markt, in der Küche. Für viele war es das erste Mal, dass sie aus Plymouth herauskamen. „Sie kehren mit einem anderen Sinn für das, was möglich ist, zurück", meinte Dave Strudwick, der frühere Schulleiter der PSCA.[318] Die Schüler*innen fahren auch zum nahe gelegenen Cremyll Boatyard, um eine Firefly-Jolle aus den 1950er-Jahren zu restaurieren, die sie am Ende des Jahres über den Plymouth Sound zurück zur Schule segeln werden. Es wurde sogar ein Deal mit dem Basketballteam der Plymouth Raiders ausgehandelt, der vorsieht, dass das Team die schuleigene Sporthalle zum Training nutzen darf, wenn die Spieler im Gegenzug den Jüngsten beim Schreiben- und Lesenlernen helfen. „Eine tolle Sache", so Strudwick, „zu beobachten, wie 195-cm-Hünen 75-cm-Knirpse unterrichten."[319]

Obwohl die PSCA noch in den Kinderschuhen steckt, ist sie ein Vorreiter bei der Neugestaltung des Bildungswesens. Sie ist alles andere als perfekt und mit vielen der täglichen Herausforderungen konfrontiert, denen sich jede innerstädtische Schule stellen muss. So gibt es keine Grünflächen oder die Möglichkeit für Oliven- und Mandelhaine. Wird sie den Klimawandel lösen? Nein. Ich behaupte aber, dass unsere einzige Hoffnung, die Klimakrise und viele andere Probleme wirklich zu bewältigen, davon abhängt, zu einem Bildungssystem überzugehen, das die Fantasie in den Mittelpunkt stellt, das junge Menschen darin fördert, ihre Vorstellungskraft einzusetzen, Probleme zu lösen und zusammenzuarbeiten.

Es gibt Stimmen, die glauben, dass ein größerer Sprung weg vom Konzept der Schule erforderlich ist, um der Fantasie wieder zu dem ihr gebührenden Platz in der Bildung zu verhelfen. Ich unterhielt mich mit Manish Jain, einem Unschooling-Aktivisten aus Udaipur in Nordindien. Er ist der Auffassung, dass das Bildungssystem Teil des Problems ist.

„Einer der Zwecke der modernen Pädagogik ist es, die menschliche Vorstellungskraft zu zerstören", sagt er. Er argumentiert, dass das westliche Bildungsmodell, das Indien übernommen hat, dem Land zwar geholfen habe, sich besser in die globale Wirtschaft einzufügen, aber auf Kosten der Verbindung vieler Menschen zu ihrer Kultur, ihrer Gemeinschaft und ihrem Ökosystem. „Es ist nicht nur nicht sachdienlich, sondern es erzeugt und reproduziert auch dieselben Krankheiten, die den Planeten töten."

Jains Arbeit wird von zwei Schlüsselkonzepten getragen: „Unlearning" und „Unschooling". Unlearning oder Entlernen meint, dass der Bildung eine entscheidende Rolle dabei zukommt, grundlegende Annahmen neu zu betrachten und zu erkennen, dass die Krise, mit der wir konfrontiert sind, „viel tiefer reicht als einfache Managementveränderungen oder technologische Lösungen, dass es sich um die viel tiefere Frage handelt, wie wir uns selbst in der Welt wahrnehmen". Unschooling ist ein Lernansatz, bei dem es darum geht, die in den meisten Schulen vorherrschende Kultur des Wettbewerbs und des Vergleichs zu überwinden und sich stattdessen dem Selbstlernen zuzuwenden, bei dem die Schüler*innen gemeinsam auf ihren jeweiligen Bedürfnissen basierende Lernprogramme erstellen und zwar in Gemeinschaften mit Menschen, die das Gleiche tun, in, wie Jain es nennt, „intergenerationellen Lernräumen". „Ich glaube", so sagt er, „dass man mindestens drei Generationen gemeinsamen Forschens benötigt, um die für die Entstehung echter Weisheit und Vorstellungskraft erforderlichen Bedingungen zu schaffen."[320]

Jain hat in den vergangenen fünfzehn Jahren an einem Projekt namens „Udaipur als lernende Stadt" mitgewirkt. Durch die Linse des Unschooling betrachtet, bietet eine Stadt wie Udaipur, so das Konzept, eine perfekte Gelegenheit, von der Gemeinschaft zu lernen anstatt über formalen Unterricht. „Wir merken, dass wir, sobald wir aus dem engeren Bereich der Schule heraustreten, nicht länger arme, rückständige, unterentwickelte Menschen sind", meinte er. „Tatsächlich stehen uns überall brillante, reiche Lernressourcen zur Verfügung." Das Projekt hilft jungen Leuten dabei, Mentor*innen und Lehrer*innen in der Gemeinde zu finden, Menschen, deren Fähigkeiten und Kenntnisse sie sich gerne aneignen würden, und ermöglicht ihnen die Zusammenarbeit.

„Es wird immer behauptet, in Indien mangele es überall an Lehrenden", erzählte er, „aber geht man hinaus auf die Straße, trifft man so viele Menschen, die wissen, wie man etwas macht! Die brillant sind, erstaunlich, die sehr schöne Sachen machen. Unsere spirituellen Lehrer*innen, großartige Mechaniker, die alles, was man ihnen bringt, reparieren können, fantastische Handwerker, Bauern. Aber keiner dieser Menschen wird von dem bestehenden System als Lehrer*in angesehen."

Ende 2018 veranstalteten in ganz Australien verschiedene Gruppen von Kindern rollende Streiks mit der Ankündigung, so lange regelmäßig der Schule fernzubleiben, bis die Regierung sinnvolle Maßnahmen zum Klimawandel ergreife. Premierminister Scott Morrison reagierte darauf vor dem Parlament mit der Äußerung: „Wir werden es nicht dulden, dass unsere Schulen in Parlamente verwandelt werden."[321] Ist das aber gewissermaßen nicht das, was wir anstreben sollten? Schüler*innen so zu erziehen, dass sie sich dafür interessieren, was in der Welt vor sich geht, und die bereit sind, sich für ihre Sache einzusetzen? Schüler*innen, die verstehen, dass es in ihrer Macht, in ihrem Interesse und ihrer Verantwortung liegt, die Welt zu gestalten? Schulen, die diskutieren, debattieren und nach Ideen handeln, die den Schüler*innen am Herzen liegen? Andrew Brewerton hat es am treffendsten formuliert: „Die neuen Schüler*innen", sagte er, „sind die Individuen, die von früh an von ihren eigenen Interessen, ihrer Neugier und ihrer Kreativität geleitet werden. Sie haben keinen Vertrag unterschrieben, der besagt, dass es ihre Aufgabe sei, zu mutmaßen, was die Lehrer*innen von ihnen hören wollen, [sie lernen also immer] für sich selbst, sie werden nie in die Falle tappen, für andere zu lernen."[322] In einer Welt, in der die Fantasie gedeihen soll, sollten alle Schulen Kunstschulen sein, und noch so vieles andere mehr.

SECHS

WAS, WENN WIR BESSERE GESCHICHTEN- ERZÄHLER*INNEN WERDEN?

Wir sind, was wir vortäuschen, und deshalb müssen wir bei dem, was wir vortäuschen, vorsichtig sein.

—*Kurt Vonnegut,* Mutter Nacht

Im Jahr 2012 arbeitete der Aktivist und NYU-Professor namens Stephen Duncombe in einem Workshop des Centre for Artistic Activism mit einer Gruppe von Müttern aus Houston, Texas, die sich für einen besseren Zugang zu ihren inhaftierten Kindern sowie eine Strafrechtsreform im Allgemeinen, aber insbesondere im Hinblick auf junge Menschen einsetzten. Unter den betroffenen Kindern waren Einwanderer ohne Papiere, die sowohl im Einwanderungs- als auch im Strafrechtssystem gefangen waren, darunter ein psychisch kranker elfjähriger Junge, der wegen eines geringfügigen Vergehens zu drei Jahren im texanischen Jugendstrafvollzug verurteilt worden war. Zugang zu ihren Kindern zu bekommen, war für diese Mütter sehr schwierig, aber etwas, das sie gemeinsam mit Entschlossenheit erreichen wollten.

Duncombe und seine Kolleg*innen fragten die Mütter, wie sie glaubten, ihr Ziel erreichen zu können. Die Frauen antworteten, dass am Ende wohl die Verabschiedung von Gesetzen stehen würde, die den Familien mehr Rechte und Zugang zu ihren inhaftierten Kindern ermöglichen.

„Großartig', sagten wir. ,Wisst ihr was? Wir sind aus der Zukunft gekommen und können euch sagen, ihr habt es geschafft. Was wollt ihr jetzt tun?'"

Die Mütter antworteten, sie wollten, dass das Gesetz umgesetzt und von den Strafverfolgungsbehörden respektiert wird.

„Wir sagen: ,Stellt euch vor, auch das habt ihr geschafft. Was jetzt?'"

Nach zwanzig Minuten sagten die Mütter, dass sie eigentlich eine Welt wollten, in der ihre Kinder nicht in die Kriminalität hineingezogen würden.

„Wir sagen: ,Okay, ist eingetreten.'"

Die Mütter antworteten, sie wollten eine Welt ohne Kriminalität, ohne Polizei und ohne Gefängnisse.

„Okay, auch das ist so eingetroffen. Was passiert als Nächstes?"

„Wir würden einfach zusammen leben und uns aneinander erfreuen. Wir würden uns keine Sorgen machen."

„Wir bitten sie zu beschreiben, wie sich das anfühlen würde. Detailliert und lebendig schildern sie den Klang von Kinderlachen. Den Duft, in diesem Fall von Waffeln. Wie sich die Sonne auf ihrem Rücken anfühlt. Wir unterbrechen das Ganze und sagen: ,Damit fangen wir an. Ihr fangt mit dem Traum an.'"

Worauf Duncombe und seine Kolleg*innen hinauswollen, ist, dass sich im Grunde niemand um dieses Gesetz schert, außer den Aktivist*innen und ihren Gegner*innen. „Aber wenn man die Mehrheit der Bevölkerung erreichen will, muss man diesen größeren Traum schaffen, denn er bietet viele Zugangsmöglichkeiten und von da aus kann man sie mitnehmen."323

Wir unterschätzen die Macht solcher Träume, solcher Visionen und der Geschichten, die wir erzählen, um sie zum Leben zu erwecken. Allen großen Bewegungen – wie etwa der Bürgerrechtsbewegung, den Suffragetten und den Streitern für LGBT-Rechte, die echte Veränderungen herbeigeführt haben –, ist tatsächlich eines gemeinsam: Ihre Mitwirkenden sind in der Lage, eine Vision der Welt, die sie sich wünschen, zu kreieren und lebendig zu halten, sie in Geschichten zu kleiden und Anführer*innen hervorzubringen, die daraus eine kollektive Vision schmieden können, und zwar so, dass sie zu einer wirkmächtigen Erzählung wird – und eine kraftvolle Gegenerzählung zu Zynismus und Verzweiflung bildet. Etwa Martin Luther Kings „I Have a Dream". Leider stehen heute dystopische und „retrotopische" Erzählungen hoch im Kurs – also Geschichten, die keine positive Zukunft im Blick haben, sondern eine nostalgisch verzerrte Version einer Vergangenheit schildern, die der Gegenwart vorzuziehen sei. Etwa „Make America Great Again". 324

Natürlich ist der Mensch ein Geschichten erzählendes Wesen. Erst dies macht uns zu Menschen. Wir erzählen Geschichten, die unser Bild von der Welt prägen. Wir verfügen über kraftvolle kulturelle Narrative, zum Beispiel die Mär, dass die Technologie uns retten wird. Oder dass sich alles dem Plan Gottes füge. Oder dass das Ende nahe sei und wir am Rande des Zusammenbruchs stehen. Ebenso verfügen wir über mächtige individuelle Narrative – solche, die wir uns selbst über unser Leben und unsere Identität erzählen – etwa, dass wir versagt haben und unser Leben zu nichts geführt hat, oder wir so außergewöhnlich sind, dass die Grenzen, die vielleicht für andere maßgeblich sind, für uns nicht gelten, oder der Mensch so grundlegend böse ist, dass jeder kühne, fantasievolle Gedanke an eine positive Zukunft kindisch und naiv ist. Diese Erzählungen sind so allgegenwärtig, dass wir sie oft kaum wahrnehmen oder bemerken, dass es sich überhaupt um Erzählungen handelt – Erzählungen, die vielleicht ungenau oder unvollständig sind oder sich ändern können und doch mitunter wichtige Entscheidungen diktieren, zum Beispiel, wen wir wählen, wo wir leben und welche Arbeit wir verrichten. Erzählungen beeinflussen, wie sich unser Leben gestaltet und welchen Weg eine Gesellschaft beschreitet. Die Macht, die den Geschichten innewohnt, ist etwas, das wir gefährlich unterschätzen.

Von der Neurowissenschaft wissen wir, dass Erstaunliches geschieht, wenn wir Geschichten zuhören oder sie erzählen. Wohnen wir einem mit PowerPoint-Folien, Diagrammen und Stichpunkten versehenen Vortrag über den Klimawandel bei, leuchten sowohl die Bereiche unseres Gehirns auf, die zeigen, dass wir zuhören, als auch jene Areale, in dem die Worte verarbeitet werden. Hören wir aber einer Geschichte zu, passiert etwas ganz anderes. Sowohl im Gehirn derjenigen, die die Geschichten erzählen, als auch in dem derjenigen, die ihnen zuhören, leuchten die gleichen Areale auf. Und wenn wir einer Geschichte zuhören, in der jemand zum Beispiel einen Ball kickt, wird der Teil unseres Gehirns aktiviert, der die Fußbewegung koordiniert. Das heißt, wir nehmen nicht nur Informationen auf, sondern erleben die Geschichte tatsächlich. Wir verstehen sie tiefer. Wir behalten sie länger im Gedächtnis. Wie die Autorin Annie Murphy Paul formuliert: „Das Gehirn ... macht keinen großen Unterschied zwischen dem Lesen über eine Erfahrung und der Begegnung mit ihr im wirklichen Leben; in beiden Fällen werden dieselben neurologischen Regionen stimuliert."[325]

Diese Forschung deckt sich mit meiner eigenen Erfahrung. Kurz nachdem wir 2006 die Transition-Bewegung ins Leben gerufen hatten, begann ich herumzureisen und öffentlich Vorträge zu halten, um die Botschaft zu verbreiten. Ich begann stets mit fünfzehn Minuten düsteren Diagrammen, die stark in die falsche Richtung wiesen, und zeigte dazu Fotos von Teersanden und Überschwemmungen. Nach einer Weile bemerkte ich, dass sich die Zuhörenden in ihren Sitzen zurückzulehnen begannen und gedanklich ausstiegen. Aber später während des Vortrags, als ich anfing, Geschichten von Erfolgen und Misserfolgen, von Triumphen und Katastrophen zu erzählen, die in der Transition-Bewegung aktive Menschen erlebten, bemerkte ich, dass etwas ganz anderes passierte. Wenn ich Geschichten von den Kämpfen erzählte, die es braucht, um Hindernisse zu überwinden, wenn ich erzählte, wie sich die Beteiligten veränderten, wie gemeinschaftliche Erfahrungen zu einem Gefühl der Menschlichkeit und Verbundenheit führten, lachten die Zuhörer*innen. Sie fühlten mit. Sie lehnten sich vor. Vielleicht würden sie sich an diese Geschichten erinnern und sie mit nach Hause nehmen. Und wenn ich sie dazu auffordere, mir beim *Ausdenken* einer Geschichte zu helfen oder sich untereinander Geschichten zu erzählen, verbanden sie sich noch mehr. Und wenn das geschieht, scheint alles möglich zu sein.

Was sagt uns das? Nun, eine ganze Menge – unter anderem, dass Fakten nicht ausreichen, wenn wir die vielen Probleme unserer Welt überwinden wollen. Fakten werden jene nicht überzeugen, die den Klimawandel leugnen. Fakten werden niemanden überzeugen, der glaubt, dass Wirtschaftswachstum oder Technologie unsere Probleme lösen werden. Fakten werden niemanden überzeugen, der glaubt, dass der Zusammenbruch unvermeidlich ist. Nur Geschichten können neue Möglichkeiten erschließen. Die Autorin Annette Simmons sagt es so: „Die Menschen brauchen keine neuen Fakten – sie brauchen eine neue Geschichte ... die ihre Geschichte verändert und ihr Verhalten."[326]

Dafür müssen wir eine ganz bestimmte Art von Geschichte eindringlicher erzählen – die Art von Geschichte nämlich, die uns in die Lage versetzt, uns eine vor Möglichkeiten nur so strotzende Zukunft vorzustellen. Die Art von Geschichte, die sich gegen dystopische Visionen durchzusetzen vermag. Wenn ich sage, dass wir bessere Geschichtenerzähler*innen werden müssen, meine ich damit, dass wir bereitwillige und gewandte Erzähler*innen visionärer Geschichten werden müssen,

in denen „sich die Dinge zum Guten wenden" – so wie es Stephen Duncombe und die Mütter in besagtem Workshop getan haben –, um von
dort aus weiterzuarbeiten. Viele von uns sind resistent gegen derartige
Visionen – sie scheinen unmöglich, naiv – und doch, wer kann schon
sicher sagen, dass sie unmöglicher sind als die intellektuell allzu beque-
men dystopischen Visionen, von denen wir heutzutage überschwemmt
werden?

Im Dezember 2018 stehe ich in einem Raum in Brest in Frankreich und
leite eine Schulungsveranstaltung für vierzig kommunale Energiebot-
schafter*innen, die später in ihre Heimatgemeinden zurückkehren werden, um die Menschen dort über Energieeffizienz aufzuklären. Ich fordere sie auf, sich in einer Reihe aufzustellen, Schulter an Schulter, mir
gegenüber. Ich dimme das Licht und bitte sie, ihre Augen zu schließen.
Dann fordere ich sie auf, sich eine Tür vorzustellen, eine Tür in die Zukunft. Elektrostatisch knisternd, tut sich ein machtvolles Portal in eine
andere Welt auf. Wenn wir durch diese Tür treten, teile ich ihnen mit,
gehen wir zwanzig Jahre in die Zukunft. In eine Welt, die sich im Ver-
gleich zu unserer jetzigen Realität völlig verändert haben wird, denn
18 Jahre zuvor war weltweit ein Wendepunkt eingetreten, ein Moment,
in dem die Forderung der Bevölkerung an die Regierungen, schnelle und
effektive Maßnahmen gegen den Klimawandel, gegen Ungerechtigkeit
und Ungleichheit zu ergreifen, zu einem zuvor unvorstellbaren Wandel geführt hatte. Prinzipientreue und entschlossene Menschen waren
gewählt worden. Von Gemeinschaften auf der ganzen Welt wurden daraufhin ehrgeizige Initiativen in Nachbarschaften und Städten gestartet.
Eine neue Wirtschaft entstand und florierte. Die sozialen Spaltungen ver-
schwanden.

„Wenn Sie durch diese Tür gehen", sage ich, „werden Sie mit all Ihren
Sinnen in diese Welt eintreten." Ich bitte alle, einen Schritt vorzutreten.

Ich lasse sie ein paar Minuten in der Stille stehen. Man würde eine
Stecknadel fallen hören. Ich bemerke Tränen. Als ich die Stille unterbre-
che und die Teilnehmer*innen bitte, mitzuteilen, was sie sehen oder fühlen, meldet sich eine Frau.

„Es gibt viel mehr Vogelgezwitscher", meint sie.

Auch die anderen melden sich jetzt mit ihren Eindrücken zu Wort:

> *Es gibt keine Autos.*
> *Alle fühlen sich so viel entspannter.*
> *Die Stadt ist so grün, überall Pflanzen und Bäume.*
> *Es gibt Fahrräder, viele Fahrräder.*
> *Von meinem Fenster aus kann ich Felder sehen,*
> *auf denen Getreide angebaut wird.*
> *Überall, wo ich spazieren gehe, gibt es Gemüsegärten.*
> *Ich laufe zwischen vielen glücklichen Kindern, die spielen.*
> *Die Straßen sind voller Menschen.*
> *Ich sehe viele Sonnenkollektoren.*
> *Es gibt keine Obdachlosen.*
> *Überall wird getan und gemacht.*
> *Es gibt keine großen Einkaufszentren mehr.*
> *Ich höre Lachen.*

Einige Minuten vergehen, und dann ist es Zeit, in die Gegenwart zurückzukehren. Die Teilnehmer*innen treten einen Schritt zurück. Sie befinden sich nun in einer anderen Geisteshaltung und denken darüber nach, wie sich diese imaginierte Zukunft angefühlt hat. Eine ältere Frau merkt an, wie blockiert wir normalerweise seien, so über die Zukunft zu denken, und wie befreiend es sich anfühlt, diese Blockade zu überwinden. Eine andere meint, sich vorzustellen, einen Schritt in die Zukunft zu gehen, müsste zu einer täglichen Übung werden, fast so etwas wie eine Meditationspraxis. Und eine weitere Teilnehmerin stellte erstaunt fest, dass sie sich zwar seit vielen Jahren für eine kohlenstoffarme Zukunft einsetze, nun aber das erste Mal versucht habe, sich diese Zukunft vorzustellen.

Monate später fragte ich nach, was diese Übung im Lauf der Zeit mit ihnen angestellt habe. Eine Teilnehmerin, Claire, teilte mir mit: „Seither fühle ich mich nicht mehr so ‚militant‘, sondern lebendiger." Eine andere, Elodie, sagte: „Sie gab mir das Gefühl, die Zukunft sei viel greifbarer geworden und ich bin irgendwie mutiger geworden, für eine wünschenswerte Zukunft zu kämpfen und für ihre Verwirklichung zu arbeiten."[327]

Warum sind diese Geschichten so schwer aufrechtzuerhalten und warum werden sie so oft mit negativen und dystopischen Visionen in eine Reihe gestellt, wo doch *niemand* die Zukunft vorhersagen kann? Sich Dystopien auszumalen, hat etwas von selbsterfüllender Prophezeiung, aber es ist auch unwahrscheinlich, dass sich etwas genauso, wie es irgendjemand vorhersagt, auch entwickelt. Zugegeben, die Chancen, dass es nicht zu einem Zusammenbruch kommt, sind ziemlich gering. Jeden Tag begegne ich mehr und mehr Menschen, die aufgegeben haben, die sich sicher sind, dass es zu spät ist, die keinen Zweifel daran haben, dass die Zukunft schrecklich wird, schlimmer als jetzt, ein langsames – oder schnelles – Abgleiten in den Zusammenbruch. Solche Erzählungen bilden schnell die Mauer, die uns von anderen möglichen Zukunftsszenarien trennt und uns der Fähigkeit beraubt, uns eine positive Zukunft vorzustellen und zu verwirklichen, eine, in der wir unsere Probleme tatsächlich kompetent und mutig angepackt haben. Wie die Franzosen sagen: „Mit Essig lässt sich keine Fliege fangen."

Ich behaupte nicht, dass das einfach ist. Wie Donella Meadows, Mitautorin der Studien zu den *Grenzen des Wachstums*, fragt: „Wie sind wir zu einer Kultur gekommen, die ständig, fast automatisch, Visionäre lächerlich macht? Wessen Vorstellung von Realität zwingt uns, ‚realistisch' zu sein? Wann wurde uns beigebracht, und von wem, unsere Visionen zu unterdrücken?"[328] Verstanden. Angesichts der schieren Menge an verwirrenden, überwältigend traumatischen Informationen, mit denen wir täglich zu tun haben, ist heute der Versuch, visionär zu denken, so etwas wie gegen den Strom schwimmen.

Der Schriftsteller Umair Haque merkt an: „Es ist nicht einfach, in einer solchen Zeit zu leben. Es saugt das Leben aus dir heraus, zehrt dich aus, verändert dich. Einfach da zu sein. Einfach zuzusehen, wie alles untergeht. Einfach weiterzumachen und einen weiteren Tag zu überstehen." Er ist der Auffassung, dass wir in Zeiten leben, in denen sich viele Menschen eine Low-Level-PTBS zuziehen. „Man muss heute nicht von einem Missetäter heimgesucht werden, um durch Missbrauch traumatisiert zu werden", fährt er fort. „Es reicht schon, in die Nähe einer solchen Sache zu geraten, denn die Erfahrung zieht ihre Kreise und trifft schließlich auch einen selbst. ... Dies, meine Freunde, ist eine traumatisierte Zeit, Generation, Milieu, Gesellschaft, Welt. ... So etwas wie ein Zeitalter des Traumas."[329]

Ehrlich gesagt, kommt es mir zum jetzigen Zeitpunkt wie ein Akt ungeheuren Muts vor, wie ein Akt des Widerstands und der Rebellion, sich die Zukunft positiv vorzustellen.

Und doch entspricht die Ausmalung einer positiven Zukunft in gewisser Hinsicht auch unserem natürlichen Zustand. Wie Donella Meadows es ausdrückt:

> *Kinder sind, bevor sie vom Zynismus zerquetscht werden, von Natur aus Visionär*innen. Sie können Ihnen klar und deutlich sagen, wie die Welt aussehen sollte. Es sollte keinen Krieg geben, keine Umweltverschmutzung, keine Grausamkeit, keine hungernden Kinder. Es sollte Musik, Spaß, Schönheit und viel, viel Natur geben. Die Menschen sollten vertrauenswürdig sein und die Erwachsenen sollten nicht so hart arbeiten. Es ist schön, schöne Sachen zu besitzen, aber noch wichtiger, Liebe zu erfahren. Sobald die Kinder erwachsen werden, lernen sie, dass diese Visionen „kindisch" seien und sprechen sie nicht mehr laut aus. Doch wenn wir nicht allzu sehr von der Welt verletzt worden sind, tragen wir alle noch prächtige Visionen in uns.[330]*

Forschungen von Denise Baden, einer Professorin für Wirtschaftsethik an der Universität von Southampton, bestätigen die Kraft der wunderbaren Visionen. Baden gab einundneunzig Freiwilligen zwei Geschichten über die negativen Auswirkungen des Klimawandels zu lesen. Eine spielte am Ende der Welt, in der anderen gerät eine Frau in eine Flut. Anschließend lasen die Freiwilligen zwei positive Geschichten. In der einen erfand jemand eine „Blumenbombe", die eine kahle öffentliche Fläche mit Blumen bedeckte, und in der anderen wird ein kleiner Junge durch eine Fernsehsendung dazu inspiriert, Plastik zu sammeln, damit es nicht ins Meer gelangt. Die Freiwilligen wurden später gefragt, wie sie sich bei den verschiedenen Geschichten gefühlt haben und zu welchen Handlungen sie gegebenenfalls inspiriert wurden. Die meisten gaben an, die negativen Geschichten hätten bei ihnen ein Gefühl von passiver Verzweiflung, Hoffnungslosigkeit und Entmutigung hinterlassen. „Ich wurde wütend und schaltete ab", sagte eine Person. Die Reaktion auf die positiven Geschichten war völlig anders. Die Menschen berichteten, dass sie sich glücklicher fühlten und motiviert waren, etwas zu tun. „Die Geschichte hat mich dazu gebracht, darüber nachzudenken, was ich tun kann", sagte jemand. „Ich habe bei meinen Recherchen erkannt", reflektierte Baden später, „dass wir dringend kulturelle Angebote mit positiven Visionen brauchen, wie eine nachhaltige Gesellschaft aussehen könnte, um Hoffnung und positive Veränderungen zu inspirieren."[331]

Und in der Tat schaffen Menschen solche „kulturellen Angebote", wenn auch nicht immer durch traditionelles Geschichtenerzählen, und man wird vielleicht suchen müssen, um auf sie zu stoßen. Ein wirkungsvoller, wenn auch kontraintuitiver Weg ist die bildende Kunst. Hier kommt James McKay ins Spiel, ein Künstler und Graphic-Novel-Autor, der zudem noch den sehr langen Titel „Wissenschaftskommunikator und Manager am EPSRC Centre for Doctoral Training in Low Carbon Technologies an der Universität von Leeds" trägt. Kurz gesagt besteht seine Arbeit darin, Visualisierungen von Forschungsergebnissen aus verschiedenen Wissenschaftsbereichen zu erstellen, aber auch nach außen zu kommunizieren und umfangreiche Öffentlichkeitsarbeit zu leisten. Zudem kreiert er Bilder einer kohlenstoffarmen Zukunft, die zum Besten gehören, was ich zu diesem Thema je gesehen habe. Während die meisten Künstler*innen versuchen, eine Vision der kohlenstoffarmen Zukunft wiederzugeben, die entweder so futuristisch aussieht, dass man sich darin nicht wiederfinden kann, oder so vollgestopft mit Hanfhandtaschen und Bio-Karotten ist, dass es schon ein wenig albern wirkt, sieht diese Zukunft in James' Arbeit so aus, wie sie bei entsprechendem Vorsatz und politischem Willen in dreißig Jahren tatsächlich aussehen könnte. Sie sieht wie ein Ort aus, an dem ich gerne leben würde.

„Es ist sehr einfach, sich dystopische Ideen einfallen zu lassen", meint McKay zu mir, „es ist fast schon bequem. Schwieriger ist es freilich, sich eine gute Zukunft auszudenken. Man muss sich etwas vorstellen, das qualitativ anders ist. Jeder weiß, wie eine Dystopie aussieht. Sie ist ja auch aufregend, irgendwie dramatisch."[332] Um zu visualisieren, wie eine positive, kohlenstoffarme Zukunft tatsächlich aussehen könnte, hält McKay öffentliche Workshops ab und fragt die Teilnehmenden, wie sie sich diese vorstellen, wobei er mitunter eine Staffelei auf der Straße aufstellt und die Passanten um Ergänzungen zu dem Bild bittet, das er gerade zeichnet. Er erzählt, wie viel Mühe es kostet, die Leute von den dystopischen Visionen zu entwöhnen, aber es gelingt ihm, indem er etwas, irgendetwas, zu Papier bringt.

„Sobald auch nur eine grobe Skizze eines Motivs vorliegt, das optimistisch anmutet, hat man etwas in der Hand, auf das die Leute reagieren können. Visionen können eine enorme Kraft entfalten und die Menschen dazu motivieren, echte Veränderungen vorzunehmen, denn so können sie sehen, dass man etwas erreichen kann und dass es nicht das dystopische, bequeme Denken sein muss, das die meisten Menschen im Kopf haben."

McKays Kunst ist nicht utopisch. Sie fängt keine perfekte Zukunft ein (was auch immer das sein mag). In einer Graphic Novel, an der er gearbeitet hat, bedeutet

> *der Meeresspiegelanstieg … von ein paar Metern, dass mitten in York-shire eine riesige Lagune entsteht … anstatt darin eine Katastrophe zu sehen, haben die Menschen gelernt, auf dem Wasser zu leben und Aquakultur und andere Dinge zu betreiben, was heißt, dass sie diese neuen geografischen Gegebenheiten nutzen. Ich habe viel Arbeit darauf verwendet, zu verstehen, wo die Probleme liegen, also Themen, die manch einer als Katastrophe bezeichnen würde, und was eine optimistische Gesellschaft unternehmen würde, um damit zurechtzukommen.*[333]

McKay modelliert seine Zeichnungen nach Orten, die bereits existieren, und projiziert sie in die Zukunft. „Die Leute stutzen natürlich, wenn sie einen realen Ort sehen, von dem man eine Fantasievision angefertigt hat", meint er, „denn sie entdecken sofort, was funktionieren würde und was nicht." Denke darüber nach, wenn du das nächste Mal in deiner Nachbarschaft spazieren gehst. Suche dir einen Ort, an dem du jeden Tag vorbeikommst, setze dich hin und stell dir diesen Ort in der Zukunft vor – in einer Zukunft, in der alles gut läuft. Wie sieht es dort aus?

Wie riecht es? Wie hört es sich an? Wie würde es sich anfühlen? Was würde gleich bleiben? Was würde sich ändern?

Visionäre Kunstwerke müssen nicht immer so sachlich daherkommen wie die Arbeiten von James McKay. Sie können auf einer tieferen emotionalen Ebene arbeiten und evozieren, wie sich diese Zukunft anfühlen würde, ohne sie unbedingt in allen Einzelheiten beschreiben zu müssen. Im Jahr 2010 gab das Centre Hospitalier Universitaire im westfranzösischen Angers für seine Entbindungsstation bei dem Künstler und Illustrator Quentin Blake über fünfzig Zeichnungen in Auftrag. Als ich sie zum ersten Mal bei einer Präsentation auf dem Hay Literary Festival 2013 sah, rührten sie mich zu Tränen – sie fingen den Moment ein, in dem sich Mutter und Kind zum ersten Mal begegnen, und erinnerten mich stark an den Moment, in dem meine eigenen Kinder geboren wurden.[324] Blakes Biografin Ghislaine Kenyon beschreibt ein Treffen Blakes mit dem wirtschaftlichen Leiter des Projekts, einen Moment, in dem dieser verkündete: „Es gibt da eine wichtige Sache."

„Wir hielten den Atem an. War das Geld ausgegangen? Gefallen der Krankenhausleitung die Zeichnungen nicht? Aber nein, was für diesen abgebrühten Verwalter wirklich so wichtig war, war der ‚Austausch von Blicken zwischen den Müttern und Babys in den Zeichnungen'."[335]

Die Zeichnungen stellen dar, wie eine Geburt sein könnte, darin liegt ihre ganze Macht. Wie Blake es ausdrückte, sind die Zeichnungen „eine Feier dessen, was geschehen wird, und eine Versicherung, dass es geschehen wird"[336]. Vielleicht ist es die Fähigkeit, ein Gefühl tiefer Sehnsucht zu erzeugen, jene Feierlichkeit, auf die sich Blake bezieht, die den positiven Visionen gegenüber den dystopischen einen Vorteil verschaffen.

Wie McKay anmerkt: „Das dystopische Zeug ist aufregend, insofern Naturkatastrophen und Unfälle das Interesse der Menschen wecken, während eine gute Zukunft mitunter langweilig ist. ... Sie aufregend zu machen, ist das Schwierigste."[337] Der Vorteil, von dem Blake spricht, rührt meines Erachtens aus dem, was der Schriftsteller, Lehrer und Mythologe Martin Shaw als „Knochengedächtnis" bezeichnet. „Als Schriftsteller habe ich kürzlich über den Unterschied zwischen dem, was ich Hautgedächtnis, Fleischgedächtnis und Knochengedächtnis nenne, nachgedacht", erzählte er mir eines Tages beim Tee in seiner Küche. „Zum Hautgedächtnis gehören die Sachen, die man in seinen Lebenslauf schreibt. ... Das Fleischgedächtnis sind die Trennungen, die Mühen, die Höhepunkte, die Dinge, an die man sich in seinem Leben erinnert und die einen emotional berühren. Aber die magischen Komponenten in Geschichten sind diejenigen, die aktivieren, was man ‚Knochengedächtnis' nennen könnte."

Shaw erzählte mir von Forschungen, bei denen ein Küken mit der Silhouette einer Taube konfrontiert wird, was keine Reaktion hervorruft. Dann wird die Silhouette eines Habichts über das Küken geführt und es erschaudert, obwohl es noch nie einen Habicht gesehen hat. „Alles, was ich weiß", fuhr Shaw fort, „ist, dass beim Erzählen tiefgründiger Geschichten dieses eigentümliche Knochengedächtnis zum Tragen kommt, wo für eine Stunde, oder für zwei Stunden oder für drei Tage, die Knochen der Menschen sagen: ‚Ich kann zwar nicht sagen, wie, aber ich weiß, dass mir heute Morgen diese Geschichte irgendwie passiert ist.' Was gerade jetzt passiert, ist absolut relevant. Viel ist im Moment nicht zu sehen von diesem ... Knochengedächtnis." Die Herausforderung besteht unter anderem darin, tiefer gehende Geschichten zu erzählen, die zu dem führen, worauf Blake mit seinen Zeichnungen für die Entbindungsstation hinauswollte, und die das würdigen, was Shaw als Knochengedächtnis beschreibt.[338]

Vielleicht müssen wir uns auch Gedanken darüber machen, wie sich positive Geschichten spannender machen lassen. Die Fantasy-Autorin Alexandra Rowland prägte 2017 in einem Tumblr-Post den Begriff „Hopepunk", um „das Gegenteil von Grimdark" zu beschreiben, und war schockiert, als der Begriff abhob und ein neues Genre der Belletristik definierte. In dem als „Grimdark" bekannten Genre, so erklärte mir Rowland, wird davon ausgegangen, dass „in jedem Menschen ein Kern von Bosheit, Gier und Egoismus steckt", dass sich die Gesellschaft in einem unheilvollen Niedergang befindet und dass „das Böse häufiger über das Gute triumphieren wird, weil das Böse weniger Skrupel hat zu handeln als das Gute". „Hopepunk hingegen sagt, dass Menschen kleinlich, grausam und gemein sind, aber auch, dass Menschen erstaunlich sind und unsere Gemeinschaften zu unglaublichen

Dingen fähig sind. Wir verfügen zudem über enorme Fähigkeiten, Gutes zu tun und uns umeinander zu kümmern und die Welt zu einem besseren Ort zu machen ... [Es geht] um radikale Freundlichkeit."[339]

Anders formuliert: „Der erste Schritt zum Töten eines Drachens besteht darin, dass eine Person, wahrscheinlich betrunken irgendwo in einer Bar, ausruft: ‚Ich wette, das lässt sich trotz allem machen.'"[340]

Für Rowland müssen die Geschichten, die wir über die Zukunft erzählen, die Dinge, die wir dort sehen wollen, alltäglich und unscheinbar machen. „Die Fantasy-Bücher, die ich geschrieben habe, existieren alle in einer Welt, in der queere Menschen einfach akzeptiert sind, weil das die Welt ist, die ich mir wünsche. Ich möchte, dass die Menschen das Leben leben können, das sie wollen, und dass sie lieben können, wen sie sich ausgesucht haben und Abenteuer erleben und dabei Drachen töten können. ... Geschichten zu erzählen, ist ein Weg, diese Geschichten für die Menschen im wirklichen Leben hinzubekommen." Sie widerspricht James McKays Ansicht, dass eine positive Zukunft langweiliger sei als eine dystopische und deshalb schwieriger zu erzählen. „Geschichten werden dadurch spannend, dass etwas auf dem Spiel steht", sagt sie. „Solarzellen gehen kaputt, sie können gestohlen werden. ... Wenn dir deine Tools weggenommen werden, bist du plötzlich in einer lebensgefährlichen Situation, die deinen Lebensstil bedroht."[341]

Es gibt eine kleine, aber wachsende Menge an Hopepunk-Literatur, Geschichten, die den Geist einer Zukunft verkörpern, die in „radikaler Freundlichkeit" verwurzelt ist – Geschichten darüber, wie sich „die Dinge zum Guten wenden". Mohsin Hamids Roman *Exit West* erzählt die Geschichte der jungen Liebenden Nadia und Saeed, die in einem Land leben, das von Bürgerkrieg und Fundamentalismus überrollt wird, und sich danach sehnen zu entkommen. Eines Tages macht das Gerücht über mysteriöse schwarze Türen die Runde, die zufällig über die Stadt verteilt auftauchen. Wer durch eine diese Türen geht, wird nach San Francisco, London, Dubai oder Griechenland transportiert – ein Ausweg, ein neues Leben, und die Lesenden werden natürlich mitgenommen. Was wäre, wenn wir einfach durch eine Tür gehen könnten und überall hingelangten, an jeden beliebigen Ort, in jedes Leben, in jede vorstellbare Zukunft? In einer Passage beschreibt Hamid, wie sich die Zukunft anfühlt, nachdem diese Möglichkeit eingetreten ist und sich alles eingependelt hat: Für die Menschen hatte es „ausgesehen, als wäre die Apokalypse ausgebrochen, doch dem war nicht so, das heißt, die Veränderungen waren zwar durchaus verstörend, aber sie bedeuteten dennoch nicht das Ende der Welt; das Leben ging weiter, und die Menschen suchten sich Beschäftigungen und Möglichkeiten, wie sie leben, und Menschen, mit denen sie zusammen sein wollten, und so schälten sich allmählich Zukunftsentwürfe heraus, wie sie noch bis vor Kurzem unvorstellbar gewesen waren, inzwischen aber nicht mehr, und ein Gefühl der Erleichterung breitete sich aus."[342]

Nachdem ich einen Artikel gelesen hatte, in dem sich Hamid dafür aussprach, dass sich Schriftsteller*innen und Filmemacher*innen gegen die Nostalgie stellen und sich auf „eine radikale Auseinandersetzung mit der Zukunft" einlassen müssten, sprach ich mit ihm via Skype in seinem Haus im pakistanischen Lahore.[343] „Es ist wichtig, sich mit der Zukunft auseinanderzusetzen ... sich vorzustellen, dass wir, anstatt sie vorgegeben zu bekommen, willens und in der Lage sind, sie gemeinsam zu erschaffen. ‚Radikal' bedeutet in diesem Zusammenhang, dass wir im Hinblick auf die Zukunft ehrgeizig und ein wenig verrückt und idiosynkratisch sein sollten", meinte er. „Dabei sollte es sich nicht einfach um eine Zukunft handeln, wie sie sich Politiker*innen, Technolog*innen und Leute aus den gewaltbereiten politischen Randszenen vorstellen. Sie sollte ganz anders aussehen."[344]

Er glaubt, dass wir die Zukunft inzwischen fast fürchten, und uns die ständige Flut negativer Nachrichten in einen „hyper-ängstlichen Zustand" versetzt. Ich fragte ihn, wo wir seines Erachtens die Geschichten ansetzen lassen müssten, die erzählen, wie sich „alles zum Guten wendet". Er antwortete: „Für mich als Geschichtenerzähler ist es wichtig, alles im Menschlichen zu verankern. ... Wie verhält es sich, wenn es mir selbst passiert? Oder wenn es dir widerfährt?"

Mehr und mehr setzt sich die Auffassung durch, dass Geschichten eine entscheidende Rolle für gute Kampagnen und Aktivismus spielen. In *Dream: Re-imagining Progressive Politics in an Age of Fantasy*, schreibt Stephen Duncombe: „Solange wir Progressiven nicht für eine Politik der Imagination, des Begehrens und des Spektakels einstehen und sie akzeptieren, und – was noch wichtiger ist – sie ethisch gestalten und sie uns zu eigen machen, werden wir eher unseren ‚Ruin als unsere Erhaltung' herbeiführen." Nicht anders beim Center for Story-Based Strategy in den Vereinigten Staaten, einer „nationalen Organisation zum Aufbau von Bewegungen, die sich der Kraft des Erzählens und ihrer Nutzbarmachung für den sozialen Wandel verschrieben hat". Shana McDavis-Conway, die Co-Direktorin von CSS, berichtet, dass sich ihre Arbeit auf Gemeinden konzentriert, die am stärksten von Armut, Umweltverschmutzung und Rassismus betroffen sind und an vorderster Front kämpfen; die Organisation helfe ihnen, die Geschichten, die sie erzählen, so zu verändern, dass sie ihre Anliegen untermauern. Ich bin neugierig, warum diese Arbeit so wichtig ist, warum es so entscheidend ist, zu besseren Geschichtenerzähler*innen zu werden. Sie erzählt, dass Aktivistengruppen oft gut im Organisieren und Kampagnenführen sind, aber meist keine Geschichten erzählen können. „Wenn man es versäumt, die zugrunde liegenden Narrative anzusprechen und … sie zu verändern …, oder auch alternative Befreiungs-Narrative zu kreieren, dürfte sich diese Arbeit als überaus schwierig gestalten."[345]

McDavis-Conway charakterisiert die Arbeit des CCS als „Foreshadowing", eine Erzähltechnik, bei der „man den Leuten ein Gefühl dafür gibt, wohin die Geschichte geht – man gibt dem Lesenden [oder Zuschauenden] schon früh einen Hinweis auf Ereignisse, die später passieren werden" – die sprichwörtliche über dem Kaminsims hängende Pistole, die zwar nicht per se erwähnt wird, aber in der Geschichte irgendwann eine Rolle spielt. Bestimmte Erzählformen, etwa solche, die sich an dem Narrativ „Es gibt keine Alternative" ausrichten, schließen Foreshadowing aus. Mit geschicktem Storytelling lassen sich in den Geschichten, die wir erzählen, positive Zukunftsvisionen andeuten. McDavis-Conway erzählt mir von einer Gruppe von Gemeindeorganisator*innen, die frustriert waren, dass ihr Bürgermeister keine Mittel für die Kinderbetreuung bereitstellte. Also übernahmen sie das Büro des Bürgermeisters und verwandelten es für einen Tag in eine improvisierte Kindertagesstätte. „Ist die Strategie, das Büro des Bürgermeisters in eine Kindertagesstätte zu verwandeln, eine langfristige Strategie?", fragt McDavis-Conway rhetorisch: „Nein, aber sie ist sehr wirksam, wenn es darum geht, das Gefühl zu vermitteln: ‚Aha, so könnte die Welt also aussehen.'"

Geschichten werden nicht nur von Individuen erzählt. Auch Gemeinschaften können Geschichten erzählen. Und wenn Gemeinschaften zusammenkommen und neue Geschichten darüber erzählen, wie ihre Zukunft aussehen könnte, bin ich echt begeistert. Genau das tun zahlreiche Transition-Gruppen auf der ganzen Welt – sie bringen Menschen zusammen, um eine kollektive Vorstellung davon zu entwickeln, wie die Zukunft aussehen könnte. Die Fantasie gedeiht am besten mit bestimmten Einschränkungen (denken Sie an ein Haiku oder das Kinderbuch *Der Kater mit Hut*), die eher als Chance denn als Hindernis fungieren und mit denen wir angesichts der Herausforderungen, vor denen wir stehen, mehr als genug zu tun haben. Manchmal verwende ich ein Spiel, das ich von Deborah Frances-White, der Moderatorin des Podcasts *The Guilty Feminist* und Improvisations-Pionierin, übernommen habe.[346] Ich sage meinem Publikum, dass wir gemeinsam eine Geschichte erzählen, wie an dem Ort, an dem wir uns befinden, die Transition in die Wege geleitet wurde, die einzige Einschränkung ist das Alphabet. Die Leute rufen Vorschläge. „Da war eine Frau, die hieß ... *Amanda*, und Amanda war eine ... *Bäckerin*, und sie liebte ... *Chihuahuas*, aber sie war auch besessen von ... *Dinkel*." Und so weiter. Die Geschichte wird immer verrückter, und wir hören, wie Amanda mit der Transition an dem betreffenden Ort begann, mit wem sie sprach, wie sie ihr erstes Treffen gestaltete, was sie auf die Plakate schrieb, wer kam, was unternommen wurde, was weiterhin geschah. Der Raum füllt sich mit Lachen und Albernheiten, aber es entsteht auch eine Geschichte. Wahrscheinlich nicht *die* Geschichte, aber *eine* Geschichte, die sich diese Gruppe ausgedacht hat.

Im Jahr 2014 haben Transition Fidalgo and Friends auf der Insel Anacortes im US-Bundesstaat Washington die Vision 2030 entwickelt, eine in der Gemeinde erdachte Geschichte über die Zukunft. Evelyn Adams, eine Teilnehmerin, formuliert es so: „Es ist wichtig, dass wir einen Stern haben, an dem wir uns orientieren können, eine positive, erreichbare Vision, die uns vorwärtsbringt."[347] Die Gemeinde bekam bereits die Auswirkungen des Klimawandels zu spüren, mit schmelzenden Gletschern, Dürren und von nahegelegenen Waldbränden herüberwehendem

Rauch. Die Einbindung der Menschen in die Formulierung einer neuen Geschichte für ihre Gemeinde lässt sich in ihrer Auswirkung mit der Erfahrung James McKays vergleichen, dass eine Skizze eine nützliche, das Denken der Menschen anregende Vorlage sein kann.

Gruppen wurden gebildet, die sich mit verschiedenen Themen befassten. Sie entwarfen jeweils einen anderen Abschnitt des Plans, mit dem eine Vision für die Zukunft, eine glaubwürdige Grundlage für die gemachten Vorschläge sowie Ideen zu ihrer Umsetzung dargelegt wurden. Adams fährt fort: „Indem wir zu Papier brachten, wie die Zukunft nach Ansicht von Transition Fidalgo und Friends aussehen könnte, konnten wir uns selbst und anderen in unserer Gemeinde die spezifischen Ziele vermitteln, die wir erreichen wollten. Dadurch waren wir gezwungen, über die kommenden Herausforderungen wirklich nachzudenken, zu eruieren, was für die Zukunft möglich ist, und einen Plan zu entwerfen, wie wir es umzusetzen hoffen."[348] Elemente der *Vision 2030* wurden schließlich in den Zehnjahresplan der Inselregierung aufgenommen. Und davon ausgehend nahmen die Bewohner*innen neue Solarenergieprojekte in Angriff, richteten ein Sammelprogramm ein, das 2018 fast zehn Tonnen lokal angebauter Lebensmittel an die Armen der Region lieferte, legten mehrere neue städtische Gemüsegärten an und beaufsichtigten die gemeinschaftlichen Waldflächen auf der Insel.[349]

Im Abschlussdokument schrieb die Gruppe: „Die Vision, die sich herauskristallisierte, war eine zukunftsorientierte, widerstandsfähige Gemeinschaft mit einer starken lokalen Wirtschaft, einer sicheren Lebensmittelversorgung, sauberen Transportmöglichkeiten, energieeffizienten Gebäuden und engagierten Bürger*innen, die Wohlstand nicht am Konsum, sondern an der Zufriedenheit messen."[350] Auch wenn der Plan noch nicht in dem von der Gemeinde festgelegten Umfang umgesetzt ist, so erlaubt das Zukunftsnarrativ doch die Entwicklung von Plänen, die schnell und effizient realisiert werden können, wenn die Zeit dafür reif ist. Der Wirtschaftswissenschaftler Milton Friedman schrieb: „Nur eine Krise – tatsächlich oder bloß eingebildet – produziert echte Veränderung. Wenn die Krise eintritt, beruhen die Maßnahmen, die ergriffen werden, auf bereits vorhandenen Ideen. Das, glaube ich, ist unsere grundlegende Aufgabe: Alternativen zur bestehenden politischen

Praxis zu entwickeln und sie lebendig und verfügbar zu halten, bis das politisch Unmögliche das politisch Unausweichliche wird."[351]

———————

Wir müssen bessere Geschichtenerzähler*innen werden, so dass wir anhand verschiedener Medien den Menschen ein Gefühl dafür vermitteln können, wie eine positive Zukunft klingen, schmecken, sich anfühlen und aussehen würde. Wir müssen Geschichten schaffen, in denen die Zukunft, die wir sehen wollen, alltäglich wird. Wir müssen Geschichten in dem Gefühl erzählen, dass allein sie zu erzählen ein gewisses Maß an Unausweichlichkeit schafft, wodurch sie schließlich zur Realität werden, aber auch in dem Gefühl, dass es für unseren eigenen Geist von großem Nutzen ist, sie laut auszusprechen, stellen sie doch ein starkes Gegenmittel gegen Mutlosigkeit und Trauma dar.

Als ich mich mit James McKay unterhielt, fragte ich ihn, wie es sich auf ihn persönlich ausgewirkt hat, in den letzten zehn Jahren eine hoffnungsvolle, positive Vision der Zukunft zu zeichnen und ihr eine visuelle Form zu geben. Er meinte: „Ich war damals in einer unglaublich düsteren und pessimistischen Verfassung. Ich hatte keine Hoffnung. Ursprünglich war ich nur daran interessiert, die optimistische Seite zu sehen, beinahe wie in einem Gedankenexperiment, um aus diesem gedanklichen Prozess auszubrechen. ... Ich war damals gezwungen, optimistisch zu sein, habe aber inzwischen festgestellt, dass ich dadurch leidenschaftlich optimistisch geworden bin."[352]

Wir müssen diese Geschichten in einer Vielzahl von Medien erzählen: in Filmen, Podcasts, Zeichnungen, Graffiti-Kunst, Tanz, Theaterstücken, Romanen, Musik. Sie alle machen uns auf die eine oder andere Weise mit der Zukunft, die sie darstellen, vertraut. Wir müssen Geschichten auch dafür heranziehen, jene Zukunft zum Leben zu erwecken, die, wenn wir unser Verhalten nicht ändern, unausweichlich sein wird, und auch dafür, Menschen dabei zu helfen, loszulassen und um die Dinge zu trauern, die wir gerade um uns herum verlieren.

Wir müssen bewusst ein Umfeld für Menschen schaffen, um diese Geschichten zu erzählen, zu teilen oder mitzugestalten, Räume, die gut moderiert sind und sich sicher und einladend anfühlen. Wir müssen sie in Menschen, in Figuren und Orten, die wir kennen, verankern. Unsere Geschichten müssen versuchen, unsere tiefen Erinnerungen anzusprechen, unser Knochengedächtnis, die Dinge, die die Menschen grundlegend bewegen und berühren, die wirklich mitschwingen. Sie müssen vom Foreshadowing Gebrauch machen. Und am wichtigsten: Wir müssen sie so oft wie möglich erzählen.

Jedes lebhafte und unerlässliche Gespräch mit unseren Mitmenschen über die Schwere und das Ausmaß der Herausforderungen, vor denen wir und die Natur stehen, sollte auch einen Vorgeschmack enthalten auf das, was sein könnte, eine Geschichte über eine noch zu schaffende Zukunft. Jede Demonstration, die darauf abzielt, das Bewusstsein für die globalen Herausforderungen oder bestimmte Manifestationen dieser Herausforderungen zu schärfen oder sich ihnen physisch in den Weg zu stellen, sollte ebenfalls eine Feier einer noch zu schaffenden Welt sein. Die Demonstrationen in Standing Rock zum Beispiel, die versuchten, die Keystone XL-Pipeline zu blockieren, haben die Anmut, Inklusion, Wahrhaftigkeit und Würde vorgelebt, die ein Hauptmerkmal jener Welt darstellen, die sie zu erschaffen hoffen. Die „Extinction Rebellion"-Demonstrationen in London im April 2019 brachten besetzte Gebiete voller Bäume, Gespräche, Verbundenheit, Essen und Gesang in die Welt, die eine tiefe Wirkung auf die Teilnehmenden, die Passant*innen und die kontrollierenden Polizist*innen hatten. Wenn diese Geschichten gekonnt und aus der Alltagserfahrung heraus erzählt werden, wird sich eine positive, verbundene, feierliche Zukunft geradezu unausweichlich anfühlen.

SIEBEN

WAS, WENN WIR BESSERE FRAGEN STELLEN?

Es ist höchste Zeit, dass unsere Gesellschaft bei der Arbeit, zu Hause, in der Schule, beim Spielen und in unserem öffentlichen Leben eine bewusste, hingebungsvolle und systematische Anstrengung unternimmt, unseren Imaginationsquotienten – den echten IQ – zu erhöhen.

—Eric Liu und Scott Noppe-Brandon,
Imagination First

Die Buswendestelle unweit der Tooting High Street in Süd-London ist kein anheimelnder Ort. Hier stehen Busse mit ihren Motoren im Leerlauf vor Häusern, deren Fenster auf das ewige Kommen und Gehen, den Lärm und die Auspuffgase blicken. An einer Seite den Häusern gegenüber liegt ein riesiger Primark-Laden. Die Wendestelle ist als Platz so wenig bemerkenswert wie unbeliebt, ein grauer Stadtraum, den die Menschen überqueren, ohne ihn wahrzunehmen, ein Platz, an dem sich niemand verabreden oder sich auch nur kurz mit jemandem unterhalten würde. Tooting selbst ist ein Stadtbezirk, der kein Zentrum, keine Mitte, keine Grünfläche aufweist, und erstreckt sich weitgehend entlang der geschäftigen Hauptstraße, eine der großen Durchgangsstraßen Londons. Wenn es überhaupt ein Zentrum in Tooting gibt, dann diesen Kreisverkehr. Kein Ort also, bei dem man an Vergnügen, Karneval oder Kreativität denkt und sicherlich nicht an Tanzen auf der Straße.

Das heißt, bis Mitglieder von Transition Town Tooting (TTT) einen neuen Blick auf die Buswendestelle warfen und sich fragten: „Was, wenn dieser Wendekreis so etwas wie unser Stadtpark wäre?"[353]

Und so machte sich eine Gruppe Freiwilliger, die über Crowdfunding fast 2000 Pfund zusammengetragen hatten, an einem Sonntag im Juli 2017 daran, die Wendestelle in Tooting für einen Tag in eine Grünfläche zu verwandeln. Die Busse wurden von der Straße vertrieben und die Freiwilligen stellten Bänke auf, errichteten eine Rednertribüne, legten Grassoden auf dem Asphalt aus und schmückten das Ganze mit Bäumen in Kübeln, Schubkarren voller Topfpflanzen, Windrädchen, Wimpeln und einem überwölbten Eingangsbereich, den die Passant*innen, wenn sie von der High Street kamen, passieren mussten. Eine Ukulele-Band und Sikhs mit Dhol-Trommeln sorgten neben Instrumenten für alle, die ein paar Akkorde anschlagen wollten, für die Musik. Der Duft äthiopischen Kaffees zog über den Platz und ein nahegelegenes Restaurant bot kostenloses Essen an.

Die örtliche Nachbarschaftsplanungsgruppe war zugegen (sie profitierte von einem Gesetz, das es Gemeinden ermöglicht, ihre eigenen, gesetzlich anerkannten lokalen Entwicklungspläne aufzulegen) und auch ein Typ namens Dr. Bike war vor Ort, der kostenlos Fahrräder reparierte. Rosena Allin-Khan, die frisch gewählte Abgeordnete für Tooting, kam vorbei und hielt eine kurze Ansprache. Kinder fertigten Zeichnungen an und animierten sie mit einer pedalbetriebenen Wundertrommel. Kinder spielten auch spontan auf der Straße, Himmel und Hölle oder Four Square. Ein Mädchen überredete die Leute, sich hinzulegen – normalerweise ein selbstmörderisches Unterfangen – und zeichnete ihre Körperumrisse mit Kreide nach. Eine von den Trommlern angeführte Parade zog mit Teilnehmenden, die umherwirbelten und sich im Kreis drehten, über und um die Buswendestelle.

Gegen Ende des Tages wurde die lange Primark-Wand, an der man normalerweise vorbeigehen würde, ohne sie eines Blickes zu würdigen, zum Thema zahlreicher Unterhaltungen, bei denen erwogen wurde, wie man sie bemalen, wie man sie am besten für unsere Geschichten nutzen könnte. An diesem sonnigen Nachmittag zog ich meine Schuhe und Socken aus und spürte das lebhafte, wenn auch nur zeitweilige „Green, Green Grass" Tootings zwischen meinen Zehen zusammen mit der Ahnung, dass ich vielleicht in ein paar Jahren zurückkommen würde, um der Einweihung des Tooting Stadtparks, die mit einem noch größeren, bunteren und lärmigeren Fest begangen würde, beizuwohnen.

Über die bunte Oase der Kreativität hinaus schuf der Tooting Twirl, wie er genannt wird, an diesem Tag etwas sehr Wirkmächtiges. Anstatt zu fragen: „Was würde geschehen, *falls* dieser Platz zu einer städtischen Grünfläche würde?", wurde den Leuten ein Vorgeschmack vermittelt, wie es wäre, *wenn* es eine solche Fläche bereits gäbe. Hilary Jennings von TTT bekundete: „Ich glaube, jeder, der heute hier gewesen ist und hier durch- oder vorbeigelaufen ist, kam nicht umhin, diesen Platz ein bisschen in einem anderen Licht zu sehen. Hat man ihn erst einmal ohne Busse erlebt und gesehen, geht einem das nicht mehr aus dem Kopf. ... Ich sehe eigentlich nicht, wie man dahinter zurück könnte."[354]

In diesem Kapitel geht es darum, wie wir andere Fragen stellen können – insbesondere solche, die mit „Was, wenn ..." beginnen und uns helfen, zur Bewältigung der großen Herausforderungen, die uns erwarten, unsere Fantasie freizusetzen. Es geht allerdings um mehr als das. Die Frage dient lediglich dazu, die Tür zu öffnen, einen Riss zu erzeugen, durch den wir uns auf die andere Seite zwängen oder drängen können. Es handelt sich zudem nicht nur um eine Frage, sondern auch um eine Einladung. Es geht darum, einen gedanklichen Raum zu schaffen und an ihm festzuhalten, und die Frage steht am Anfang dessen, was die Autoren Eric Liu und Scott Noppe-Brandon als den Schritt *„von was* ist zu *was wenn"* bezeichnen.[355] In einer Zeit, in der solche Räume rar sind, stellt „Was, wenn ..." das perfekte Gegenmittel zu „Es gibt keine Alternative" dar.

Lucy Neal, eine TTT-Organisatorin, erzählte mir während des Tooting Twirl, der Event habe eine Erwartung des Wandels geschaffen und die Idee in die Fantasie der Menschen gepflanzt; niemand könne jetzt noch behaupten, so etwas läge außerhalb des Möglichen. „Heute haben wir den Beweis", sagte sie. „Wenn ein Vorschlag gemacht wird, kann kein Mensch mehr einwenden, so etwas ließe sich nicht machen. Es ist *absolut möglich*, die Busse an eine andere Stelle umzuleiten. Wir haben es ja getan. Es macht so viel Freude und ist so beglückend, einen kleinen Schritt vorwärts zu gehen, ein kleines bisschen waghalsig zu sein, ein kleines bisschen mutig, und auszurufen: ‚Was, wenn? Was, wenn wir das machen würden?' Wir haben mit dem, was möglich sein könnte, nur gespielt. Aber nach heute soll niemand mehr einwenden, so etwas sei nicht möglich."[356]

Brillant an der Frage „*Was, wenn* diese Wendestelle tatsächlich unser städtisches Grün wäre?" ist, dass sie anderen Menschen genug Raum lässt, eigene Fragen zu stellen, neue Fragen, ihren Platz, ihre Rolle dabei zu bedenken und sich zugleich sicher, geborgen und feierlich zu fühlen, in ihr ist ein Element der Freiheit und eines der Einschränkung. Werden andere um Rat gefragt und das Ergebnis wurde bereits von den Organisator*innen oder Expert*innen festgelegt, macht man allzu oft eine gegenteilige Erfahrung, und es bleibt für einen selbst keine aktive Rolle mehr übrig.

Was macht eine gute Was-wenn-Frage noch aus? Ruth Ben-Tovim von Encounters Arts (eine Gruppe, die sich als „Ensemble von Künstler*innen, Produzent*innen, Vermittler*innen und Berater*innen" bezeichnet, „die die Bedingungen für eine kreative, achtsame, verbundene Welt schaffen, in denen alle ein gedeihliches Zusammenleben in den ökologischen Grenzen der Erde erlernen können") nennt drei Schlüsselelemente. Erstens, dass die Fragestellenden von Grund auf neugierig sein müssen, denn die „Leute, die man fragt, merken instinktiv, ob die Frage aus einer tiefen Neugier und Offenheit rührt oder nicht"[357]. Zweitens, dass es sich um eine Frage handeln muss, die sich auf vielerlei Weise beantworten lässt. Die Antworten aus allen möglichen Blickwinkeln zulässt und vermittelt, dass die Antworten auch angenommen werden. Und drittens sollte sie wie nebenher einen Raum bieten, in dem ein Innehalten möglich wird, „als ob sich ein Vorhang öffnete", sagte sie, „und einen Blick freigibt auf etwas, in das man einsteigen kann"[358]. Neal, die häufig mit Ben-Tovim zusammenarbeitet, ergänzt: „Man muss seine Absicht ziemlich deutlich kundtun, das heißt, man muss wirklich etwas anbieten und klarmachen, dass man ihnen kein Auto oder irgendetwas anderes andrehen will! ... Denn mit solchen Angeboten werden wir ohnehin die ganze Zeit konfrontiert."[359] Antanas Mockus sagt es so: „Die Leute mögen es am meisten, wenn man die erste Hälfte eines riskanten Satzes auf eine Tafel schreibt und sie merken, es steht ihnen frei, ihn zu vervollständigen."[360]

In dieser Offenheit und Freiheit bedarf es aber auch eines beschränkenden Elements. Fantasie ohne Einschränkung ist wie eine Suchmaschine, in der man nichts eingibt, aber erwartet, sie würde etwas Nützliches ausspucken, sobald man die Returntaste drückt. Damit die Fantasie sprudelt, ist es wichtig, das Zielgebiet einzuengen; die Franzosen sprechen von Bricolage, was so viel wie Basteln bedeutet oder eine Konstruktion, die man aus Materialien improvisiert, die gerade zur Hand sind. Der Geschichtenerzähler Martin Shaw erklärt: „Es ist seltsam, aber unbegrenzte, endlose Freiheit erzeugt keine Fantasie. Mir helfen ein Abgabetermin oder bestimmte Beschränkungen, damit die Fantasie in Gang kommt."[361] Poetische Formen geben den Schriftsteller*innen Gebilde vor, in denen sie arbeiten können und befähigen sie zu einer Tiefe und Schönheit, die die Fantasie fesselt und befeuert. Paul Valéry schrieb: „Jemand ist ein Dichter, wenn seine Fantasie nicht von den Schwierigkeiten, die seiner Kunst innewohnen, behindert, sondern beflügelt wird."[362]

So besehen, wohnen auch der Kunst, die größten Probleme der Welt zu lösen, zahlreiche Schwierigkeiten inne, sie strotzt vor Einschränkungen und Grenzen. Eine Reaktion auf das 2018 von der IPCC veröffentlichte Statement, es seien „rasche, weitreichende und noch nie dagewesene Änderungen in allen Gesellschaftsbereichen" erforderlich, besteht natürlich darin, sich daran zu stoßen, es abzustreiten und als unmöglich zu deklarieren.[363] Eine andere Reaktion wäre, darin eine historische und einmalige Einladung zu betrachten, unsere Brillanz auszuspielen. Was, wenn es uns gelänge, die in unserer Kultur vorherrschende Angstkrise in bedeutendem Umfang abzuschwächen? Was, wenn jede Universität einen das Klima und die Ökologie betreffenden Notstand ausrufen und ihre Lehrgänge dahingehend ausrichten würde? Was, wenn wir in zwanzig Jahren ein Energiesystem auf die Beine stellen würden, das ohne fossile Brennstoffe auskommt? Was, wenn jeder Neubau mehr Energie erzeugen als verbrauchen würde? Was, wenn städtische Agrikultur zu einer Selbstverständlichkeit würde? Was, wenn unsere Städte zu riesigen Schutzgebieten der Artenvielfalt würden? Was, wenn wir Wegwerf-Plastikverpackungen nur noch in Museen zu sehen bekämen?

Die Psychologin Catrinel Haught-Tromp argumentiert in ihrer „Green Eggs and Ham Hypothesis", dass Einschränkungen die Kreativität zu steigern vermögen, was auch Dr. Seuss feststellte, als er von seinem Verleger aufgefordert wurde, ein Buch mit nur 50 verschiedenen Wörtern zu schreiben: „Die Konzentration der kreativen Energie auf ein schmaleres Erkundungsterrain ermöglicht ein gründlicheres Durchspielen nur weniger Alternativen. Ist ein Rahmen gesetzt, kann man sich darauf konzentrieren, innerhalb dieses Korsetts etwas Bemerkenswertes zu schaffen."[364] Im Hinblick auf die Vorstellungskraft ist alles, was sich heute anscheinend als unlösbares Problem darstellt, letztlich eine immense Chance für neues Denken. Auch dies hat Transition Town Tooting so brillant verstanden. Die Gruppe stellte diese Frage, obwohl sie einen Raum voller Grenzen und Zwänge vor Augen hatte – keine weiße Leinwand unberührten Lands, sondern eine Buswendestelle.

Imaginatives Denken wie dieses lässt sich häufig im Zusammenhang mit zuweilen selbstauferlegten Zwängen beobachten – und es führt zu bemerkenswerten Neuerungen. Als kleine ortsgebundene Brauereien

166

unter Verwendung lokaler Zutaten unter Beweis stellten, dass sie ein viel besseres Bier herstellen konnten als Großbrauereien, erlebte die Craft-Beer-Bewegung einen Aufschwung: „Was, wenn wir zum Bierbrauen Weizen aus der Umgebung, Pilze, Wildkräuter, wilde Hefen aus der Luft oder aus Brotresten verwenden?"[365] Wie vielfältig, köstlich, gesund und zufriedenstellend eine pflanzenbasierte Kost sein kann, die sich dem Zwang unterwirft, auf tierische Produkte zu verzichten, hat die Bewegung für veganes Essen gezeigt. Überall auf der Welt haben Menschen und Projekte unter Beweis gestellt, dass belastbare lokale Ökonomien zu mehr Erfindungsgeist und Kreativität führen – und diese umgekehrt zu resilienteren lokalen Ökonomien –, als wenn man sich zur Versorgung unserer Gemeinschaften auf globale Lieferketten verlässt.

Der Geist der Fantasie, der sich aus der Bricolage ergibt, wird mitunter auch von einer Polit-Bürokratie erstickt, die falsche Möglichkeiten vorspiegelt. In ihrem Bestreben, den Weg in eine kohlenstoffarme Zukunft zu ebnen, haben Regierungen in der ganzen Welt auf negative Emissionstechnologien (NETs) gesetzt, im Grunde magische Technologien, die noch gar nicht existieren, die aber, wenn sie denn zur Verfügung stehen, der Atmosphäre ungeheure Mengen an CO_2 entziehen sollen. Business-as-usual-Szenarien, von denen etwa das Pariser Abkommen ausgeht, schreiben den NETs eine große Rolle zu. Doch wie Kevin Anderson und John Broderick hervorheben: „Diese grassierende Voreingenommenheit unterstützt völlig unvernünftig die anhaltende und langfristige Nutzung von Gas und Öl, schließt aber zugleich schwierigere, doch grundlegende Debatten über Lebensstile, weitreichenden sozioökonomischen Wandel und eine größere Durchdringung mit einer von vorneherein kohlenstofffreien Energieversorgung aus."[366] Eine solche Täuschung über unsere Optionen kreiert Illusionen, darüber, was angeblich möglich ist, durch die echte Vorstellungskraft im Zaum gehalten wird. Wir müssen, wie mir scheint, die Kunst erlernen, Fragen zu stellen, die auf die Ernsthaftigkeit unserer Lage eingehen, aber auch eine *Sehnsucht* wecken, Fragen, die, anstatt dieses Verlangen abzuschalten und es in einen tiefen Schlaf der Selbstzufriedenheit zu versetzen, ein tiefes und starkes Gefühl für die Wunder auslösen, die wir noch vollbringen können.

In unserem Leben heute gibt es nur sehr wenige echte Was-wenn-Räume. In Schulen und Universitäten sind sie selten zu finden. Was lokale Verwaltungen und nationale Regierungen an „Fragestunden" oder als „Debatten" anbieten, ist meist sehr oberflächlich. Räume in unseren Städten und Gemeinden, in denen man sich mit anderen Menschen zusammensetzen und neue Ideen erkunden kann, sind praktisch nicht vorhanden. Ruth Ben-Tovim ist erfahren darin, solche Räume zu schaffen. „Sie müssen einladend sein", sagt sie. „Sie müssen viele verschiedene Möglichkeiten bieten, hineinzugelangen, Menschen verschiedene Möglichkeiten lassen, auf sie zu reagieren. Die Rolle des Gastgebenden ist ebenfalls sehr wichtig."[367] Encounters Arts verwendet den Begriff „die Kunst der Einladung", die Ben-Tovim als „Handwerk und Praxis" beschreibt. Es ist wirklich hilfreich, darauf zu achten, wen man einladen möchte, und seine Einladung auf kreative und fantasievolle Weise auszusprechen.

London National Park City hat eine gute Frage vorgeschlagen – „Was, wenn London ein Nationalpark wäre"? – und damit einen gut abgezirkelten Raum geschaffen. Auch Daniel Raven-Ellison und seine Mitarbeiter*innen begannen mit einer Frage, die einfach war, die aber zudem Möglichkeiten und Ideen eröffnete. Sie stellten in Parks und entlang von Radwegen „Guerilla-Schilder" mit dem Umriss Londons auf, auf denen zu lesen war GREATER LONDON NATIONAL PARK* – *OFFICIALLY ONLY A NOTIONAL PARK [offiziell nur ein fiktiver Park] –, mit der Absicht, „die Fantasie freizusetzen und sich auszumalen, wie ein Stadtgebiet zu einem Nationalpark werden könnte". Sie brachten Plakate an gut sichtbaren Stellen in der Stadt an und fragten: „Was, wenn wir London zu einer Nationalparkstadt machen würden?" Per Crowdfunding finanzierten sie Zeitungsanzeigen und hielten 2016 im Southbank Centre eine Veranstaltung mit dem Titel „Let's Make London a National Park City" ab, nach der alle führenden Kandidat*innen für das Bürgermeisteramt von London ankündigten, dass sie im Falle ihrer Wahl das Konzept unterstützen würden.

Besonders geholfen hat dabei die Erkenntnis, dass, wenn man London zur Nationalparkstadt erklären würde, dies von unten nach oben erfolgen muss, als von Millionen von Menschen erdacht und ermöglicht. Die Frage „Was, wenn Ihre Straße, Ihr Bezirk, Ihr Stadtteil sich als Teil einer Nationalparkstadt verstehen würde, die mit einer viel größeren Landschaft verbunden ist?" war aussagekräftig und kühn. Raven-Ellison meinte, „um unsere Kampagne dorthin zu bringen, wo sie jetzt ist", sei es „absolut entscheidend" gewesen, sie um diese Frage herum zu organisieren.[368]

Im April 2019 baten Raven-Ellison und das National Park City-Team auf Twitter, „Was-wenn"-Fragen für die Initiative vorzuschlagen. Hier ist eine Auswahl:

> *Was, wenn man in allen Kanälen Londons sicher schwimmen könnte?*
> *Was, wenn alle Wohnstraßen Spielstraßen wären?*
> *Was, wenn es in jeder Straße öffentliche Kunst gäbe?*
> *Was, wenn Vogelgezwitscher den Verkehrslärm übertönen würde?*
> *Was, wenn es mehr Bäume als Menschen gäbe?*
> *Was, wenn ein Eichhörnchen, ohne den Boden zu berühren und*
> *von Baum zu Baum springend, von einer Seite Londons zur*
> *anderen gelangen könnte?*
> *Was, wenn wir einen vertikalen Bürgersteig hätten,*
> *den man hinaufklettern könnte?*
> *Was, wenn über Londons Himmel wieder majestätische*
> *Rotmilane schweben würden?*
> *Was, wenn man von jedem Garten aus die Milchstraße sehen könnte?*
> *Was, wenn wir alle Londoner Golfplätze wieder verwildern*
> *lassen würden?*
> *Was, wenn jeder Park in London mit all seinen Nachbarparks*
> *durch mindestens einen grünen, ruhigen Weg verbunden wäre,*
> *der sich auch zum Spazierengehen, Radfahren und Gärtnern eignet?*

Begibt man sich auf die Suche, stellt sich heraus, dass es eine Menge weiterer Beispiele für geschickt gestellte Was-wenn-Fragen gibt – und bewegende Geschichten über das, was sie ausgelöst haben. Hier sind fünf davon. Sie sind sehr unterschiedlich, nahmen aber alle Gestalt an, weil sich Menschen um eine gute Was-wenn-Frage versammelten, die Antwort aus einem anderen Blickwinkel betrachteten und von dort aus praktische Schritte in Richtung einer positiveren Zukunft folgen ließen.

1974 wurde in den Midlands in England die Derby Silk Mill als industriegeschichtliches Museum auf dem einstigen Gelände von Lombe's Mill, der vielleicht ersten Fabrik der Welt, eröffnet. Als eines von drei Museen, die von Derby Museums verwaltet werden, war die Derby Silk Mill in einem beeindruckenden Gebäude untergebracht, das noch viele der ursprünglichen Merkmale der 1702 errichteten Seidenspinnerei bewahrt hat, darunter den zentralen Turm. Es beherbergte eine Sammlung, die die industrielle Vergangenheit der Stadt widerspiegelte, darunter große Düsenmotoren und historische Eisenbahnen. Im Jahr 2011 wurde die Derby Silk Mill aus finanziellen Gründen geschlossen. Der Stadtrat von Derby überführte das Gebäude in eine unabhängige Stiftung und stellte Hannah Fox als Direktorin für Projekte und Programme ein. Alles, was sie hatte, waren die Schlüssel, ein kleines Budget und die Aufforderung, „das Bestmögliche daraus zu machen".

Das sind sehr begrenzte Zutaten, um daraus etwas zu kochen, aber Hannah Fox hat gekocht, und zwar im Geiste der Bricolage. Wie wäre es, fragte sie, das Ganze als Experiment zu nutzen, indem die Stadtbewohner einbezogen werden, um das urbane Leben zu bereichern und mit den verschiedenen Gruppen in der Stadt etwas Neues zu schaffen?

Fox öffnete der Öffentlichkeit die Türen und veranstaltete ein Wochenend-Event namens „Shaping the Vision", mit Live-Bands, einer riesigen Scalextric-Bahn und einer großen Tafel mit der Frage: „Was sollen wir hier tun?" In den Folgemonaten wurden die Bewohner*innen von Derby aufgefordert, sich zu überlegen, was mit dem Gebäude geschehen könnte, und einen Prototyp zu entwerfen. Hunderte Gemeindemitglieder nahmen als „Bürgerkurator*innen und Macher" teil und testeten ihre Ideen bei Veranstaltungsprogrammen und anderen Aktivitäten. Mit der Zeit entstand eine gemeinsame Vision. Die Derby Silk Mill sollte als „Museum des Machens" wieder zum Leben erweckt werden – inspiriert von den Machern der Vergangenheit, gemacht von den Machern von heute, und die Macher von morgen befähigend –, „in dessen Zentrum die gemeinschaftliche Mitarbeit" stehen sollte.

„Wir glauben", so Fox, „dass Museen sich nicht mehr so sehr als didaktische Erzieher als vielmehr als ‚Mitgestalter' verstehen sollten"[369]. Entscheidend für die erfolgreiche Umsetzung dieser Pläne sei gewesen, dass „hier die Architekt*innen nirgends sagen können: ‚Das ist aber meine Idee'; vielmehr haben sie einfach aus dem, was die Menschen in Derby wollten, eine Synthese hergestellt."[370] Fox und das Team richteten im Erdgeschoss des Museums eine Werkstatt mit Laserschneidern und anderen Geräten ein und arbeiteten mit Freiwilligen und Künstler*innen, um einen 1.000 m^2 großen Museums-Prototyp zu schaffen. Sie zogen einen Werkstattleiter hinzu, der die Prototypen für die Café-Möbel, die Ausstellungsvitrinen und Displays und sogar die Stühle entwarf. Am Ende dieses Experiments waren sie zu der Überzeugung gelangt, dass der Ansatz funktionierte, dass sie die Seidenspinnerei in ein „Museum des Machens" verwandeln wollten und dass diese Herangehensweise die Grundlage für den gesamten zur Verfügung stehenden Museumsraum bilden sollte.

Erstaunlicherweise führte die Universität von Derby, während die Gemeinde ihre Vision entwickelte und mit der Umsetzung begann, eine Studie durch. Sie sammelte Speichelproben bei den Teilnehmenden des Projekts und stellte für die Zeit ihrer Aktivitäten einen Rückgang des Stresshormons Cortisol fest.[371]

Schließlich konnte sich die Gemeinde die Finanzierung zur Umsetzung ihrer ehrgeizigen Pläne sichern – ohne dabei ihr Engagement für eine gemeinschaftliche Vorgehensweise aufgeben zu müssen. Große konventionelle Sanierungsprojekte werden meist einfach an einen großen Bauunternehmer übergeben, der alle Arbeiten übernimmt. Bei der Derby Silk Mill setzte die Gemeinde auf ein Vorgehen, das als Integrated Project Insurance bezeichnet wird, wobei ein Team von Fachleuten verpflichtet wird, der Gemeinschaft eine möglichst große Rolle einzuräumen und mit ihr neue Formen der Zusammenarbeit zu entwickeln.

Sobald die grundlegenden Arbeiten am Gebäude abgeschlossen sind, sollen, so das Ziel, die Teilnehmenden ein komplettes „Koproduktionszentrum" errichten und von dort aus die gesamte Einrichtung des Gebäudes koordinieren, die gemeinschaftlich und von Freiwilligen und nicht von Bauexpert*innen entworfen und durchgeführt wird. Die Gemeinschaft wird, basierend auf Prototypen, an denen derzeit gearbeitet wird, die grundlegenden Aspekte der Ausstellungen und der Einrichtung des Gebäudes im Koproduktionszentrum entwerfen und herstellen. Natürlich erfordert all dies eine sorgfältige Planung, insbesondere, um die Gesundheit und Sicherheit der Laien zu gewährleisten, aber diese Planung ist nun Bestandteil der Vision geworden.

Während die Bauarbeiten im Gange sind, suchen Fox und ihr Team weiterhin nach neuen Wegen, um zu erkunden, was Koproduktion in der Praxis bedeutet. Sie erfinden ein mobiles Museum des Machens (kurz „Macherei" genannt). Sie veranstalten eine jährliche „Machermesse". Alle, die etwas herstellen und die Herstellung so demonstrieren können, dass die Leute mitmachen können, sind eingeladen. „Sie kommen von überall her", erzählte Fox.[372] Die im Entstehen begriffene Midlands Maker Challenge ist ein Programm für junge Leute aus der Region, die Lösungen für in ihren Augen brennende Probleme entwerfen. Die Gemeinde ist auch an der Erstellung von Make Works beteiligt, einer Website, auf der die Macher*innen in der Region erfasst und mit einem kurzen Video porträtiert werden.[373]

Der Koproduktionsansatz wirkte sich auch auf die anderen Museen der Stadt, Pickford's House und Museum and Art Gallery, aus. Im Museum und in der Kunstgalerie beginnt nun jede neue Ausstellung mit einem Projektlabor, bei dem die örtliche Gemeinschaft eingeladen ist, die Vision mitzugestalten. Andrea Hadley-Johnson, die frühere Leiterin der Koproduktionsabteilung des Derby Museums, erklärt, der Kulturwandel sei unumkehrbar geworden: „Es wäre egoistisch und unhöflich, dahinter zurückzugehen", sagte sie. „Also zu sagen: ‚Wir glauben, das ist das, was die Leute wollen', und: ‚Hier, das haben wir für euch gemacht'. ... Wie kann man überhaupt verstehen, wie sich Menschen in einem Raum bewegen, ohne sich mit ihnen in diesem Raum bewegt zu haben? Jeder Einzelne trägt etwas anderes dazu bei."[374]

2012 stellten sich Mitglieder von Transition City Norwich in East Anglia die Frage: „Was, wenn sich unsere Stadt selbst ernähren könnte?"

Die Mitglieder von Transition City Norwich, William Saltmarsh, Nick Hudson und Josiah Meldrum, stellten Nachforschungen an und kamen zu dem Schluss, dass „Norwich wieder eine Art Hinterland des Gartenbaus bekommen müsste – Gärtnereien, die die Restaurants,

Geschäfte, Wohnungen und Cafés der Stadt versorgen. Die Stadt müsste sich auch wieder um Mühlen und um die Getreideproduktion kümmern. ... Sie müsste sich wieder mit dem Ackerland verbinden, das das Gartenbauland umgeben würde. Und man würde viel weniger Fleisch essen müssen."[375]

Während sich einige Gruppenmitglieder daran machten, am Rande der Stadt eine Solawi-Farm (Solidarische Landwirtschaft) mit 150 Anteilseigner*innen aufzubauen und eine neue Mühle in einem Gebäude im Stadtzentrum zu kaufen und einzurichten, machten sich Josiah, Nick und William auf die Suche nach bodenverbessernden Proteinquellen, was sie zu Bohnen, Hülsenfrüchten und Erbsen führte. Als sie mit Bauern aus der Umgebung sprachen, erfuhren sie, dass die Erbsen und Bohnen, die sie auf den Feldern hatten wachsen sehen und von denen sie annahmen, dass sie als Tierfutter angebaut wurden, in Wirklichkeit nach Ägypten exportiert wurden. Dort waren sie äußerst geschätzt, vor allem für ein bestimmtes Gericht, das zum Fastenbrechen im Ramadan zubereitet wird und Ful Medames heißt. Eine Viertelmillion Tonnen im Vereinigten Königreich angebaute Bohnen werden jedes Jahr als Nahrungsmittel nach Nordafrika und in den Nahen Osten exportiert.

Als die drei mit diesen Bohnen zu kochen begannen, merkten sie, wie köstlich sie schmeckten, stellten aber auch fest, dass sie vor Ort so gut wie nicht mehr gegessen wurden, vor allem, weil Fleisch immer beliebter und erschwinglicher geworden war. Und so wurde Hodmedod geboren, dessen Name von dem alten ostanglischen Wort für „Schnecke" und „Igel" oder alles, was sich wie eine Bohne einrollt, abstammt. Die Freunde starteten einen Testlauf – den „Great British Beans Trial", wie sie ihn nannten –, bei dem sie Bohnen an Gemeindegruppen und örtliche Geschäfte verteilten. Sie wollten sehen, ob es dafür einen Markt gibt. „Wir fingen mit einer halben Tonne gespaltener Bohnen an", erzählte Meldrum. „Wir füllten sie in kleine Tüten und arbeiteten mit einem örtlichen Künstler zusammen, der uns eine frankierte Postkarte mit einer Illustration von Bohnen und einem Rezept gestaltete, und wir fragten die Leute, an die wir sie schickten, was sie davon hielten."

Hunderte von Antworten kamen zurück, und die Resonanz war überwältigend positiv. Wie hat Hodmedod Bohnen, von denen noch nie jemand etwas gehört hatte, zu einer gefragten und ansprechenden Sache gemacht? Josiah glaubt, dass die Menschen gerne über ihr Essen sprechen; sie sagen dann: „Seht euch diese Bohnen an, und hier ist die Geschichte dazu." So können sie diese Geschichte mit anderen teilen, ihren Freund*innen weitererzählen. Es ist eine gute Methode, eine Idee zu verbreiten. Die Illustration war nicht unwichtig, aber auch das wachsende Interesse an veganer und nachhaltiger Ernährung, ganz zu schweigen von dem Trend, die eigenen Mahlzeiten zu fotografieren und sie online zu stellen. „Unsere umfassende Vision", so Meldrum, „besteht in einem völlig neuen Ansatz für die Landwirtschaft in Großbritannien. ... Indem wir zeigen, dass es eine Nachfrage gibt, ermutigen wir die Landwirt*innen, auf den Anbau umzusteigen."[376]

Das Unternehmen baut derzeit die Quinoa-Produktion im Vereinigten Königreich auf, testet Bohnen und andere Hülsenfrüchte in Agroforstsystemen und verkauft eine breite Palette von Produkten, von gebackenen Bohnen bis zu Currys, die aus britischen Bohnen hergestellt werden. Im Jahr 2017 gewann Hodmedod einen BBC Good Food Award als Anerkennung, dass das Unternehmen einen Wandel im Denken herbeigeführt und sogar Landwirt*innen bei ihren Anbauentscheidungen beeinflusst hatte. Das Beispiel Hodmedod zeigt, was eine gute Frage freizusetzen vermag und wie viel Energie in ihr steckt. Die Freunde haben eine Gemeinschaft (und ein Unternehmen) um ihre Ausgangsfrage herum aufgebaut und andere eingeladen, sie auf dieser Reise zu begleiten. Sie haben Kunst und Geschichte eingesetzt, um sicherzustellen, dass das Produkt schön und ansprechend ist. Und sie haben all das genutzt, um immer wieder neue Fragen zu stellen und neue Möglichkeiten zu eröffnen.

„The Bank Job", untergebracht in einem ehemaligen Bankgebäude in Walthamstow, London, versteht sich als Akt „bürgerlicher Geldschöpfung", um das Bewusstsein für Schulden und deren zersetzende Wirkung für die Gesellschaft zu schärfen. Das Projekt entstand, als sich die Künstlerin Hilary Powell und der Filmemacher Dan Edelstyn die Frage stellten: „Was, wenn eine Gemeinde auf ihre Schuldenkrise mit Kunst und Verspieltheit reagieren würde?"[377]

Sie gründeten die Hoe Street Central Bank (HSCB) mit dem Ziel, eine eigene Währung im Gesamtwert von 50.000 Pfund in den Stückelungen 1, 5, 10, 20 und 50 zu drucken und zu verkaufen. Statt des Konterfeis der Königin sind auf der Währung lokale Held*innen abgebildet – von der Essensausgabe und der Obdachlosenküche, aus dem Jugendprojekt und der Grundschule. Das heißt, Menschen, die sich für Menschen einsetzen, die aufgrund der Austeritätspolitik durch die Maschen fallen. Das Projekt sammelte das Geld und spendete die Hälfte davon zu gleichen Teilen an die vier Organisationen, deren Held*innen auf den Banknoten abgebildet sind. Mit der anderen Hälfte kauften sie 1 Million Pfund an örtlichen Kurzzeitkrediten auf dem sekundären Schuldenmarkt. („Zombie-Schulden" können auf dem Sekundärmarkt für einen winzigen Prozentsatz des ursprünglichen Betrags gekauft werden, also für wenige Pence pro Pfund.) Diese Schulden wurden bei einer Veranstaltung namens Big Bang 2 im Mai 2019 in den Hackney Marshes symbolisch „gesprengt". Die Walthamstow Bank wurde zu einer Druckerei und einem öffentlichen Bildungsraum, in dem Vorträge und Debatten über Schulden und Geld stattfanden. Später wurden „Anleihen" in verschiedenen Stückelungen gedruckt, die dazu berechtigten, an der „Entschuldung" teilzunehmen und eine Gedenkmünze aus Fragmenten der Schuldensprengung („debtonation") zu erhalten.

Der Schuldenerlass ist ein Konzept, das überall auf der Welt Fahrt aufnimmt. „Rolling Jubilee", ein Ableger von „Occupy Wall Street", hat 700.000 Dollar an Spenden gesammelt und damit mehr als 32 Millionen Dollar an Schulden zurückgekauft und gestrichen, hauptsächlich Schulden für medizinische Versorgung und Studienkredite, was von „Rolling Jubilee" als „Rettungsaktion des Volkes durch das Volk" bezeichnet wird.[378] John Oliver, Moderator der HBO-Sendung *Last Week Tonight*, spendete kürzlich 60.000 Dollar, um 15 Millionen Dollar an medizinischen Schulden aufzukaufen und sie während der Live-Sendung zu löschen.[379] Auch wenn der Ankauf von Schulden und deren Löschung das Problem nicht aus der Welt zu schaffen vermag, ist er doch ein wirkungsvolles Mittel, um auf das Problem aufmerksam zu machen und das Bewusstsein für die räuberische Natur von Zweitschuldnerfirmen zu schärfen, für den Druck, den sie zuweilen ausüben, um Schuldner*innen zur Rückzahlung zu bewegen, sowie dafür, dass zahlreiche Menschen gezwungen sind, Schulden zu machen, damit sie ihre Grundbedürfnisse erfüllen können.

Als ich die Bank im Frühjahr 2018 besuchte, war ich von den Räumlichkeiten, und wie sie eingerichtet waren, überaus angetan. Es sah aus wie eine Bank, aber innen wimmelte es von Menschen, die grüne Buchhalter*innen-Visiere trugen und Geld druckten, sei es per Siebdruck der Hintergrundfarben, per Blockdruck des schwarzen Bildes und Textes, oder indem sie die Scheine beschnitten und Goldfolie applizierten. Die halb gedruckten Scheine wurden rundum an Leinen aufgehängt und wie Wäsche zum Trocknen mit kleinen Wäscheklammern befestigt. Passant*innen kamen herein, um zu sehen, was vor sich ging, und kauften oft ein oder zwei Scheine. Das Projekt pflegt das Analoge und obwohl die meisten unserer Transaktionen heutzutage nicht auf Bargeld basieren, hat es immer noch etwas Romantisches, wenn Menschen Geldscheine drucken. Hier wurden konkrete Geldscheine hergestellt, echte Objekte, und die Leute konnten bei der Herstellung zusehen oder sogar selbst aktiv werden.

Powell erklärte, wie wichtig dieses praktische Element ist. Leute würden hereinkommen und sagen: „Dieser Geruch erinnert mich an die Arbeit meines Vaters in der Druckindustrie." Besonders enthusiastisch waren die Grafikdesigner*innen, die aushalfen und sich beklagten, dass sie „normalerweise nicht mehr dazu kommen, mit ihren Händen zu arbeiten". Die greifbare, materielle Natur des Druckens echter Banknoten hatte etwas an sich, das offenbar Anklang fand. Hilary meinte, „die Leute waren in puncto Machen offenbar regelrecht ausgehungert"[380]. Nachdem Edelstyn und Powell die Schüler*innen der örtlichen Grundschule eingeladen hatten, dem Druck von Geldscheinen beizuwohnen, gingen viele Kinder nach Hause, „schlossen sich in ihr Zimmer ein und kamen mit einem ganzen Satz Geldscheine heraus, die sie für arme Leute angefertigt hatten". Tinte, Papier, Geld, die Verkleidung als Kassier*in oder Buchhalter*in, all das regt die Fantasie viel mehr an als eine Website, die anprangert, wie schrecklich Schulden sind und warum wir etwas dagegen tun sollten. Haben wir nicht alle schon als kleine Kinder gespielt, unsere eigene Bank zu leiten? Wie David Sax in *The Revenge* *of Analog* formuliert: „Letztlich verbinden uns analoge Beschäftigungen auf eine viel tiefere Weise miteinander, als es digitale Technologien vermögen. Mit ihnen können wir in Echtzeit und in physischen Räumen Bande knüpfen, die über die Sprache und unsere Fähigkeit, nur mit Worten und Symbolen zu kommunizieren, hinausgehen."[381]

Bei meinem Besuch im Mai 2018 traf ich eine Frau namens Saira, deren Familie eine Küche betreibt, die an jedem Tag des Jahres zwei Mahlzeiten für Bedürftige bereitstellt. Sie half in der Bank aus und versah die Geldscheine, auf denen ihr Gesicht abgebildet war, mit Goldfolie. „Als sie mich das erste Mal anriefen und mir mitteilten, ich sei ausgewählt worden, dachte ich, dass mich jemand veräppelt und legte den Hörer auf", erzählte sie. „Erst als mich eine Person aus dem örtlichen Gemeinderat anrief, die ich sehr respektiere, und es bestätigte, habe ich es geglaubt. Für uns ist das wie Weihnachten."

––––––––––––

2014 besuchte ich Lüttich in Belgien, um Liège en Transition zu unterstützen, wozu auch ein neu gestartetes Projekt namens Ceinture Aliment-Terre Liègeoise (Lütticher Lebensmittelgürtel; CATL) zur Erforschung einer koordinierten Relokalisierung des Lebensmittelsystems gehörte. Der Anbau von Lebensmitteln in Lüttich selbst, einer einstigen Industriestadt, hätte sich aufgrund der Boden- und Wasserverschmutzung schwierig gestaltet, aber das Land rund um die Stadt sah vielversprechend aus. Ein genossenschaftliches Weingut, Vin de Liège, hatte sich gerade über die Ausgabe von Aktien zwei Millionen Euro besorgt, was CATL die Zuversicht gab, zu fragen: „Was, wenn im Laufe einer Generation der Großteil der in dieser Stadt angebauten Lebensmittel aus dem in der unmittelbaren Umgebung liegenden Land stammen würde?"

Als ich vier Jahre später, im März 2018, zurückkehrte, fand ich vierzehn Kooperativen vor, die unter dem Banner von CATL arbeiten, darunter Les Petits Producteurs (zwei Läden, die lokale Frischwaren verkaufen); Fungi up, eine Kooperative, die Pilze auf Kaffeesatz züchtet; Rayon 9, ein Betrieb, der mit Fahrrädern Waren durch die Stadt transportiert; Cycle en Terre, eine Saatgut-Kooperative; Les Compagnons de la Terre, ein Bauernhof; La Brasserie Coopérative Liègeoise, eine Genossenschaftsbrauerei; Vin du Pays de Herve, ein weiteres Weingut nach dem Vorbild von Vin de Liège; ADM Bio, wo Gemüse von sieben lokalen Bauern für Küchenkollektive verarbeitet wird; HesbiCoop, eine Lebensmittelkooperative; Marguerite Happy Cow, ein Projekt für fair gehandelte Milch; und drei Vertriebskooperativen: Point Ferme, La Coopérative Ardente und Le Temps des Cerises, die zusammen mit Les Petits Producteurs ein Netzwerk für den örtlichen Lebensmittelvertrieb bilden. Durch all diese Unternehmungen zieht sich wie ein roter Faden Le Val'Heureux, die lokale Währung der Region.

Christian Jonet war von Anfang an eine feste Größe bei CATL und koordiniert heute ein Netzwerk von Kooperativen, Produzierenden, Forschenden, Institutionen und Verbänden. Er erzählte mir, dass in der Anfangszeit von Liège en Transition zahlreiche verschiedene Arbeitsgruppen existierten, doch überdauert hätten lediglich die Geld- und die Lebensmittelgruppe. Bald sei deutlich geworden, dass man die „Transition" der Stadt nicht allein mit Freiwilligen würde durchsetzen können, und dass man den Maßstab würde ändern müssen und, wie er es ausdrückte, „die Bewegung professionalisieren" müsse.[382] Belgien habe seit 1990 hunderttausend Arbeitsplätze in der Landwirtschaft verloren. Ein neues Denken sei unbedingt erforderlich geworden.

CATL begann mit einer Veranstaltung im November 2013 und lud alle ein, die sich in der Stadt für Lebensmittel interessierten, zu überlegen, wie man im Laufe einer Generation einen Großteil der in der Stadt konsumierten Nahrungsmittel in der näheren ländlichen Umgebung anbauen könnte. Die Beteiligten identifizierten die dafür nötigen Elemente: Zugang zu Land, Gelder, Saatgut, Expertise und so weiter. Am wichtigsten, so Jonet, sei gewesen, dass CATL ein Narrativ geschaffen habe, darauf ausgerichtet, die Bürger*innen im Hinblick auf das Lebensmittelsystem zu einem Umdenken zu motivieren; das sich aber auch auf den Wandel konzentrierte, der durch Konsumentscheidungen bewirkt werden kann, sowie auf die dafür nötigen Investitionen. Die Initiative habe zudem viel Wert darauf gelegt, dass die Menschen sich engagieren, sich freiwillig melden, sich die Hände schmutzig machen. „Eine Botschaft, die bei den Menschen wirklich ankam."[383]

Es hat funktioniert. Zusammen mit Vin de Liège, das zum Zeitpunkt meines zweiten Besuchs bereits drei Millionen Euro allein aufgebracht

178

hatte, haben die vierzehn Genossenschaften fast fünf Millionen Euro an lokalen Investitionen zusammengetragen. „CATL basiert auf einem Narrativ, das die Zukunft in den Blick nimmt und fragt, wie sie sein könnte", sagte Jonet, „und dass Vin de Liège ein Erfolg war, gab der ganzen Initiative ein Grundvertrauen." Jedes neue Projekt bildet einen Vertrauensvorschuss für das nächste.

Eines dieser Projekte ist Les Petits Producteurs, ein Laden im Stadtzentrum, der seit etwas mehr als einem Jahr geöffnet ist. Sein Manager, Pascal Hennen, berichtet: „Les Petits Producteurs ist eine Kooperative von zweihundert Kooperatoren [Mitgliedern der Kooperative], etwa fünfzehn Landwirt*innen aus der Umgegend und ein paar weiter entfernten, zwei Geschäften, sieben Mitarbeiter*innen und viel Energie." Sie hatten nur fünf Wochen Zeit, um die Mietfläche in einen Laden umzuwandeln, was durch die Mobilisierung von Freund*innen mit Vorschlaghämmern und Pinseln gelang. Das Konzept ist denkbar einfach: ein großer, weiß gestrichener Raum, in dem die Lebensmittel auf Paletten ausgestellt sind und eine Notiz über die Landwirt*innen und deren Geschichte.

Les Petits Producteurs erstellten eine Finanzprognose mit einem Worst-Case-, einem mittleren und einem Best-Case-Szenario. Der Laden hat das Best-Case-Szenario bereits übertroffen; es ist eine Herausforderung, Lagerbestände zu lagern und Warteschlangen zu verwalten. „Alles produktive Probleme", sagte mir Hennen.

Les Petits Producteurs verfolgen das Prinzip, nicht mit den Bäuer*innen über den Preis zu verhandeln und die Kosten niedrig zu halten: ein Minimum an Ausgaben für die Einrichtung des Ladens, nur eine Sorte Marmelade, eine Biersorte und so weiter. Der ganze Laden enthält weniger als zweihundert Produkte. Das meiste ist biologisch, und die Preise liegen im Durchschnitt 15 Prozent niedriger als in den Carrefour-Supermärkten. Bei CATL teilzunehmen, hilft. Die Organisation stellt Beziehungen zwischen den verschiedenen Kooperativen her; diese handeln untereinander und teilen ihre Ressourcen. „Wenn wir zwanzig Läden haben", sagt Hennen und denkt in die Zukunft, „werden wir an den Punkt gelangen, an dem den Supermärkten der Arsch auf Grundeis geht. Wir würden sie gerne hier vor Ort fragilisieren [vom französischen Wort *fragiliser*, was so viel wie „schwächen" bedeutet].

Noch interessanter allerdings ist der Einfluss, den CATL auf die Stadtverwaltung hat. Während meines Aufenthalts in Lüttich traf ich mich mit dem Bürgermeister der Stadt, Willy Demeyer, sowie mit dem für die Landwirtschaft zuständigen Stadtrat. Und offensichtlich tut sich etwas. Bürgermeister Demeyer brachte zum Ausdruck, dass CATL dafür steht, wie die Stadt ihre Zukunft sieht. Vor zehn Jahren war sie auf dem Weg, eine „Smart City" zu werden. „Jetzt wollen wir eine ‚Transition City' werden", sagte er.

Jonet freut sich, dass die lokalen Behörden sich engagieren. „Man sieht dort, dass das, was wir unternehmen, für die Gesellschaft gut ist, dass Arbeitsplätze geschaffen, dass soziale Verbindungen zwischen den Menschen geknüpft werden und dass es gut für die Gesundheit und die Umwelt ist", sagte er. „In Zukunft werden neue Projekte die Kräfte der Öffentlichen Hand und der Bürgerinitiativen kombinieren." Im Hinterzimmer von Les Petits Producteurs freut sich Hennen im Stillen über die zunehmende Beteiligung der Gemeinde. „Am Anfang hat die Stadtverwaltung noch gelacht, aber inzwischen zeigt sie Interesse an uns. Uns geht es so gut, dass sie uns folgen muss – sie hat eigentlich keine andere Wahl!"

Als ich dem vorliegenden Buch den letzten Schliff gab, meldete ich mich bei Jonet. Ich wollte erfahren, was in den zehn Monaten seit meinem Besuch geschehen war. Weitere sieben Kooperativen befanden sich im Aufbau:

- Unis Verts Paysans ist ein lokaler Lebensmittelladen in der Stadt Malmedy (Provinz Lüttich), der auf dem Modell von Les Petits Producteurs basiert.
- Invent-Terre und Vent de Terre sind Kooperativen für den Gemüseanbau.
- Terre d'Herbage ist eine Genossenschaft von Milch- und Käseproduzent*innen aus der Region Verviers (Provinz Lüttich), die zur effizienteren Nutzung von Ressourcen gemeinsame Lagerräume, einen gemeinsamen Vertrieb und andere gemeinsame Einrichtungen unterhalten.
- Vervicoop ist eine von Bürger*innen geführte lokale Lebensmittelkooperative nach dem Vorbild der Park Slope Food Coop in Brooklyn.

- Histoire d'un grain ist eine Genossenschaft, die Getreide anbaut, mahlt und Brot backt.
- Novacitis ist eine Genossenschaft, die in Gebäude investiert, um sie an Genossenschaftsprojekte zu vermieten. Ihr erstes Gebäude bietet sowohl Büroräume als auch Räume für die Lebensmittelproduktion.

Les Petits Producteurs haben eine dritte Filiale eröffnet und planen nun für jedes Jahr eine neue. Durch die Creafarm wurde der Kooperative Land zur Verfügung gestellt, auf dem sich zwei unabhängige Gemüsegärtner einrichten konnten, um Les Petits Producteurs mit frischen Produkten zu versorgen. Die Kooperative hilft bei den Anfangsinvestitionen für Geräte und Infrastruktur, sie berät darüber, was angebaut werden soll, bietet einen fairen Preis für die Produkte sowie die Möglichkeit, über den Winter im Laden zu arbeiten und damit den Lebensunterhalt auf eine solidere Basis zu stellen.

CATL organisiert außerdem alljährlich im März ein Festival namens „Nourrir Liège". Nach einer Debatte bei der Veranstaltung 2018 stimmte die Stadtverwaltung dafür, dass das Essen, das in den Schulen und Kindergärten der Stadt serviert wird, so weit wie möglich aus lokaler Produktion stammen und völlig frei von hormonschädigenden Chemikalien sein sollte. Gemeinsam mit der Stadt Lüttich arbeitet CATL nun daran, das Schulessen der Stadt neu zu strukturieren; darunter fällt auch der Vorschlag, genügend Ackerland für die Bereitstellung von 3.500 Mahlzeiten pro Tag zu erwerben, eine neue Landwirtschaftsabteilung in der Stadtverwaltung einzurichten, um die für das Modell benötigten Landwirt*innen zu schulen und neue Verarbeitungsanlagen zu kaufen, um das Essen waschen, schneiden und zubereiten zu können.

Eine gute Was-wenn-Frage erzeugt im besten Fall eine unaufhaltsame Eigendynamik. Wie Shana McDavis-Conway vom Centre for Story-based Strategy meint, muss eine gute Was-wenn-Frage voraussetzen, dass nichts unverrückbar ist. „Was, wenn wir eine Mehrheit von Frauen im Kongress hätten?", fragt sie. „Mir würde das gefallen, es wäre eine großartige Frage. Aber sie ist ziemlich eng gefasst. Was, wenn

Frauen absolut gleiche politische Macht besäßen? Das ist die bessere Frage. ... Was, wenn wir unabhängig von unserem Geschlecht uns alle gleich sicher fühlen und über die Möglichkeit verfügen würden, das Leben so zu leben, wie wir es wollen?" Für McDavis-Conway besteht die Kunst einer guten „Was-wenn"-Frage darin, die Zielsetzungen immer mehr zu erweitern und die Menschen so weit wie möglich in das Gebiet von „Darüber habe ich noch nie nachgedacht" zu holen.[384]

Die Cooperation Jackson (Mississippi) wurde am 1. Mai 2014 mit dem Ziel ins Leben gerufen, die ökonomische Demokratie in der Stadt voranzubringen. Dies sollte mittels eines Netzwerks von Genossenschaften und anderen mitarbeitereigenen und demokratisch selbstverwalteten Unternehmen geschehen, die zusammen eine „Solidarwirtschaft" entwickeln. Die Gründungsgruppe startete mit einer Phase des Nachdenkens, woraus sich ein ganzes Bündel von Fragen ergab: Was, wenn wir die Stadt bis 2025 vollständig souverän machen könnten? Was, wenn wir die Wirtschaft neu ausrichten könnten, um nach genossenschaftlichen Prinzipien zu arbeiten? Was, wenn wir eine Menschenrechtscharta für wiederherstellende Gerechtigkeit in der Gemeinschaft schaffen könnten? Was, wenn wir eine breite partizipative Demokratie hätten? Und dann stand da noch die größte Frage von allen im Raum: Was, wenn wir ein wirklich gerechtes Mississippi schaffen könnten?

Diese Fragen wurden zur Grundlage eines Dokuments mit dem Namen „Jackson-Kush Plan", das die Vision der Organisation darlegt und viele ihrer Aktivitäten untermauert. Wie Kali Akuno, Mitbegründer und Direktor von Cooperation Jackson, mir gegenüber meinte, „ist es keineswegs so, dass diese Fragen jemals aufhören". Er sagte, das Risiko, keine „Was-wenn"-Fragen zu stellen, sehe er darin, dass man in einer „statischen Weltsicht" stecken bleibe, in einer Denkweise, die da lautet: „Ich spiele nach den bestehenden Regeln, und versuche, mit den aktuell herrschenden Bedingungen und Allianzen umzugehen". Das kann sehr einschränkend sein und hindert uns daran, Möglichkeiten zu erkennen und die Dinge mit anderen Augen zu betrachten.[385]

Das von der schwarzen Befreiungsbewegung inspirierte Ziel von Cooperation Jackson ist es, Jackson zur „radikalsten Stadt des Planeten" zu machen und eine solidarische, antikapitalistische und profeministische lokale Wirtschaft zu etablieren. Dazu wurden etliche Kooperativen gegründet, darunter die Freedom Farms Cooperative, die Green Team Landscaping Coop, die Community Production Coop, die 3D-Druck betreibt, und Revolutionary Resonance, eine Kunst- und Kulturkooperative. Parallel zu diesen Projekten wurden Veränderungen in der Verwaltung der Stadt eingeleitet. So wurden Volksversammlungen geschaffen, die es der Gemeinde erlauben, ihre Bedürfnisse zu ergründen und zu diskutieren, und Transition- oder Übergangsversammlungen, die sich auf bestimmte Themen und Initiativen konzentrieren.

Akuno sprach davon, wie es den schwarzen Befreiungsbewegungen gelungen ist, große Was-wenn-Fragen über lange Zeit lebendig zu erhalten. Zum Beispiel die Bewegung zur Abschaffung der Gefängnisse – mit ihrer kühnen Frage „Was, wenn es keine Gefängnisse gäbe und die Justiz anders funktionieren würde?" –, die angesichts einer ständig wachsenden Gefängnisindustrie seit Jahrzehnten nichts an Relevanz verliert. Er führte an, wie wichtig es ist, seine Wurzeln in der Geschichte zu haben und verwies auch hier auf die Bewegung zur Abschaffung der Gefängnisse, die sich als langfristiges Projekt versteht. Das bedeute, sich auf das längerfristige Ziel zu konzentrieren, anstatt sich von kleineren Reformen und politischen Veränderungen ablenken zu lassen, was er als „konsequent auf den Polarstern ausgerichtet" bezeichnet. „Letztendlich versuchen wir, Beziehungen, Hierarchien und Ausbeutung zu verändern, wie also schaffen wir es, uns nur darauf zu konzentrieren?", fragt er und fügt hinzu, dass man, solange man diese historische Perspektive beibehalte, Inspiration, Mut und Erdung von Menschen bekomme, die sich unter weitaus schlechteren Bedingungen nicht davon hatten abbringen lassen, für Freiheit und Veränderung einzutreten.

Die Cooperation Jackson ist zwar eine Graswurzelbewegung, aber durch die Wahl von Chokwe Antar Lumumba – und zuvor seines Vaters – zum Stadtoberhaupt von Jackson gibt es einen Bürgermeister, der den Prozess unterstützt und ihn vorantreibt – oder dies, angesichts des Widerstandes auf staatlicher und nationaler Ebene, zumindest versucht.

In einer Welt, in der oft das Gefühl aufkommt, dass immer weniger Raum für Veränderungen bleibt und eigentlich unaufschiebbarer Wandel einfach nicht in die Wege geleitet wird, zeigt sich am Beispiel Jackson, dass mutige Fragen zu frischem Denken und damit zu den dringend geforderten neuen Geschichten und ehrgeizigen Lösungen führen können.

Wir haben noch einen langen Weg vor uns, bevor jemand behaupten kann, die Kunst, die richtigen Fragen zu stellen, perfektioniert zu haben. Doch zahlreiche Menschen und Gemeinschaften – die in diesem Kapitel angeführten stellen nur eine kleine Auswahl dar – weisen uns den Weg und zeigen, wie wirksam solche Fragestellungen sein können. Sie sind ein Beispiel dafür, dass sich mit den richtigen Fragen jene innere (und äußere) kritische Stimme überwinden lässt, die einem immerzu einflüstert, dass sich ohnehin nichts ändern wird, und dafür, dass sich damit neues Denken vorantreiben lässt. Die richtigen Fragen bringen die Vorstellungskraft und das Handeln in ein Gleichgewicht. Mariame Kaba, die sich in den Vereinigten Staaten für die Abschaffung von Gefängnissen einsetzt, findet die folgenden Worte: „Wir müssen immer beides tun, unsere Fantasie befeuern und zugleich handeln."[386]

Als ich mich dem Ende dieses Buch näherte, erhielt ich eine E-Mail von Daniel Raven-Ellison von der Londoner National Park City. „Noch spannender finde ich", schrieb er, „wenn genug Leute fragen: ‚Was, wenn?', und die Frage schließlich umschlägt in: ‚Warum nicht?'. Was, wenn alle Kinder in unserer Schule die Möglichkeit hätten, regelmäßig zu spielen? Warum nicht? Wir brauchen mehr Menschen, die erst fragen: ‚Was, wenn?', und dann: ‚Warum nicht?'"[387]

ACHT

WAS, WENN UNSERE ANFÜHRER*INNEN AUF EINE KULTUR DER FANTASIE SETZEN?

Die Unfähigkeit, sich eine andere Welt vorzustellen, beweist lediglich einen Mangel an Fantasie und nicht, dass kein Wandel möglich ist.

—*Rutger Bregman*, Utopia für Realisten

Die meisten Institutionen, die heutzutage unsere Welt gestalten, sind außerstande, sich etwas anderes vorzustellen, als dass sie bis in alle Ewigkeit existieren würden. Und so läuft alles immer weiter, egal, wie schädlich und lächerlich es ist, oder wie sehr es den mehrheitlich geteilten Werten widerspricht. Das US-Militär zum Beispiel ist unfähig, sich etwas anderes vorzustellen als seine weltweite Dominanz bis in alle Ewigkeit. Der Autor Robert Koehler formuliert es so: „[Das Militär] kann sich nichts anderes vorstellen ... In diesem Kontrollbewusstsein gibt es keine Instanz, die sich der Möglichkeit widmen würde, auf eine Welt ohne Atomwaffen, eine Welt ohne Krieg und Armut hinzuarbeiten oder sich eine solche auch nur vorzustellen. Das ist einfach nicht Teil der Zukunft, die sich Amerika vorstellen möchte. Der nächste Krieg steht einfach außer Frage. ,Wir gegen sie' steht einfach außer Frage. Feinde wird es immer geben. Was würden wir ohne sie anfangen?"[388]

Daher ist dieses Kapitel der vielleicht verwegensten Frage überhaupt gewidmet: Was, wenn unsere Anführer*innen sich darum bemühten, die kollektive Vorstellungskraft zur Lösung unserer größten Herausforderungen einzusetzen, sich ihr wirklich verpflichtet zeigten und sie in ihrer eigenen Politik und ihren politischen Manövern vorexerzierten? Was, wenn sie einsehen würden, dass unser Überleben von der Fähigkeit abhängt, unsere gesamte Aufmerksamkeit und Fantasie auf die drohenden Herausforderungen zu richten, und davon, ob wir die Art, wie Gesellschaft funktioniert, in so gut wie allen Aspekten zu überdenken und uns neu vorzustellen vermögen? Was, wenn sie in Politik und Bildung, im öffentlichen Leben und bei der Planung und Entwicklung, in der Demokratie und der Wirtschaft der Fantasie Wert beimessen würden? Was, wenn sie – in dem Wissen, dass der beste Weg zur Lösung der zahlreichen auf der Welt grassierenden Probleme in der Freisetzung der kollektiven Vorstellungskraft besteht – für eine echte, geerdete öffentliche Ordnung und für Bedingungen sorgen würden, bei der die Fantasie aller auf fruchtbaren Boden fallen würde? Ich weiß, wie absurd dies angesichts des derzeitigen Stands der Dinge klingt. Ich sagte doch, es sei verwegen.

Aber fragen wir trotzdem. Was, wenn? Und warum eigentlich nicht? Erstens: Was muss sich an unserem Demokratiemodell ändern? Zweitens: Wie lässt sich der alle Fantasie verschlingende Drache endlosen Wachstums und wirtschaftlicher Entwicklung aufhalten und durch etwas anderes, Humaneres und Interessanteres ersetzen, das den Bedürfnissen der Menschheit und des Planeten besser entspricht? Drittens: Wie müsste sich diese Verpflichtung in politischer Form niederschlagen – etwa als Ministerium der Fantasie oder als Nationale Fantasie-Strategie – und wie würde ein solches Gebilde funktionieren? Doch als Erstes müssen wir natürlich der Frage auf den Grund gehen, warum dies alles in der gegenwärtigen Situation als so unmöglich erscheint. Warum mangelt es Regierungen und anscheinend den meisten Leuten, die für sie arbeiten, so sehr an Fantasie und Kreativität, in einer Zeit, in der beides so dringend erforderlich ist? Zugegeben, eine komplexe Frage.

An einem kalten Oktobertag im Jahre 2018 saß ich mit Molly Scott Cato, einer alten Freundin, inzwischen Abgeordnete des Europaparlaments für meine Region des Vereinigten Königreichs, in der Lobby eines Hotels in Plymouth. Nachdem sie einen Vortrag über die Notwendigkeit der Reduktion des Plastikverbrauchs gehalten hatte, saßen wir zusammen und unterhielten uns. Ich wollte von ihr wissen, inwieweit ihr vor Kurzem erfolgter Wechsel in die Politik sie persönlich verändert habe. „In den vier Jahren, in denen ich diesen Job mache, habe ich vor allem gespürt, wie meine Fantasie erstickt wurde", berichtete sie. „Ich träume nicht mehr. Mein Kopf ist ständig total überlastet, aber so ist ein Leben in der Öffentlichkeit heute. Es wäre wirklich interessant, Parlamentsabgeordnete zu fragen, ob sie noch träumen. Der faktenverarbeitende Teil deines Gehirns ist völlig vollgestopft und ständig mit irgendetwas beschäftigt und es bleibt einfach kein Raum für alles, was mit Fantasie zu tun hat. Die Menge an aufgenommener Information lässt deiner Fantasie einfach keine Chance."

Sie überlegte, wie es für Personen in höheren Machtpositionen sein muss. „Was, wenn man die Entscheidung treffen muss, Libyen zu bombardieren oder nicht?", sinnierte sie. „Wäre es da nicht hilfreich, sich in die Situation einer Mutter zu versetzen, deren Kind dabei sterben könnte, oder würde es die Entscheidung nur schwieriger machen? Wenn man zu nahe an seinen Emotionen und an seiner Fantasie ist, ist es vielleicht schwieriger, zu funktionieren."

Nach dem Treffen fuhr ich nach Hause und dachte nach, welche Folgen es haben dürfte, wenn Menschen, die so viel Macht haben, dass sie über das Leben und das Wohlergehen anderer entscheiden, nicht mehr zu träumen imstande sind.

Oft sind Personen, die in hohen Machtpositionen landen, auf Privatinternaten erzogen worden und bereits im frühen Alter von ihren Eltern getrennt aufgewachsen. Wie wirkt sich dies auf das Vorstellungsvermögen eines Menschen aus? Die Psychologin Joy Schaverien, Autorin von *Boarding School Syndrome*, ist der Auffassung, dass „eine frühe Internatserziehung weitreichende Entwicklungsschäden verursachen kann". Weil die Lehreinrichtungen, wie sie insbesondere feststellt, selbst nur „wenig Zeit zum Tagträumen lassen ... dürfte die Fantasie darunter leiden"[389]. Ich sprach mit dem Journalisten George Monbiot, der selbst ab seinem achten Lebensjahr ein Internatszögling war, inwieweit ein System, das „eine unterdrückte, traumatisierte Elite hervorbringt, die unfähig ist, sich emotional auf andere einzulassen, eine Gefahr für die Gesellschaft darstellt"[390].

„Im Grunde liefen alle Anstrengungen darauf hinaus", erzählte Monbiot, „unsere Fantasie in ein enges Korsett zu zwängen und sie auf eine bestimmte gesellschaftliche und kulturelle Arena zu beschränken". Mit dem Ergebnis, dass viele seiner Mitschüler*innen wirkten, als sei ihnen „die Vorstellungskraft chirurgisch entfernt worden ... Man wird aus dem System entlassen und weiß absolut nicht, wie die anderen 93 Prozent der Menschen leben, arbeiten und sich über Wasser halten. Deshalb trifft man unter denen, die das System durchlaufen haben, immer wieder auf Menschen, die behaupten, so etwas wie Armut existiere in diesem Land nicht."[391]

Während ich dieses Kapitel schreibe, gab die britische Regierung, bei der es sich wahrscheinlich um die fantasieloseste politische

Amtsführung der Geschichte handelt, ihren Haushalt für den Herbst 2018 bekannt. Das war drei Wochen, nachdem das IPCC jenen alarmierenden Bericht veröffentlicht hatte, in dem ein „rascher, weitreichender und beispielloser Wandel in allen Bereichen der Gesellschaft" gefordert wurde.[392] Und das Beste, was die britische Regierung als Reaktion zu bieten hatte? Zusätzlich eine Milliarde Pfund für Verteidigungsausgaben, 520 Millionen Pfund für Straßenreparaturen, und der Klimawandel wurde noch nicht einmal erwähnt. Wir brauchen Anführer*innen mit genug Fantasie, sich vorzustellen, wohin solche Entscheidungen führen, und genug Weitblick, sich eine andere und doch machbare Zukunft vorzustellen. Und wenn sie weder das eine noch das andere können, müssen sie aus dem Weg gehen und Platz machen für die Fantasie, die anderswo aufkeimt. Wir leben in einer Zeit, in der wir, in den Worten des Sozialphilosophen Roberto Unger, von Leuten regiert werden, die „Konformismus mit Realismus verwechseln"[393].

Während ich dieses Buch schrieb, war mein Land in den haarsträubenden Verrenkungen des Brexit gefangen, seinem Rückzug aus der Europäischen Union. Der Brexit ist ein Desaster gewesen. Nicht aufgrund der Entscheidung oder ihrer Folgen – ich habe nicht die Absicht, in diesem Buch meine Meinung dazu zu äußern –, das Desaster war der Vorgang an sich. Das Brexit-Referendum nahm sich eines hochkomplexen Problems an, das die meisten gar nicht richtig verstanden, und reduzierte es auf ein binäres Ja oder Nein. Zahlreiche Falschinformationen und massive politische Einmischung spielten herein, „dunkles Geld", das die Wahl beeinflusste, und das Ganze hinterließ einen Scherbenhaufen von Familien und Nachbarn, die nicht mehr miteinander sprechen, sowie eine junge Generation, die sich von der älteren verraten fühlt. Musste das wirklich sein?

Keine der Kampagnen, weder die Leave- noch die Remain-Kampagne, setzte auf die Fantasie, um ihre Sache zu verfechten. Wir bekamen nichts als trockene Argumente vorgesetzt, etwa wie viel Geld wir sparen oder verlieren und große rote Busse, bepinselt mit aus der Luft gegriffenen Zahlen über die Summen, die das Vereinigte Königreich in seine nationale Gesundheitsorganisation investieren könne, wenn es die EU verließe. Kein Mensch argumentierte mit dem brillanten kreativen

Aufschwung, der mit dem Verlassen der EU einhergehen könnte, mit einer kulturellen Renaissance, mit der Chance, blühende lokale Ökonomien aus dem Boden zu stampfen, oder mit den Möglichkeiten, sich untereinander wieder enger zu vernetzen. Und umgekehrt argumentierten nur sehr wenige, dass wir in der EU verbleiben sollten, weil die Verbindung mit Europa unerhörte kulturelle Wonnen mit sich bringen und bedeuten würde, dass wir alle für ein gemeinsames Ziel arbeiten, für Einheit, Solidarität, Frieden und das Aufblühen der Künste. Nein, es ging nur um die vielen Millionen Pfund, die wir eventuell sparen oder unnötigerweise ausgeben würden und darum, Angst vor Immigrant*innen zu schüren.

Die Entscheidung, die getroffen wurde, war weder sorgfältig abgewogen worden, noch eine kluge kollektive Reaktion, und die Spaltung, die sie schuf, wird noch Generationen fortbestehen. Der Brexit bedeutete auch, dass er jahrelang das Denken dominierte und alle visionären Was-wenn-Fragen über die Zukunft, die wir uns wünschen und der wir uns annehmen wollen, in Grund und Boden stampfte. Wie aber hätten wir es anders bewerkstelligen können? Wie hätten wir eine so große und wichtige Frage auf nationaler Ebene derart in Angriff nehmen können, dass auch unsere Vorstellungskraft zum Tragen gekommen, dass sie aufgewertet und geschätzt worden wäre?

Die Antworten lassen sich in einer Reihe verschiedener Techniken finden, die als „deliberative Demokratie" bekannt sind. Im Wesentlichen meint deliberative Demokratie Entscheidungsprozesse, die den Menschen die Möglichkeit einräumt, in einem sicheren Umfeld über bestimmte Themen zu beraten, sie wirken zu lassen und über sie nachzudenken. Ed Cox von der RSA (der königlichen Gesellschaft für die Förderung von Kunst, Handwerk und Handel), die sich zum Ziel gesetzt hat, „die Gesellschaft durch Ideen und Taten zu bereichern", führt drei grundlegende Prinzipien an:

> *Die Debatte sollte informiert und informierend stattfinden; sie sollte anstatt auf Persönlichkeiten auf vernünftigen Argumenten basieren und den Menschen Gelegenheit bieten, die fraglichen Themen aus verschiedenen Perspektiven zu betrachten.*

> — *Die Mitwirkenden sollten bereit sein, höflich und mit Respekt*
> *zu sprechen und einander zuzuhören.*
> — *Die Mitwirkenden sollten, was den gesellschaftlichem Hintergrund*
> *und die politischen Perspektiven angeht, ein breites Bevölkerungs-*
> *spektrum repräsentieren.*[394]

Damit wird ein Spektrum verschiedener Herangehensweisen und Instrumente abgedeckt, zentral für alle ist aber die gut überlegte Urteils-
bildung, in Räumen, in denen Menschen mit unterschiedlichen Perspek-
tiven zusammenkommen, um auf informierte und gut moderierte Weise
zu beraten. Einer, der diese Ansätze in der Praxis erforscht hat, ist der
belgische Schriftsteller David van Reybrouck, der in seinem Buch *Gegen
Wahlen: Warum Abstimmen nicht demokratisch ist* ein anderes Modell für
große gesellschaftliche Entscheidungsfindungen wie etwa den Brexit
propagiert. Er bezeichnet sein Verfahren, bei dem Bürger*innen wie bei
einer Juryverpflichtung zufällig ausgewählt werden, um ihresgleichen
zu repräsentieren, als „Auslosung".

Van Reybrouck forderte mich auf, mir doch vorzustellen, wie anders
die Welt aussähe, wenn David Cameron ein einfallsreicher und innova-
tiver Premierminister gewesen wäre und anstatt ein Brexit-Referendum
auszurufen, eine zufällige Auswahl von Menschen aus dem ganzen Land
zusammengebracht hätte, zunächst in den einzelnen Wahlkreisen und
dann in einer nationalen Konferenz, die zu ihren Wochenend-Treffen
einmal im Monat – und unterstützt von großartigen Moderator*innen –
Expert*innen oder Politiker*innen ihrer Wahl hätten einladen können.
Ein Referendum, so führt er aus, offenbart die individuellen Vorlieben,
während das Losverfahren „die Prioritäten von Menschen abbildet, die
zusammengekommen sind und sich dem Thema intensiv gewidmet haben". „Das ist etwas ganz anderes", meinte er.[395]

Wie wirkt sich das auf die Menschen aus, die an solchen Prozessen
beteiligt sind und wie kommt es ihrer Vorstellungskraft zugute? „Es ist
die Energie und die Freude derjenigen, die sich ernst genommen fühlen.
Die spüren, dass man ihnen etwas zutraut, dass man ihnen etwas anver-
traut. Ich glaube nicht", erklärte Reybrouck, „dass sich Kreativität und
Fantasie in einer Gesellschaft freisetzen lassen, die kein Vertrauen in

ihre Anführer*innen hat." Was, wenn sich der Brexit so angefühlt hätte? Was, wenn der Brexit als Chance begriffen worden wäre, die Bevölkerung mit den neuen Instrumenten und Herangehensweisen der deliberativen Demokratie bekannt und vertraut zu machen?

Eine der erfolgreichsten Manifestationen der deliberativen Demokratie ist die Bürgerversammlung. Die Idee reicht bis in das antike Griechenland zurück, ihre moderne Ausprägung beginnt jedoch in British Columbia, wo die Provinzregierung 2004 eine Bürgerversammlung ins Leben rief, die das bestehende Wahlsystem überprüfen und Änderungen empfehlen sollte und sich zugleich zu einem provinzweiten Referendum auf Basis dieser Empfehlungen verpflichtete. 160 Bürger*innen wurden nach dem Zufallsprinzip ausgewählt, mit der Einschränkung, dass dem Gremium jeweils ein Mann und eine Frau aus jedem der 79 Wahlkreise sowie zwei Repräsentant*innen der indigenen Gemeinschaften angehören sollten.

Ab 2004 traf sich die Bürgerversammlung zur Wahlreform elf Monate lang regelmäßig an Wochenenden. Während dieser Zeit lernten die Teilnehmenden das Wahlsystem kennen, diskutierten es und nahmen an fünfzig Anhörungen in der ganzen Provinz teil, bei denen sie sich die Bedenken und Sichtweisen von Bürger*innen und einer Reihe von Wählergruppen zum Wahlprozess anhörten. Aus diesem Prozess erarbeitete sie eine Reihe von Empfehlungen, die in einem Bericht mit dem Titel *Making Every Vote Count* zusammengefasst wurden. Über die Empfehlungen wurde bei einem Referendum abgestimmt, das mit nur 2,31 Prozentpunkten scheiterte. (Die Messlatte für das Bestehen war sehr hoch angelegt und erforderte eine Mehrheit von 60 Prozent.) Im Rückblick auf den Vorgang schrieb der Vorsitzende Jack Blaney: „Es zeigt sich an den Mitgliedern der Bürgerversammlung ..., wie außergewöhnlich normale Bürger*innen sind, wenn man ihnen eine wichtige Aufgabe überträgt und ihnen die Mittel und die Unabhängigkeit gibt, sie richtig zu erledigen."[396]

Das bewährteste Beispiel für Bürgerversammlungen findet sich wohl in Irland. Als im Jahr 2008 die Wirtschaft zusammenbrach, zeigte sich das Ausmaß, in dem sich Politik und Großfinanz in ihren Interessen gegenseitig unterstützen, was den Ruf nach politischen Reformen aufflammen ließ. Im Jahr 2011 wurde das Pilotprojekt *We the Citizens* initiiert, das eine Bürgerversammlung zur politischen Reform als akademische Übung durchführte. Es demonstrierte die Verlässlichkeit des Modells und dass sich einzelne Bürger*innen Irlands zusammentun und über verschiedene Themen beraten konnten. Dies gab der irischen Regierung die Zuversicht, 2012 einen Verfassungskonvent ins Leben zu rufen, der sich auf der Grundlage der bereits bei *We the Citizens* erprobten Ansätze verschiedener Aspekte der Verfassung – etwa dem Wahlalter, dem Wahlsystem, der gleichgeschlechtlichen Ehe oder der Gotteslästerung – annehmen sollte. Von den 99 Teilnehmenden waren 33 Politiker*innen und 66 wurden als Repräsentant*innen der Bevölkerung aus allen Landesteilen ausgewählt. Das Prozedere umfasste zehn Wochenend-Treffen in einem Zeitraum von vierzehn Monaten und schuf eine sichere, gut moderierte Gesprächsumgebung. Eine der wichtigsten Empfehlungen, die dabei zustande kamen, bestand in einem Referendum über eine Reform des Eherechts, bei dem auch die gleichgeschlechtliche Ehe legalisiert werden sollte. Das Referendum fand im Mai 2015 statt und wurde mit 62 Prozent der Wählerstimmen und nur einem Bruchteil der toxischen Spannungen, wie sie beim Brexit zutage traten, angenommen.

2016 richtete die neu gewählte Regierung die Irish Citizen's Assembly ein, die weitere wichtige Themen eruieren sollte, darunter den Achten Verfassungszusatz (ob Irland die Abtreibung legalisieren sollte), eine feste Legislaturperiode für die Parlamente oder wie Irland bei der Bekämpfung des Klimawandels eine Vorreiterrolle erlangen könnte.[397] Die Versammlung trat zwischen Oktober 2016 und April 2018 zwölf Mal zusammen. Im Mai 2018 fand ein Referendum zur Aufhebung des Abtreibungsverbots statt, das mit 66,4 Prozent angenommen wurde. Dieses Mal befand sich unter den 99 Teilnehmenden kein einziger Politiker und keine Politikerin; die hatten sich, wie Clodagh Harris, Leiterin der Abteilung für Regierung und Politik am University College Cork und eine wichtige Figur bei jeder dieser Bürgerversammlungen, sagte, davongestohlen: „In gewisser Weise war dies der Versuch der Politiker*innen, sich von einem sehr heiklen und womöglich polarisierenden Thema fernzuhalten."[398]

Ich fragte Harris, wie Bürgerversammlungen ihrer Meinung nach zur Fantasie befähigen und sie in Gang setzen können. Die erste Methode, sagte sie, sei, Erfahrungsberichte einzubeziehen. In manchen Fällen – vor allem bei der Gleichstellung der Ehe und dem Achten Zusatzartikel, der das Gesetz zum Verbot der Abtreibung aufhob – luden die Versammlungen Einzelpersonen und Gruppen aus dem Wahlkreis ein, über ihre persönlichen Erfahrungen zu berichten. „Die Teilnehmenden bekamen von den Erfahrungen mit Krisenschwangerschaften sowohl aus der Pro-Life- als auch aus einer Pro-Choice-Perspektive zu hören. Die Erfahrung homosexueller Menschen, die nicht heiraten können, wurde ebenso eingebracht wie die, homosexuell zu sein und sich Sorgen um seine Eltern zu machen, um seine beiden Mütter, die nicht heiraten können, und wie man sich im Alter um sie kümmern kann, usw."

Sie führte auch an, dass die Fantasie profitiert, wenn man ihr Zeit und Raum gibt, wenn man eine Umgebung schafft, die offen und respektvoll ist und in der Ideen hinterfragt und herausgefordert werden können. Ihre Empfehlungen hinsichtlich dieser Prozesse bestehen darin, die Leute für ihre Zeit zu bezahlen („sie arbeiten tatsächlich, es ist kein Freizeitvergnügen") und den Versammlungen genug Zeit zu geben, damit sich niemand gedrängt fühlt. „Zumindest", meinte sie, „haben die Teilnehmer*innen, wenn etwas über zwei Wochenenden geht und diese Zeitspanne, die Luft zwischen den beiden Wochenenden zur Verfügung steht, die Chance, nachzudenken, Verbesserungen vorzunehmen und mit weiteren Ideen zurückzukommen."

Dieser Wandel hin zu einer Demokratie, die Umgebungen für umfassendere Überlegungen, mehr Demokratie und Engagement und mehr Fantasie schafft, kann nicht nur auf nationaler Ebene geschehen. In Barcelona findet gerade ein bemerkenswertes Experiment statt. Kürzlich habe ich die Stadt besucht und Felix Beltran getroffen, einen Aktivisten, der sich für die Belange der Stadt einsetzt. Der Crash 2008 hat Spanien besonders hart getroffen. Ein paar Jahre später inspirierte der Arabische Frühling junge Menschen dazu, ihre Unzufriedenheit über die Korruption in der Regierung und die Abwesenheit echter Demokratie auszudrücken. Im Jahr 2011 wurden von der sogenannten 15M-Bewegung, Bürger*innen, die über Sparmaßnahmen nach dem Crash von 2008 erbost waren und sich vom Arabischen Frühling inspiriert fühlten, überall in Spanien städtische Plätze besetzt. Das Ganze war ausgelöst worden durch einen Marsch am 15. Mai unter einem Banner mit dem Slogan „Wir sind keine Ware in den Händen von Politikern und Bankern". Die Bewegung wurde auch bekannt als die Indignados, nach Stéphane Hessels Buch *Indignez-vous! (Empört Euch!)*.

In Spanien haben wir gesehen, dass sich die Bank, sobald man mit seiner Hypothek in Verzug gerät, das Haus unter den Nagel reißt, es verkauft, das Geld behält und man gleichwohl persönlich für die gesamte Schuld haften muss. Durch die politischen Umstände fühlten sich die Menschen erdrückt, und für viele war 15M [15. Mai] die erste Erfahrung von Basisdemokratie, von Beteiligung, von Veränderung. Die politische Partei Podemos trat während dieser turbulenten Zeit auf den Plan und gewann Sitze im nationalen und europäischen Parlament. Die 15M-Erfahrung und das erneuerte Demokratiegefühl veranlasste zahlreiche Menschen und Organisationen zu dem Versuch, Alternativen von innen heraus und durch eine Politik von unten nach oben aufzubauen. „Wir gingen auf die Straße, in die sozialen Netzwerke und auf die Plätze – aber der Wandel wurde von oben, von den Institutionen, blockiert, also beschlossen wir, die Stadt zurückzuerobern", erzählte mir Beltran. Die Kommunalwahlen 2015 in Barcelona boten die Gelegenheit dazu.[399]

Die progressiven Parteien – ICV-EU, Podemos, Procés Constituent (eine katalanische soziale Bewegung), Equo (die Umweltpartei) – verbündeten sich und kandidierten unter dem, was sie eine „Konfluenz" nannten, einem Zusammentreffen auf einer gemeinsamen Plattform: Barcelona en Comú (Barcelona Gemeinsam) mit Ada Colau, einer ehemaligen Anti-Zwangsräumungs-Aktivistin, als Kandidatin für das Bürgermeisteramt. Barcelona en Comú begann mit dem Crowdsourcing eines Ethik-Kodexes, der unter anderem vorsah, dass öffentliche Vertreter*innen nur 2.200 Euro im Monat verdienen sollten, deutlich weniger als das damalige Gehalt. Die Plattform hat auch ihr politisches Programm per Crowdsourcing gestalten lassen und kündigte einen neuen und transparenten Ansatz für die Finanzierung an. Barcelona en Comú stellte damals fest: „Wir müssen die Art, wie Politik gemacht wird, ändern und nicht einfach nur eine fortschrittliche Politik umsetzen."

Zu ihren politischen Zielen gehören die Sanierung von Wohnungen und Sanktionen gegen leerstehende Gebäude; die Begrenzung der

Anzahl von Touristenappartements und Hotel-Leerständen durch einen Entwicklungsplan für touristische Unterkünfte; die Einführung von Energieeffizienzkriterien für Neubauten; die Förderung der städtischen Landwirtschaft und autofreier öffentlicher Räume (Superblocks); die Unterstützung von Pflege- und Betreuungsdiensten, wie zum Beispiel der erste städtische Zahnarztdienst; die Einführung einer Touristensteuer; die Einbeziehung sozialer und ökologischer Kriterien in das öffentliche Beschaffungswesen; die Rekommunalisierung der Wasserversorgung neben der Gründung von Barcelona Energía, einem zu 100 Prozent öffentlichen Stromanbieter, der erneuerbare Energien bezieht; die gesetzliche Festlegung von mindestens 30 Prozent neuer Wohnungen als Sozialwohnungen; die Förderung der Genderperspektive und eines feministischen Ansatzes in allen Initiativen der Stadtverwaltung (als „Feminisierung der Politik" bezeichnet); die Stärkung des lokalen Handels; die Förderung von sozialem Unternehmertum und Kooperativen; die Einführung von Bürgerprüfungen der kommunalen Haushalte und Schulden; die Einführung von Gehaltsobergrenzen; und die Unterstützung lokaler Initiativen wie Sozialzentren, Konsumgenossenschaften, Gemeinschaftsgärten, Zeitbanken und Sozialwährungen.

Am 15. Mai 2015 gewann Barcelona en Comú eine Mehrheit bei den kommunalen Wahlen und Ada Colau wurde Bürgermeisterin. Beltran beschrieb mir den Prozess:

> *Das Wichtigste war, die Stadt für die Bürger*innen zurückzugewinnen. Es war diese Siegermentalität von Anfang an, die Entschlossenheit, transparent zu sein und die Institutionen anders zu führen, als es in Spanien seit Jahren gemacht wurde. Wir hatten immer dieses System, in dem die beiden traditionellen Parteien vierzig Jahre lang die Regierungsmacht innehatten. Die Leute merkten, dass diese Parteien keine progressive Politik mehr machten. Die Krise der Repräsentation war der Grund, warum der Zusammenschluss so viel Unterstützung von der Straße bekam – aus allen Klassen.*[400]

Überall auf der Welt entstehen ähnliche Bewegungen. Demokratische Strukturen zu schaffen, in denen sich die Fantasie entfalten kann, ist mitentscheidend dafür, wie wir vorankommen – und Barcelona steht an vorderster Front. Die Energie und Arbeit, die dafür aufgewendet wird, zieht ihre Kreise und schlägt unter dem Namen „Fearless Cities" Wurzeln in zahlreichen anderen Städten.[401]

Jeder Schritt, den wir in Richtung einer Demokratie gehen, die wirklich inklusiv ist, mehr von unten nach oben agiert und eher die lokalen Gemeinschaften stärkt, ist ein Schritt weiter in Richtung fantasievollen Denkens und Handelns und eines explosiven Anwachsens der Möglichkeiten. Wie die Bürgerversammlungen deutlich machen, sind solche Möglichkeitsräume auf Ressourcen und gute Moderation angewiesen, doch an Barcelona und Jackson und zahllosen anderen Orten zeigt sich, dass sich Regierungsmodelle entwickeln lassen, in denen die Bürger*innen wirklich Mitsprache genießen, sowohl bei der Entwicklung einer Vision als auch bei der Mitwirkung an ihrer Verwirklichung und Umsetzung. Der Filmemacher Adam Curtis meinte gegenüber dem *Economist*: „Die Leute fürchten sich vor Instabilität. Der Job guter Politiker*innen besteht aber darin, ihnen eine Geschichte an die Hand zu geben, die besagt, ‚Ja, das ist riskant, aber es ist auch aufregend und wer weiß, vielleicht wird es großartig'."[402]

So wie man die Demokratie neu denken muss, ist es natürlich auch nötig, die Wirtschaft an den Orten, an denen wir leben, zu überdenken. Eine extraktive Ökonomie, bei der der Einzelhandel und Unternehmen weitgehend darauf angelegt sind, der örtlichen Wirtschaft Reichtum zu entziehen und ihn umzuleiten, entzieht ihr damit gleichzeitig auch Vorstellungskraft – das Möglichkeitsgefühl einer Gemeinschaft, das Gefühl, die Zukunft selbst bestimmen zu können. Wenn eine lokale Ökonomie aus Amazon-Warenlagern und großen Einkaufszentren besteht, ist es viel schwieriger, sich eine Zukunft voller Hoffnung und Optimismus vorzustellen, als in einem Lebensumfeld, in dem eine lebendige, vielfältige, kreative örtliche Wirtschaft mit einem hohen Anteil an lokalem Eigentum und vor Ort generierten Investitionen zuhause ist.

Als Gemeinschaften müssen wir präziser formulieren, welchen Dingen wir Wert beimessen wollen. Ich denke zum Beispiel oft über den Unterschied zwischen Fantasie, Kreativität und Innovation nach, und wie wichtig dieser Unterschied für die Frage ist, inwieweit wir überhaupt befähigt sind, uns auf eine vernünftige und lebenswerte Zukunft zuzubewegen. Alle drei Begriffe scheinen doch gut zu sein? Und alle bedeuten so ziemlich dasselbe, oder nicht? Warum aber werden, wenn ich „Innovation" in eine Suchmaschine eingebe, 2730 Millionen Einträge ausgegeben und bei „Fantasie" nur 541 Millionen? Und warum zeigt Google mehr als 90 Millionen Treffer für „Innovation Consultants", aber nur sieben Millionen für „Imagination Consultants" an? Jeffrey Baumgartner, Autor von *The Way of the Innovation Master*, durchsuchte Monster.com nach Fähigkeiten, die Arbeitgeber*innen an einem Tag in New York abfragten: 960 Stellenanzeigen suchten nach Kandidat*innen, die „innovativ", 1000 nach solchen, die „kreativ" sind, aber nur neun wünschten sich „fantasievolle" Bewerber*innen.[403]

Kreativität nimmt die Fantasie als Rohstoff und gibt ihr eine Form, verwandelt sie in etwas Konkretes, sie trägt aber auch an schwerem Gepäck. Oli Mould, ein Forscher an der Royal Holloway University in London, schreibt in seinem 2018 erschienenen Buch *Against Creativity*: „Das bestimmende Narrativ für Kreativität lautet, immer mehr vom Gleichen zu produzieren. Der moderne Kapitalismus hat sich die Kreativität zu eigen gemacht, um sein Wachstum zu sichern und die Zentralisierung und Monetarisierung seiner Erzeugnisse aufrechtzuerhalten."[404] (Wie Ursula K. Le Guin einmal schrieb: „Auf dem Markt bedeutet das Wort *Kreativität* inzwischen, Ideen für praktische Strategien zu generieren, die zu höherer Profiten führen. Diese Reduzierung ist schon so lange im Gange, dass sich das Wort *kreativ* kaum noch weiter abwerten lässt. Ich benutze es nicht mehr, überlasse es den Kapitalisten und Akademikern, es nach ihrem Gutdünken zu missbrauchen. Doch das Wort *Fantasie* werden sie nicht bekommen.")[405]

Man denke für einen Moment an Pizza. Mit Pizza hat man etwas, das grundsätzlich funktioniert. Das Grundmodell ist solide. Alle Welt versteht, um was es sich handelt. Es gibt Unmengen an Möglichkeiten, mit Pizza innovativ umzugehen, neue Beläge, andere Teige, unterschiedliche Krusten. Aber immer handelt es sich um Pizza. Die Pizza funktioniert und es besteht keine Notwendigkeit, die Pizza *neu zu erfinden*. Sie dient ihrem Zweck. Aber heute gibt es zahlreiche Dinge auf der Welt, die nicht funktionieren. Die nicht ihrem Zweck dienen. Dazu gehört unsere moderne Konsumwirtschaft. Sie bringt die lebende Welt um uns herum an den Rand der Auslöschung. Innovation allein wird dies nicht unterbinden. Geboten ist ein völlig neues Denken. Und genau darin – nicht einfach nur einen neuen Belag hinzufügen, sondern ein ganz anderes Essen erfinden – kann die Innovationskraft der Fantasie nicht einmal ansatzweise das Wasser reichen.

Wie also gehen wir vor? Nun, um die kommunale Vorstellungskraft neu zu entfachen, steht unseren Städten und Gemeinden zunächst einmal ein mächtiges Instrument zur Verfügung, denn sie können beeinflussen, wie die Geldströme in ihren Kommunen fließen. Judy Wicks, Gründerin von BALLE (Business Alliance for Local Living Economies), einer Organisation, die in den USA ein wachsendes Netzwerk von Unternehmer*innen und Aktivist*innen der lokalen Wirtschaft unterstützt, merkt an, die Globalisierung habe uns „die Fantasie geraubt, weil es nur noch um Vervielfältigung geht, nur noch darum, seine Marke weltweit zu verbreiten. Um das zu erreichen, muss man den gemeinsamen Nenner finden, man muss auf Routinen setzen und die Dinge gleich machen. Das ist das Gegenteil von Fantasie"[406]. Lokale Ökonomien, so sagt sie, sind von Natur aus einfallsreicher, da sie viel stärker eingebunden sind und wissen, was vor Ort tatsächlich gebraucht wird. Momentan fließt Geld, sei es aus staatlichen Mitteln, Zuschüssen, Renten, Gehältern und so weiter, in den Ort, an dem man lebt, aber das meiste davon fließt direkt wieder hinaus. Doch überall dort, wo das Geld wegsickert (also an jedem Loch im „undichten Eimer", wie es die New Economics Foundation ausdrückt), könnte ein Auskommen, ein Arbeitsplatz, ein neues Unternehmen, eine neue Möglichkeit entstehen.[407] Sein Potenzial, auch *dauerhaft zu bleiben* und Dinge zu verwirklichen, hängt eng mit der Fantasie des betreffenden Ortes zusammen. Wir haben im vorigen Kapitel gesehen, wie Gemeinden die lokale Wirtschaft nutzen, um sich selbst zu mobilisieren und ihre Wirtschaft so umzugestalten, dass die Zukunft viel reicher an Fantasie und Hoffnung ist. Wie würde es aussehen, wenn ein solcher Ansatz auf Initiative und unter der Leitung einer kommunalen Regierung durchgesetzt würde?

Die Stadt Preston in Lancashire (140.000 Einwohner*innen) bietet einen guten Einblick, wie ein verändertes Denken und eine veränderte politische Strategie mit ihrem „Guerilla-Lokalismus" – inzwischen auch als „Preston-Modell" bezeichnet – die Fantasie in einer Stadt freizusetzen vermag.[408] Preston verfolgte den Weg einer eher einfallslosen Stadtentwicklung, wie man sie in Städten auf der ganzen Welt findet. Eine Idee war, das Zentrum der Stadt als sogenanntes Tithebarn-Einkaufszentrum zu sanieren, mit einem Kino-Multiplex und großen Geschäften. Doch 2011 zog sich die Kaufhauskette John Lewis zurück und das Projekt scheiterte. Stadtrat Matthew Brown wurde von seinem Vorsitzenden gebeten, Initiativen zur Ankurbelung der lokalen Wirtschaft vorzuschlagen, ein Thema, für das er sich bereits seit Langem interessierte und wofür er Beispiele aus der ganzen Welt zusammengetragen hatte. Im Jahr 2013 berief er die sieben städtischen Organisationen mit den größten Ausgabeposten öffentlicher Gelder ein, darunter die Polizeibehörde, zwei Universitäten, den Stadtrat und den größten öffentlichen Wohnungsanbieter. Das in Manchester ansässige Centre for Local Economic Strategies (CLES) war von ihm beauftragt worden, zu untersuchen, wohin die Gelder gingen, die diese „Ankerinstitutionen" ausgaben.

Die Ergebnisse von CLES waren erschütternd. Von den 750 Millionen Pfund, die jährlich ausgegeben wurden, blieben lediglich 5 Prozent in Preston und nur 39 Prozent in Lancashire. Mit anderen Worten: Pro Jahr flossen 458 Millionen Pfund aus der Grafschaft ab, und das dank Organisationen, die eigentlich im Interesse Prestons agieren sollten. So musste der Stadtrat feststellen, dass nur 14 Prozent seiner Beschaffungsausgaben in Preston blieben. (Der nationale Durchschnitt liegt bei bereits erbärmlichen 31 Prozent.)[409] Mit diesen Informationen bot sich plötzlich die Gelegenheit, darüber zu diskutieren, wie solche Lecks zu stopfen seien.

Die Gemeinde überlegte sich neue Modelle, um die Kaufkraft dieser sieben „Ankerinstitutionen" für sich nutzbar zu machen und zu überdenken, wohin das Geld fließen sollte. Die Frage lautete: Was, wenn wir eine viel demokratischere Wirtschaft hätten und über wirtschaftliche Aktivitäten, Produktionsweisen und Eigentumsformen verfügten, die stärker in den Händen der Öffentlichkeit und der Gemeinschaft verankert wären? Brown ließ sich von den Kooperativen von Mondragon und den Evergreen Coops in Cleveland, Ohio, inspirieren, deren Ansatz, die

Rolle der Ankerinstitutionen zu überdenken und neue Kooperativen zur Lebensmittel- und Energieversorgung sowie für die Wäscherei des örtlichen Krankenhauses zu bilden, einen tiefen Eindruck auf ihn gemacht hatte. „Wenden wir also ein bisschen Fantasie auf, um aus diesem Schlamassel herauszukommen", sagte er.[410]

Als 2018 die Stadt Preston ihre Fantasie einsetzte, um aus dem Schlamassel herauszukommen, war sie so erfolgreich, dass sie landesweit in die Schlagzeilen geriet. In einem Bericht erklärte PricewaterhouseCoopers Preston zur „am besten durchorganisierten Stadt des Vereinigten Königreichs".[411] Fünfundsiebzig Millionen Pfund waren inzwischen an in Preston ansässige Zulieferer umgeleitet worden, und insgesamt blieben 200 Millionen Pfund mehr in der Stadt. Aufgrund der Veränderungen, die Brown und seine Kolleg*innen vorgenommen haben, war jetzt „viel mehr Geld im Umlauf. Die Zuversichtlichkeit in der Stadt ist durchaus spürbar, denn nun gibt es 12.000 zusätzliche Beschäftigte in Preston". 72.000 Menschen arbeiten inzwischen in der Gemeinde gegenüber 60.000 nur drei Jahre zuvor. Aber wie ging man dabei vor?

Zunächst einmal konzipierte die Stadtverwaltung das Beschaffungswesen neu. Anstatt zum Beispiel eine große Ausschreibung für den Bau eines neuen öffentlichen Gebäudes bekannt zu geben, wurde diese in viele kleinere aufgeteilt, so dass sich lokale Firmen um die Aufträge bewerben konnten. Dann fasste man den Plan, 5,5 Milliarden Pfund des Lancashire-Pensionsfonds, die seinerzeit größtenteils im Ausland lagen, zurück nach Preston zu holen und sie in neue Gebäude im Stadtzentrum zu investieren. Der Stadtrat eröffnete eine neue Markthalle. Neue Genossenschaften entstanden, darunter eine, die ihre Waren von Bäuer*innen aus einem Umkreis von zehn Meilen bezieht. Die Universität nahm sich der Idee der „progressiven Beschaffung" an und versteht sich inzwischen als „bürgerliche Ankerinstitution", als wichtiger sozialer und wirtschaftlicher Akteur der Gemeinde, der in der Lage und auch dafür verantwortlich ist, die Wirtschaft und das kulturelle Wohlergehen der Stadt zu fördern. Wenn heute die größte städtische Wohnungsbaugesellschaft Wartungsarbeiten in der Siedlung durchführen muss, vergibt sie nicht alle Arbeiten an ein Unternehmen, sondern beauftragt die vielen Bauarbeiter*innen, Elektriker*innen und anderen Handwerker, die bereits dort leben. Preston arbeitet zudem an der Gründung einer Gemeinschaftsbank. „Ich wünsche mir eine Kultur, sowohl in der Wirtschaft als auch in der Politik, die die Menschen dazu ermutigt, neue Ideen einzubringen, und in der man ihnen zuhört", so Brown.

Die Geschichte Prestons lässt an eine Idee denken, die bei der Förderung einer „Wirtschaft der Fantasie" eine große Rolle spielen könnte. In den letzten Jahren ist viel über das universelle Grundeinkommen geschrieben worden. Es ist in vielerlei Hinsicht eine ausgezeichnete Idee und sie könnte dazu beitragen, Bedingungen zu schaffen, unter denen sowohl die persönliche als auch die kollektive Fantasie gedeiht, insbesondere weil es dadurch weniger Angst und Stress geben würde. Aber das Einkommen ist nur ein Aspekt unter mehreren, die gewährleisten, dass wir uns sicher fühlen. Das Universelle Grundvermögen (UBA) geht in dieser Hinsicht noch weiter. Marina Gorbis vom Institute for the Future definiert UBA als „einen Kernbestand an grundlegenden Ressourcen, auf den jeder Mensch Anspruch hat, von Wohnraum und Gesundheitsversorgung bis hin zu Bildung und finanzieller Sicherheit". Sie argumentiert, dass die vier Länder, die in der weltweiten Rangliste der sozialen Mobilität an der Spitze stehen, Dänemark, Norwegen, Finnland und Kanada, alle „in hohem Maße Zugang zu öffentlichen Ressourcen wie Bildung, Gesundheitsversorgung und Transportmitteln" bieten.[412]

Was, wenn der Zugang zu bezahlbarem Wohnraum ein universelles Grundgut wäre? Was, wenn wir ihn mit dem Guerilla-Lokalismus kombinieren würden, der sich in Preston, Jackson, Barcelona und anderswo entwickelt? Was, wenn Wohnungen so gebaut werden könnten, dass die in einer Gemeinde bereits vorhandenen wirtschaftlichen Möglichkeiten optimiert werden, das Geld vor Ort bleibt und damit so viel wie möglich bewirkt wird? Was, wenn Wohnungen von lokalen Unternehmen oder von neu gegründeten Kooperativen gebaut, unter Verwendung lokal verarbeiteter Materialien, mit gemeindeeigener erneuerbarer Energie betrieben und als gemeinschaftliches Eigentum verwaltet würden, so dass sie ein laufendes Einkommen generieren und weitere Vorhaben ermöglichen würden?

Was, wenn auch Schulen selbst für Lebensmittel, Energie, Materialien, Dienstleistungen und Baumaterialien sowie Arbeitskräfte sorgen könnten, die sie benötigen, und damit einen maximalen wirtschaftlichen Nutzen erzielen? Das Geld, das die Regierung investiert, um sicherzustellen, dass jedes Kind Zugang zu einer kostenlosen, exzellenten und fantasievollen Bildung hat, würde in vielerlei Hinsicht so viel mehr bewirken und so viel mehr ermöglichen. Im April 2019 besuchte ich zum Beispiel Mouans-Sartoux, eine französische Stadt, in der das gesamte Essen, das in sämtlichen Schulen der Primar- und Sekundarstufe serviert wird, biologisch ist und zu 70 Prozent aus lokalem Anbau stammt.[413] Die Gemeinde kaufte ein 7 Hektar großes Gelände am Rande der Stadt, um diese 70 Prozent anzubauen. Der dort angelegte Garten weist Gelände mit Folientunnel und Obstgärten auf und strotzt nur so vor Artenvielfalt. 60 Prozent der Schulfamilien kaufen inzwischen hin und wieder biologische Produkte, und 13 Prozent kaufen alles biologisch. Der Aufschwung für die lokale Wirtschaft ist ebenfalls beträchtlich.

Stadtrat Brown drückt es so aus: „Das Spiel ist vorbei für das alte System. Wir sollten uns Stück für Stück auf das neue System zubewegen, beginnend an der Basis und auf lokaler Ebene ... Wir befinden uns in der Anfangsphase von etwas überaus Bedeutendem."[414]

Wenn du in der Regierung arbeiten und auf eine Plattform gewählt werden würdest, bei der es darum geht, präzedenzloses neues Denken – wirklich fantasievolles Denken – voranzubringen, wo würdest du ansetzen? Wie würdest du auf Ideen aufbauen, die in der Welt bereits im Schwange sind? Stell dir vor, deine lokale oder nationale Regierung hätte ein Ministerium der Imagination. Mir ist klar, dass dies klingt, als stamme es aus einem Harry-Potter-Roman. Aber nehmen wir an, es handle sich um ein Ministerium, dessen Aufgabe darin besteht, in besagter Verwaltung die Fantasie voranzubringen. Es würde sich um eine übergreifende Abteilung handeln, vornehmlich damit beschäftigt, die Fantasie in alle Aspekte und Funktionen der Regierungsarbeit einzuführen. Sie würde politische Anliegen aus anderen Regierungsbereichen daraufhin prüfen, ob sie das Land fantasievoller machten oder eben nicht. (So würden zum Beispiel sämtliche Maßnahmen, die voraussichtlich Angst, Stress und Einsamkeit steigern, einfach nicht zugelassen.) Sie würde andere Abteilungen darin schulen, einfallsreicher, flexibler, spielerischer vorzugehen. Kurz, ihre Aufgabe wäre es, alles neu zu konzipieren.

Als ich darüber nachdachte, hielt ich die Idee eines Ministeriums der Imagination für reine Spekulation, es stellte sich aber heraus, dass es etwas in der Art bereits gibt, nur unter anderem Namen: Das Laboratorio para la Ciudad (Labor für die Stadt) in Mexiko City – eine Stadt mit einer Bevölkerung von 8,9 Millionen. Ich hatte die Gelegenheit, Gabriella Gómez-Mont, eine Künstlerin und Gemeindekuratorin zu interviewen, deren Interesse bereits seit Langem dem Nachdenken über Zukunft gilt und die letztlich so etwas wie ein Ministerium der Imagination gegründet hat.[415] Gómez-Mont kommt aus der Kunst und dem Kulturbereich, sie hat als Journalistin, Dokumentarfilmerin, bildende Künstlerin und experimentelle Kuratorin gearbeitet. Die Idee dazu entstand ursprünglich in einem Workshop, an dem sie am Institute of Future, einem in Palo Alto ansässigen Think Tank, teilnahm. Ihre Arbeitsgruppe entwickelte die Idee eines „Büros für öffentliche Imagination": „Unser Ausgangspunkt ist das Unmögliche. Wir wollen uns die unmögliche Schule vorstellen. Die unmögliche Wirtschaft. Die unmögliche Familie. Den unmöglichen Vertrag. Den unmöglichen Planeten. Unsere gemeinsame Arbeit besteht darin, all das besagte Unmögliche möglich zu machen. Das Utopische in die Praxis umzusetzen. Wege in die Zukunft zu bahnen, die uns in die erhoffte Welt führen werden, die wir uns gemeinsam vorgestellt haben."

Im Jahr 2013 wurde sie von Miguel Ángel Mancera, dem frisch gewählten Bürgermeister von Mexiko City, gebeten, ein neue Art von Stadtverwaltung zu entwerfen, und zwar von Grund auf, die sich neue Wege der Zusammenarbeit von Stadtregierung und Bürger*innen, neue Partizipationsmodelle und Regierungsformen ausdenken und sich mit der Frage beschäftigen sollte: „Wie lassen sich Fantasie und Möglichkeitssinn demokratisieren?" Gómez-Mont stellte ein Team aus achtzehn Personen zusammen, deren Durchschnittsalter bei 29 Jahren lag; dies entspricht zufällig auch dem Durchschnittsalter der in Mexiko City lebenden Bevölkerung. Das Team verkörperte ein breites Spektrum unterschiedlicher Disziplinen. Die Hälfte bestand aus Leuten, wie man sie in einer Regierungsabteilung erwarten würde: Stadtgeograf*innen, Datenanalyst*innen, Politolog*innen, Soziolog*innen und Ingenieur*innen; die andere Hälfte kam aus den Künsten, der Kultur und den Geisteswissenschaften

– Künstler*innen, Designer*innen, Filmemacher*innen, Architekt*innen, Expert*innen für soziale Innovation, Aktivist*innen und Philosoph*innen.

Nach der Gründung machte das Team einen kollektiven Gedankensprung weg von der Vorstellung, die Stadt sei eine Maschine oder eine Fabrik, hin zu einer „Heterotopie", einem vielschichtigen Flickenteppich an innovativen Ideen auf allen Ebenen, von Nachbarschaftsinitiativen für Demokratie über die städtische Lebensmittelproduktion bis hin zu unternehmerischen Innovationen und gemeinschaftsbasierten Neuerungen aller Art. „Wir haben eine erstaunliche Geschichte kommunaler Praxis", berichtete Gómez-Mont, „von der Landwirtschaft über Wirtschaftskooperativen bis hin zu indigenen Formen der Regierungsführung und Demokratie. Aber wir haben sie nicht tiefgehend genug analysiert, denn was die Imagination angeht, sind wir leider Träumen hinterhergejagt – einer aus der ersten Welt stammenden Fortschrittsidee –, anstatt unserer sozialen Zusammensetzung ins Auge zu sehen und darauf aufzubauen." Wieder einmal geht es um die Idee, dass unsere Fantasie weitaus mehr anschlägt, wenn wir die Beschränkungen, die uns unsere Epoche auferlegt, genau unter die Lupe nehmen, als wenn wir versuchen, einfach weiterzumachen wie bisher.

Anstatt Modelle von oben aufzudrängen, versucht das Laboratorio para la Cuidad, die Stadt zu verstehen und Lösungen zu entwickeln, die auf dem basieren, was bereits passiert. Dafür werden weit reichende und vielfältige Recherchen unternommen. Die Umfrage „Imagine Your City" versuchte, die Hoffnungen und Ängste der Menschen in der Stadt zu ergründen. So wurde gefragt:

> Welche drei Worte kommen Ihnen in den Sinn, wenn Sie
>   an Mexiko-Stadt denken?
> Welche drei Dinge schätzen Sie am meisten?
> Wie stellen Sie sich die Zukunft der Stadt vor?
> Was muss die Regierung unternehmen, um Ihre Vision der Stadt
>   zu verwirklichen, und was müssen Sie dafür tun?

Einunddreißigtausend Antworten kamen zurück und bildeten einen repräsentativen demografischen Querschnitt ab. Die meisten Zukunftsvisionen der Befragten waren, wie sich herausstellte, dystopischer Natur: „Wir werden alle sterben ...", und dies auf mancherlei unangenehme Art, etwa durch Hungersnöte, Wassermangel oder gewaltige Feuersbrünste.

„Über Demokratie denken wir meist, wenn man so will, im Hinblick auf den Lebensunterhalt nach", meinte Gómez-Mont, „Zugang zu Wasser, Zugang zu Nahrung, Zugang zu Arbeit. Aber wie verhält es sich mit dem Zugang zu einer möglichen Zukunft?" Die ausgeprägte Kreativität und die vielen Experimente in der Stadt vor Augen überlegte das Team, wie anders sich die Stadtverwaltung – und ihre Bürger*innen – verhalten würde, wenn sie Kenntnis von diesen Experimenten hätte. So würde sie vielleicht dazu kommen, etwa den Bürgerhaushalt als eine Form der Sozialforschung und Entwicklung aufzufassen und zu überdenken.

Zusammen mit ihrem Team eruiert Gómez-Mont die Möglichkeit, ein, wie sie es nennt, „mega-urbanes Labor" auf die Beine zu stellen. Sie sagt zwar, ihre Abteilung sei in der übrigen Verwaltung „definitiv als verrückte Abteilung" verschrien, meint aber auch, dass ihre Arbeit Einfluss hat und respektiert wird. „Fantasie ist kein Luxus", sagt sie (vier Worte, die auf T-Shirts prangen sollten). „Wir sollten uns nicht nur damit beschäftigen, Städte für den menschlichen Körper zu bauen, sondern auch für die menschliche Fantasie ... Je weiter verbreitet die Fähigkeit wird, sich viele Arten von Zukunft vorzustellen, desto besser wird es uns gehen."

Mexiko-Stadt ist nicht der einzige Ort, der erkannt hat, wie entscheidend es für die Zukunft ist, die Fantasie in den Mittelpunkt des städtischen Lebens zu stellen. Bologna in Italien ist mit seinen 389.000 Einwohner*innen schon seit Langem ein Zentrum für progressive Politik und Genossenschaften. Die Stadt liegt im Herzen der Emilia-Romagna, einer Region, in der ein ökonomisches Modell, wie es ansatzweise in Preston Gestalt angenommen hat, schon lange zur Norm gehört. Zwei von drei Einwohner*innen gehören mindestens einer Genossenschaft an, und 30 Prozent des BIP der Region werden von Genossenschaften erwirtschaftet.[416] Die Region ist zudem die erste in Italien, die ein Gesetz zur Förderung der Kreislaufwirtschaft verabschiedet hat, die erste, die eine echte Strategie für den Übergang zu einer kohlenstoffarmen Wirtschaft verfolgt, und sie war die erste, in der sich eine landwirtschaftliche Versorgungsgemeinschaft gegründet hat. Doch als 2008 der Wirtschafts-crash einsetzte, wurde deutlich, dass die Bürgerbeteiligung und das Ver-trauen in die Institutionen nachgelassen hatten. Die Institutionen der Stadt waren in einem Maße bürokratisch geworden, dass sie jegliche öffentliche Initiative erstickten. Wie Bolognas Bürgermeister Virginio Merola erzählt: „Die ganze Sache begann mit einer Sitzbank, denn ein Bürger hatte um die Erlaubnis gebeten, eine Bank neu zu streichen. Um die Erlaubnis für einen Neuanstrich einer einfachen Bank zu erteilen, mussten wir, wie wir bald feststellten, fünf verschiedene Instanzen der städtischen Verwaltung durchlaufen – fünf verschiedene Genehmigun-gen einholen. Uns wurde klar, dass etwas nicht stimmte."[417]

Im Jahr 2014 verabschiedete der Stadtrat die neue „Verordnung über die öffentliche Zusammenarbeit zwischen Bürgern und der Stadt zur Pflege und Erneuerung städtischer Gemeingüter". Eine neue Infra-struktur wurde geschaffen, wodurch die Stadtverwaltung für die Bür-ger*innen ansprechbarer wurde und die dazu einlud, bei der politischen Gestaltung neuer Projekte in ihren Vierteln und bei der Gestaltung der Zukunft der Stadt initiativ zu werden. Die Stadt wurde in sechs Bezirke gegliedert, jeder mit seinem eigenen Rat und Präsidenten, zusammen mit einer Fondazione Innovazione Urbana (Stiftung zur Stadterneue-rung, FIU) zur Unterstützung von Gemeinschaftsinitiativen, und – mein Favorit – einem Ufficio Immaginazione Civica, einem Amt für Bürger-fantasie (UIC).

Im Jahr 2016 wurde die „Bürgerfantasie" dem Aufgabenbereich „Kultur, Kulturerbe, Sport und Tourismus" des stellvertretenden Bür-germeisters Matteo Lepore hinzugefügt. In einem Bericht von Cities of Service heißt es: „Lepore war der Auffassung, dass die Stadtverwaltung Strategien und Instrumente so konzipieren müsse, dass sich die Bürger Bolognas für die Pflege des öffentlichen Raums und die nachhaltige Nutzung von Ressourcen mitverantwortlich fühlen." Das UIC managt sechs „Labore", eines in jedem Stadtteil, die als permanente Gemein-schaftszentren für Zusammenarbeit und Innovation fungieren. Sein Mitarbeiterteam bringt Menschen mit sehr unterschiedlichem Hinter-grund zusammen und agiert in Zusammenarbeit mit dem städtischen

Regierungsreferat und dem Fachbereich Soziologie der Universität Bologna als „Brücke" zwischen der Stadt und den Bürgern, um „Pakte" zu schaffen und Bürgerhaushalte zu managen. Pakte sind Projekte, die von der Gemeinde vorgeschlagen werden; das UIC hilft dann bei der Entwicklung dieser Projekte, bewertet ihre Machbarkeit und prüft, wie sie mit anderen geplanten Entwicklungsprojekten zusammenpassen, und fungiert später als Partner und manchmal auch als Geldgeber. Bis Oktober 2018 wurden 480 Pakte umgesetzt, von Gemeinschaftsgärten bis zu öffentlichem Werkzeugverleih, von Wandmalereien bis zur Umnutzung leerstehender Gebäude als Gemeinschaftszentren.[418]

Einige wenige von der Stadt finanzierte Projekte werden durch die Begutachtung im Rahmen eines Bürgerhaushalts bestimmt. Im Jahr 2018 sahen sich 14.000 Menschen 174 Projektvorschläge an, von denen sechs – einer in jedem Bezirk – finanziert wurden und sich eine Million Euro an städtischen Mitteln teilten. Im Gegensatz zu den nationalen Wahlen, bei denen nur Staatsbürger*innen wählen können und somit jene 15 Prozent der Bevölkerung mit Migrationshintergrund ausgeschlossen sind, ist jeder über sechzehn Jahren teilnahmeberechtigt. Mit verschiedenen Workshops und der Open Space Technology versucht das UIC sichere Umfelder und Gelegenheiten zu schaffen, in denen sich die Menschen wohl fühlen, neue Ideen und Projekte vorzustellen und zu entwickeln.

Das funktioniert in Bologna unter anderem deshalb, weil es im Stadtrat eine Verschiebung gegeben hat. Die Mitarbeiter*innen der Stadtverwaltung vertrauen darauf, dass das UIC, die Fondazione Innovazione Urbana und die anderen Organe, die, einschließlich eines Büros für aktive Bürgerschaft, sonst noch ins Leben gerufen wurden, die Verbindung zu den städtischen Gemeinden herstellen, bestmögliche Unterstützung bieten und die Ergebnisse zurückmelden. Ein Ansatz, den der Direktor des UIC, Michele d'Alena, wie folgt beschreibt: „Wir hören auf die Seele der Nachbarschaft, unser Büro ist vor Ort."[419] Und die Mitarbeiter*innen des UIC nehmen sich dies sehr zu Herzen. Teresa Carlone, Community Managerin beim Urban Innovation Forum, meint: „Bei allem, was sie [die Gemeinschaft] organisiert, versuchen wir, dabei zu sein ... Die meisten Leute im Stadtteil haben meine Privatnummer."[420] Warum wurde der Begriff der Vorstellungskraft als Basis für die Arbeit des Magistrats ausgewählt? D'Alena erzählt, er sei anfangs skeptisch gewesen, dieses Wort zu verwenden, weil er dachte, man bräuchte etwas „Praktischeres". Später habe er jedoch verstanden, wie effektiv es war, „Vorstellungskraft" in den Mittelpunkt zu stellen, denn er habe beobachtet, dass „sich vorstellen" eines der am häufigsten verwendeten Wörter in den zahlreichen Versammlungen war, die sie abhielten. „Die Leute wollen sich für die Lösung von Problemen neue Methoden vorstellen. ,Sich vorstellen' ist ein sehr einfaches Wort. Jeder versteht, was es bedeutet. Es ist eine clevere Art, darüber zu sprechen, wie man Probleme auf eine neue Art und Weise lösen kann", sagte er.[421]

Die Stadtverwaltung führt auch ein jährliches Wettbewerbsprogramm für Start-ups namens „Incredibol!" durch. Damit werden neue Unternehmen unterstützt und das Programm wird zudem eingesetzt, ungenutzte städtische Flächen zu vergeben. Dynamo zum Beispiel ist ein Fahrradverleih und eine Fahrradreparaturwerkstatt und fungiert zudem als Drehscheibe, unter anderem für den Vertrieb lokaler Bioprodukte. Das Orchester Senzaspine gewann 2014 Incredibol! für sein klassisches, auf junge Menschen abzielendes Musikprogramm und bekam daraufhin den Mercato San Donato, eine leerstehende Markthalle, als neue Heimat angeboten. Das UIC und sein Netzwerk von Stadtteillaboren ist ein Modell, das sich jede Stadtverwaltung zu eigen machen kann, und Bologna ist ein Beispiel dafür, was sich alles ergeben kann, wenn Gemeinden neue Demokratieansätze und basisdemokratische Entscheidungsfindung mit einer lokal ausgerichteten wirtschaftlichen Entwicklung kombinieren.

Wir haben in Mexiko-City und in Bologna gesehen, dass sich die Vorstellungskraft auf städtischer Ebene neu entfachen lässt, wie aber sieht es auf der nationalen Ebene aus? Auch wenn die Arbeit, die in Mexiko-City und Bologna geleistet wird, visionär und kühn ist, habe ich doch meine Zweifel, dass zum Beispiel die britische Regierung irgendwann einmal ein Ministerium der Vorstellungskraft schaffen wird und dass dieses dann ausreichen würde, sich unseren Herausforderungen zu stellen oder dass es auch nur annähernd in der Lage sein würde, seine Funktion zu erfüllen. Angesichts unserer derzeitigen Regierung wirkt diese Idee lächerlich. Ohne einen grundsätzlichen Wandel in der Politik fällt es schwer, sich eine Regierung vorzustellen, in der eine solche Idee überhaupt ernst genommen würde. Und selbst wenn dem so wäre, würde jedes Bestreben, die Vorstellungskraft auch auf nationaler Ebene wieder aufzubauen, immer verdrängt werden von dem besessenen Streben nach wirtschaftlichem Wachstum, etwa so wie Regierungen, die sich auf dem Papier der Nachhaltigkeit und der Abschwächung des Klimawandels verpflichtet haben, diese Werte aber immer dann außer Kraft setzen, wenn neue Straßen, Flughäfen oder Energiegewinnung als „gut für die Wirtschaft" erachtet werden.

Natürlich kann man niemandem vorschreiben, fantasievoll zu sein. Nichts würde die Fantasie schneller zum Erliegen bringen als Politiker*innen, die uns empfehlen, mehr Fantasie walten zu lassen. Wir wissen jedoch, dass die Fantasie nur dann gedeihen kann, wenn sich die Menschen sicher und entspannt und mit anderen verbunden fühlen, wenn sie gutes Essen bekommen, von hoffnungsvollen Zukunftsaussichten hören, in Was-wenn-Räume eingeladen werden und mit Kunst aller Art umgeben sind, wenn sie sich nicht überwacht oder unter Zeitdruck gesetzt fühlen, sich in einer Gesellschaft bewegen, in der so viel Gleichheit wie nur möglich herrscht und zu der sie Sinnvolles beitragen können, und wenn sie in ihrem Alltagsleben so häufig wie nur möglich in der Natur sein können. Jede wie auch immer geartete Nationale Fantasie-Strategie muss daher als Erstes einen fruchtbaren Boden dafür schaffen. Dies würde ein „Recht auf Fantasie" gewährleisten. Dazu können wir mit verschiedenen Dingen beitragen. Menschen brauchen ein sicheres Umfeld, gut moderierte Versammlungen und die Möglichkeit, von anderen zu lernen; das gilt für Staatsbedienstete, Manager*innen und Mitarbeiter*innen in allen Organisationen einer Gemeinde nicht weniger als für Einzelpersonen und Gemeindeeinrichtungen. Wir müssen, um es mit Ruth Ben-Tovim zu sagen, „die sozial engagierten Kreativen, die wissen, wie man auf Gemeindeebene arbeitet, zum Zuge kommen lassen"[422].

Das beste Modell für eine Nationale Fantasie-Strategie, das mir bisher begegnet ist, ist der Well-being of Future Generation (Wales) Act, das „Gesetz zum Wohlergehen zukünftiger Generationen", das 2015 von der walisischen Regierung verabschiedet wurde. 1999 signalisierte das Welsh Assembly Government, sich für eine nachhaltige Entwicklung einsetzen zu wollen. Ein Jahrzehnt später veröffentlichte es einen Bericht mit dem Titel *One Wales, One Planet*, in dem es seine Vision für ein nachhaltiges Wales darlegte, nur um sich 2010 bei einer Überprüfung durch das National Audit Office (eine Art Rechnungshof) und den World Wildlife Fund vorwerfen lassen zu müssen, dass die Politik nur sehr wenig bewirkt habe und sich mehr auf die „Propagierung" als auf die „Umsetzung" von Nachhaltigkeit konzentriere. Dieses Debakel führte zu einem großen Umdenken, das 2015 in besagtem Well-being of Future Generation Act mündete und alle öffentlichen Einrichtungen von der Kommunalverwaltung bis zum NHS und vom Nationalmuseum bis zur Nationalparkbehörde betrifft. Sein Ziel ist es, „das soziale, wirtschaftliche, ökologische und kulturelle Wohlergehen von Wales zu verbessern", wobei jede öffentliche Einrichtung angehalten ist, für eine nachhaltige Entwicklung zu sorgen und „Ziele festzulegen und zu veröffentlichen sowie alle angemessenen Schritte zu unternehmen, um diese zu erreichen".

Auch wenn eines der Gesetzesziele „ein wohlhabendes Wales" ist, definiert es „wohlhabend" als eine „innovative, produktive und kohlenstoffarme Gesellschaft, die die Begrenztheit der globalen Umwelt anerkennt und daher Ressourcen effizient und angemessen nutzt (Maßnahmen gegen den Klimawandel eingeschlossen)". Man beachte, dass nirgends von Wirtschaftswachstum die Rede ist. Die Wirtschaftsziele werden neu definiert und beschreiben „eine Nation, die bei ihren Maßnahmen zur Verbesserung des wirtschaftlichen, sozialen, ökologischen und kulturellen Wohlergehens von Wales stets in den Blick nimmt, ob diese einen positiven Beitrag zum globalen Wohlergehen leisten"[423].

Ich sprach mit Jane Davidson, der ehemaligen Ministerin für Umwelt, Nachhaltigkeit und Wohnen, die als Architektin des Gesetzes gilt. „Wenn man eine Gesetzgebung schafft, die auf Bestrafung setzt", sagte sie, „wird sie die Fantasie der Menschen nicht anregen. Die Vorstellungskraft zu stimulieren, erfordert eine gehörige Portion Mut. Es braucht schon ein langfristiges Engagement und politische Unterstützung."[424] Das Gesetz, meinte sie, „erteilt die Erlaubnis, anders zu denken". Das ist auch tatsächlich seine Stoßrichtung. Wie aber lässt es sich durchsetzen?

Erstens zwingt das Gesetz, anstatt vorzugeben, was zu tun ist, jede einzelne öffentliche Organisation dazu, sich selbst eine Reaktion vorzustellen. Gleichwohl hat jede Einrichtung bestimmte Auflagen zu erfüllen: So muss sie eine Erklärung zum Wohlergehen erstellen, in der sie darlegt, was sie tun wird; sie muss jedes Jahr über ihre Fortschritte berichten; und sie muss dem Beauftragten für zukünftige Generationen Rede und Antwort stehen, wenn sie dazu aufgefordert wird. Die bahnbrechende walisische Gesetzgebung für *One Planet Development*, die umweltverträgliche Bauprojekte auf dem Land nur dann gestattet, wenn sie kohlenstofffrei sind, einen geringen ökologischen Fußabdruck aufweisen, 100 Prozent erneuerbare Energie nutzen, die Biodiversität erhöhen und (unter anderem) 65 Prozent ihres Einkommens aus dem Standort generieren können, war zwar bereits in Kraft, doch erst der Well-Being of Future Generations Act hat ihr Biss verliehen. Das Gesetz kann nun in allen im Zusammenhang mit *One Planet Development*-Anträgen stehenden Planungsanfechtungen geltend gemacht werden, um das Gleichgewicht zu deren Gunsten zu beeinflussen.[425]

Inwieweit das Gesetz jedoch wirklich greift, wird sich erst durch die jeweilige Rechtsprechung erweisen. Im Juni 2019 wurde eine geplante Autobahn-Entlastungsstraße zwischen Cardiff und Newport vom walisischen Premierminister Mark Drakeford aus Kostengründen gekippt, wobei auch Umweltbedenken ein „sehr großes Gewicht" beigemessen wurde. Die Beauftragte für zukünftige Generationen, Sophie Howe, die argumentiert hatte, dass die Straße „die Ziele" des Well-being of Future Generations Act „nicht widerspiegelt oder unterstützt", begrüßte die Entscheidung und gab ihrer Hoffnung Ausdruck, dass „sie einen Politikwechsel für Wales und die walisische Regierung markiert"[426]. Das ist fantastisch. Von diesem Punkt aus ist es kein großer Sprung, sich entweder ein ähnlich strukturiertes, die Vorstellungskraft in den Blick nehmendes Gesetz vorzustellen, oder es sogar um die Notwendigkeit zu ergänzen, die nationale Imaginationskraft wieder aufzubauen, und dabei öffentliche Einrichtungen zu zwingen, in ihren Planungen auch Maßnahmen zu berücksichtigen, die die Fantasie ihrer Mitarbeiter*innen und Partner*innen fördern. Ein derart formuliertes nationales Imaginations-Gesetz würde es erlauben, gegen Politiker*innen, die etwa versuchen, die Künste aus den Bildungsprogrammen zu streichen, Bibliotheken zu schließen, Kulturmittel zu kürzen oder Sparmaßnahmen mit all ihren

Folgewirkungen für die Fantasie durchzusetzen, rechtlich vorzugehen. Das wäre in der Tat ein schlagkräftiges politisches Instrument.

Hier würde ich ansetzen, mit einem nationalen Imaginations-Gesetz nach walisischem Vorbild, das im Kontext des Klimanotstands, rapider sozialer Fragmentierung und der Biodiversitätskrise steht. Anstatt den öffentlichen Organisationen jeweils vorzuschreiben, mit mehr Fantasie zu agieren, würde ein solches Gesetz sie dazu nötigen, mit Hilfe qualifizierter Berater*innen und inspirierender Beispiele eigene Strategien zu entwickeln. Eine Gesetzgebung wie diese wäre ein wichtiger Schritt in die richtige Richtung und würde, wie ich mir vorstellen kann, Menschen quer durch das politische Spektrum ansprechen. Sein Potenzial erinnert an die Worte der Philosophin Maxine Greene: „Vielleicht ist es die Wiedererlangung der Vorstellungskraft, die die soziale Lähmung, die wir um uns herum sehen, verringert und das Gefühl wiederherstellt, dass im Namen dessen, was anständig und menschlich ist, etwas getan werden kann."[427]

NEUN

WAS, WENN ALL DIES EINTRIFFT?

Die Menschen sprachen miteinander. Sie kommunizierten: Fernsehen und Radio waren ausgeschaltet und wo man sich gerade aufhielt, überall wurde geredet und debattiert. Die Menschen veränderten sich. Ideen und Inspirationen mit einer Strahlkraft, die ein Leben zu prägen und es für immer zu ändern vermochte, waren allgegenwärtig.

—Johan Kugelberg (über Paris im Mai 1968), „A Jumble of Realia"

Am Morgen des 4. Mai 2006 wurden die Menschen in London mit der Nachricht geweckt, dass am Waterloo Place ein seltsames Objekt in die Straße eingeschlagen sei. Die, die sich aufgemacht hatten, um zu sehen, was passiert war, wurden von dem Anblick einer sechs Meter hohen Rakete überrascht, einem von Metallreifen zusammengehaltenen zylindrischen Gegenstand aus Holz, dessen spitzes Ende im vom Einschlag aufgeworfenen Asphalt steckte. Das Objekt sah aus, als sei es einem Roman Jules Vernes entsprungen. Dampf stieg auf, ein Polizeikordon hielt die Zuschauer auf Abstand und kein Mensch wusste, was es mit dem Ding, das aussah, als sei es in der Nacht aus dem Weltraum gestürzt, auf sich hatte. Die Menge wuchs und die Nachricht machte die Runde.

Am nächsten Morgen kam ein riesiger Elefant an der Rakete an, auf seinem Rücken ein Sultan mitsamt Gefolge. Daraufhin kam ein fahrbarer Kran, hob das obere Stück der Rakete ab und heraus kam ein riesiges Kind, ein Mädchen, acht Meter groß, das eine Fliegerbrille trug und der Welt, in der sie gelandet war, zublinzelte. Das Mädchen tourte dann auf einem Aussichtsbus durch London, während der Elefant durch St. James's zog, und die neugierige Menge mit Wasser besprritzte. Das Mädchen schlief vor dem Buckingham Palace in einem riesigen Liegestuhl, nahm eine Dusche und zog sich an.

Am Samstag trottete der Elefant an den Trafalgar Square, wo er das Mädchen abholte und es auf seinem Rüssel in die Grand Parade trug. „Das den Träumen des Sultans entstiegene Mädchen" wirkte so lebensecht, dass die Schaulustigen die in rote Livreen gekleideten Bedientrupps schnell vergaßen. „Sie ist unser aller Tochter", sagte ein Zuschauer.[428] Die Leute waren hingerissen. Kinder standen Schlange, um auf ihrem Arm zu schaukeln, während sie ihnen zulächelte. Manchmal hob sie die Kinder auch hoch und blickte ihnen in die Augen. Am Sonntag wanderten das Mädchen und der Elefant durch große

Zuschauermengen zurück an die Stelle, wo die Rakete auf sie wartete. Sie stieg hinein, die Rakete schloss sich, und der Elefant winkte ihr zum Abschied. Rauch und Flammen schossen aus dem unteren Ende und dann öffnete sich die Rakete wieder. Das Mädchen war verschwunden.

Wie sich herausstellte, war das Spektakel von Royal de Luxe, einer französischen Straßentheatertruppe und Artichoke organisiert worden, einer in England ansässigen Kunst- und Event-Gruppe, die dem Wort „Event" eine ganz neue Bedeutung gegeben hat. Das Spektakel trug den Titel *La visite du sultan des Indes sur son éléphant à voyager dans le temps* (Der Sultan von Indien kommt auf seinem Zeitreise-Elefanten zu Besuch). Der damalige Kulturminister David Lammy lobte das Projekt, „weil es uns daran erinnert, dass Straßentheater noch möglich ist. Dass wir lächeln dürfen. Dass wir an Magie glauben dürfen. Dass wir an Wunder glauben dürfen."[429] Lyn Gardner schrieb im *Guardian*, das Ereignis habe „Millionen Menschen in Begeisterung und Staunen versetzt ... die, die es gesehen haben, werden es ihr Leben lang nicht vergessen"[430].

Es war ein Ereignis, das mir die Direktorin von Artichoke, Helen Marriage, als „etwas so Unwahrscheinliches und Ungewöhnliches", beschrieb, „dass die Leute sich für immer daran erinnern ... da passierte etwas Erstaunliches und es handelte sich um eine so großartige Einladung, eine wirklich an alle gerichtete Einladung, einfach zu kommen und sich zu freuen; die Leute vergaßen ihre Hemmungen und das alte Funkeln in ihren Augen und in ihren Stimmen kehrte zurück, als sie merkten, dass sie alle gemeinsam dieses erstaunliche Kunstwerk genießen konnten". Wohlgemerkt, dies war nur neun Monate nach den 7/7-Bombenanschlägen in London.[431]

Die Veranstaltung war ein ziemlicher Kraftakt. Teile der Stadt mussten für den Verkehr gesperrt werden, was wiederum sieben Jahre Verhandlungen und Vorbereitungen mit Organisationen erforderte, die nicht gerade für ihre Kreativität oder Flexibilität bekannt sind, aber, wie Marriage formulierte, sich furchtbar stolz zeigten, als das Ereignis tatsächlich stattfand. „Sie reden immer noch davon, dass es das Beste gewesen sei, was sie je auf die Beine gestellt hätten."

„Wir haben die Menschen auf eine Reise mitgenommen, die sagt, dass auch die Künste ihren Platz im Leben einer Stadt haben", fuhr sie fort, „und dass es in der Stadt nicht unbedingt nur ums Einkaufen und den Verkehr geht, sondern dass es genauso wichtig ist, diese Momente gemeinsam zu erleben, Momente wie diesen, so wie sie bestimmte Momente in ihrem eigenen Leben teilen oder erleben. Etwa wenn man sich verliebt oder wenn ihr Baby seine ersten Schritte macht. Das sind Momente, an die man sich erinnert."

Warum beginne ich dieses letzte Kapitel mit *Der Elefant des Sultans*? Weil Ehrfurcht *(awe)* ein unterbewertetes Gefühl ist. Die Wurzel des Wortes stammt aus dem Altenglischen und Altnordischen und bezieht sich auf das Gefühl von Furcht und Schrecken, das wir im Angesicht eines göttlichen Wesens empfinden. Bis Mitte des 17. Jahrhunderts war es religiösen Erfahrungen vorbehalten. Dann benutzte der irische Philosoph Edmund Burke das Wort, um gewaltige, mächtige Dinge zu beschreiben, die wir nicht verstehen – die Natur ebenso wie den Blick in die Sterne oder die Ergriffenheit von großer Literatur oder Musik. Paul Piff und seine Kolleg*innen von der University of California schrieben 2015 in einem Artikel, entscheidend für Ehrfurchtserlebnisse seien „Wahrnehmungen von Weite, die den üblichen Bezugsrahmen des Beobachtenden in einer Dimension oder einem Bereich dramatisch erweitern"[432].

Wenn Menschen Ehrfurcht erleben – wenn sie in die rohe Kraft der Natur eintauchen, eine architektonische Meisterleistung wie die Kathedrale von Chartres bestaunen oder Zeuge einer selbstlosen Heldentat oder Tapferkeit werden, wenn sie einen musikalischen, künstlerischen oder sportlichen Virtuosen oder eine Virtuosin sehen, einem epochalen politischen Wandel beiwohnen oder in der Menge stehen, während ein charismatischer Führer oder eine Führerin eine bedeutsame Rede hält, oder wenn sie einfach nur durch Herbstlaub fallendes Licht beobachten –, dann zeichnet sich dieses Erlebnis durch zwei wesentliche Merkmale aus: Das eine ist ein Gefühl der Weite – ob Weite des Raums, der Zeit, der Schönheit, der Erkenntnis oder der Verbundenheit –, bei dem wir uns klein fühlen und eine Auflösung des Selbst erleben. Das andere ist das Bedürfnis, unser Weltverständnis so umzubauen – zumindest es zu versuchen –, dass diese Erfahrung darin Platz findet.

„Kurze Ehrfurchtserlebnisse definieren das Selbst im Sinne des Kollektivs neu und lassen uns unser Handeln an den Interessen der anderen ausrichten", schreibt Dacher Keltner, Professor für Psychologie an der University of California. Die Forschung zeigt, dass das Erleben von Ehrfurcht Menschen vom Eigeninteresse auf kollektive Interessen umschwenken lässt, dass es Großzügigkeit, ethisches Verhalten, Altruismus und Mitgefühl fördert, unsere Gesundheit verbessert und Staunen und Neugierde stimuliert.[433]

In einer Studie nahmen Paul Piff und sein Team zwei Gruppen von Studierenden mit ins Freie und baten sie, eine Minute lang nach oben zu schauen. Die erste Gruppe stand in einem Wald von 60 Meter hohen tasmanischen Eukalyptusbäumen auf dem Campus der University of California, Berkeley, dem höchsten Laubbaumbestand in Nordamerika, und starrte nach oben. Die andere Hälfte starrte auf ein Gebäude. Daraufhin wurden beide Gruppen gebeten, einen Fragebogen auszufüllen. Während des Ausfüllens ließ ein Forscher „versehentlich" einen Haufen Stifte auf den Boden fallen. Die Personen, die auf die 60 Meter hohen tasmanischen Eukalyptusbäume gestarrt hatten, hoben mehr Stifte auf, um dem Forscher zu helfen.[434]

Keltner plädiert dafür, dass wir angesichts dessen, wie umfassend Ehrfurcht die Menschen dazu bringt, gemeinschaftlicher, mitfühlender und sozialer zu denken, für so viel wie möglich „Alltags-Ehrfurcht" sorgen sollten. Zur Zeit erleben wir nach Schätzungen der Forscherin Amie Gordon im Durchschnitt alle drei Tage Ehrfurcht.[435] Aber ähnlich wie für die Fantasie ist es auch für die Ehrfurcht schwierig, in unserem heutigen Leben einen Platz einzunehmen. Keltner schreibt, dass wir

> in einer Zeit leben, in der unsere Kultur wohl immer weniger Ehrfurcht erfährt ... anstatt die Wunder und die Schönheit der Natur wahrzunehmen oder Akte der Selbstlosigkeit mitzuerleben, die ebenfalls Ehrfurcht hervorrufen, ist unser Blick viel zu oft auf unsere Smartphones geheftet ... in Schulen werden Kunst- und Musikprogramme abgebaut; Zeit, die wir im Freien und für unstrukturierte Erkundungen verbringen, wird für Aktivitäten geopfert, die der Aufwertung des Lebenslaufs dienen. Gleichzeitig ist unsere Kultur individualistischer, narzisstischer, materialistischer und kontaktärmer geworden.[436]

Paul Piff sagte 2016 auf einer Konferenz mit dem Titel „The Art and Science of Awe": „Auch wenn wir daran arbeiten, diese langfristigen sozioökonomischen und gesellschaftspolitischen Trends umzukehren und wieder mehr Kontakte zu anderen, stärkere Gemeinschaften, soziaeres Verhalten und mehr Selbstlosigkeit zu fördern, wäre es kurzfristig sinnvoller, mehr Erfahrungen von Ehrfurcht zu fördern, für uns selbst und für andere. Zumindest könnte dies als Abkürzung für die psychologischen Veränderungen dienen, die wir uns erhoffen."[437]

Wie sähe es aus, wenn wir, anstatt gegen die Dinge zu protestieren, die falsch, dysfunktional und kaputt sind, uns das verschaffen würden, was der Futurist Stuart Candy als „viszeralen Geschmack" der Zukunft bezeichnet, Erfahrungen einer positiven, beglückenden Zukunft, die unseren Sinn für das, was möglich ist, so verändern, wie es der *Elefant des Sultans* vermochte? Wie der Anthropologe und Anarchist David Graeber schreibt: „Eine Sache ist es zu sagen: ‚Eine andere Welt ist möglich.' Eine andere Sache ist es, sie zu erleben, und sei es auch nur für einen Moment."[438]

Wenn wir zehntausend, zwanzigtausend, hunderttausend Menschen für eine Demonstration mobilisieren können, was könnten wir dann sonst noch erreichen, mit nur einem Bruchteil davon? Die Aktion *Der Elefant des Sultans* begann mit einer nächtlichen Verwandlung des Waterloo Place, ein den Menschen vertrauter Platz, der sich plötzlich, ohne Vorwarnung, in eine Quelle der Verführung, Faszination, Freude, Spannung und Geschichte verwandelte. Wir alle haben die Dokumentarfilme gesehen, die etwa über den Aufbau einer großen Gartenschau wie Chelsea berichten; wo an einem Tag noch ein leerer Platz ist, befindet sich nach der konzertierten Aktion eines Teams, das die Nacht hindurch im Flutlicht arbeitet, plötzlich ein üppiger Garten.

Was, wenn wir Hunderte von Menschen mobilisieren könnten, die einen Ort in eine physische Manifestation ihrer Vorstellung von der Zukunft verwandeln? Wenn Menschen aufwachen und ihren örtlichen Bahnhof oder ihr Heimatmuseum in ein Kraftwerk für erneuerbare Energien, einen Obstgarten, einen Gemüse-Garten, ein Pop-up für lokale Unternehmen, einen Spielplatz, ein Willkommenszentrum für Flüchtlinge, eine lokale Kunstgalerie, eine Brauerei verwandelt vorfinden würden? Ein, zwei Tage blieben diese Verwandlungen bestehen, um dann über Nacht wieder zu verschwinden. Vielleicht aber würden die Manifestationen auf so viel Anklang stoßen, dass sie zur dauerhaften Einrichtung werden. Vielleicht würden sie erst um Erlaubnis fragen. Vielleicht auch nicht.

Es ist wie beim Tooting Twirl oder unserer aus Pappschachteln gebauten Transition Town Anywhere: Haben die Menschen sich einmal in dieser Verwandlung aufgehalten, sie erlebt, darin Kaffee getrunken oder neue Leute kennengelernt, sind sie für immer verändert, ihre Erwartungen an den Ort sind für immer verändert, ihr Gefühl dafür, wie die Zukunft sein könnte, ist für immer verändert. Tagsüber könnten Schauspieler*innen auftreten, die Zukunftsszenarien durchspielen, es könnten Debatten, öffentliche Erörterungen wichtiger Fragen, Geschichten, Performances und Unterhaltungen stattfinden. Zeitungen aus der Zukunft könnten verteilt werden, die über die zukünftigen Ereignisse berichten. Nachts könnte das Ganze wie ein verwunschener Stadtwald beleuchtet sein, ein Kino, eine Silent Disco, ein Ort, um Fremde zu treffen, um zu reden.

Ist so etwas überhaupt möglich? Lassen sich wirklich Menschen mobilisieren, um Räume auf diese Weise zu verändern? Darf ich vorstellen: Jason Roberts. Roberts stammt aus Dallas, Texas, und gründete 2010 Better Block, eine gemeinnützige Organisation, die „Gemeinden und ihre Führungskräfte ausbildet, ausrüstet und in die Lage versetzt, bebaute Gebiete umzugestalten und zu reaktivieren und damit das Wachstum gesunder und lebendiger Nachbarschaften zu fördern"[439]. Roberts' Geschichte beginnt, als er mit seiner Lebensgefährtin europäische Städte besuchte und Plätze mit öffentlichen Brunnen, lebendige Märkte, von Bäumen gesäumte Straßen, Cafés und ins Gespräch vertiefte Menschen sah. Als er nach Hause zurückkehrte, fühlte er sich von den Kreuzungen seiner von Autos dominierten Stadt und dem Mangel an lebendigen öffentlichen Räumen, wie er sie in Europa erlebt hatte, enttäuscht. In Dallas entdeckte er einen aufgegebenen Straßenblock mit vernagelten Gebäuden, mehrspurigem Verkehr, ohne dass es Platz für Fußgänger*innen oder Radfahrer*innen gegeben hätte. Er stellte fest, dass die Statuten der Stadt all das verhinderten, was nötig gewesen wäre, diesem Ort wieder Leben einzuhauchen: keine Menschenmengen, keine Markisen; schon ein paar Blumen zu pflanzen, hätte 1.000 Dollar gekostet.

Roberts überlegte, was wohl passieren würde, wenn er die Verordnungen einfach ein Wochenende lang brechen würde – natürlich im Dienste eines besseren, lebensfreundlicheren und lebendigeren Straßenblocks. Er rief eine Gruppe von Freund*innen und Anwohner*innen zusammen, und an einem Wochenende krempelten sie den Block völlig um.

> *Wir stellten Café-Stühle auf. Wir stellten historische Lampen auf, auch Blumen und wir druckten alle Regeln aus, die wir gebrochen hatten, klebten sie an die Fenster und luden die Angestellten der Stadt und die Ratsmitglieder ein: „Kommt zu unserer Party" ... Für die Gemeinde und die Stadtverwaltung war es unglaublich beeindruckend. Später kam man auf uns zu: „Wir können es selbst nicht glauben, dass diese Regeln so lange in den Büchern standen; wir sollten sie unbedingt ändern."[440]*

Die Gruppe malte neue Fahrradwege auf die Straße. Ein paar der von ihnen geschaffenen Pop-up-Läden wurden später zu dauerhaften Einrichtungen.

Mutmaßend, dass der Erfolg von Better Block ein Glücksfall gewesen sein könnte, unternahm Jason eine weitere Aktion, bei der er eine Kreuzung mit zweiundvierzig großen Bäumen in Töpfen, Pop-up-Läden und einem Fußgängerüberweg umkrempelte. Der zweite Versuch funktionierte genauso gut, und inzwischen ist Better Block eine internationale Bewegung. Roberts nennt diese Arbeit „Guerilla-Platzgestaltung von unten nach oben". In der Transition-Bewegung haben wir herausgefunden, dass die Menschen aktiv werden und etwas auf die Beine stellen *wollen*. „Sie wissen, dass etwas nicht stimmt", sagt Roberts. „Sie wissen aber nicht unbedingt, wie sie das Problem artikulieren sollen." Better Block hilft, so glaubt er, weil die Gruppe schnell vorgeht und sich eine Deadline setzt. Er sieht in der Arbeit seines Vereins eine „Kombination aus einer Stadtplanungsübung und einer Kiezparty"[441].

Robert glaubt an Deadlines. „Möchtest du wissen, wie man am schnellsten eine total unordentliche Wohnung aufräumt?", fragte er. „Ruf deine Freunde an und sag ihnen, in vier Stunden findet bei dir eine

Dinnerparty statt. Man staunt selbst, wie ordentlich alles wird und wie effektiv man dabei vorgeht." Dieser Sinn für die Kraft von Deadlines und von Terminvorgaben für bestimmte Ereignisse zieht sich durch seine gesamte Herangehensweise. In einem Vortrag bei TEDxOU gab er allen, die so etwas wie einen Better Block auf die Beine stellen wollen, drei einfache, aber wirkungsvolle Ratschläge an die Hand: 1. Zeig dich. 2. Gib der Sache einen Namen. 3. Setze ein Datum fest und gib es bekannt (das heißt, erpresse dich selbst). Vor Kurzem gründete er „Wikiblock", ein Open-Source-Toolkit, mit dem sich rasch Bänke, Stühle, Pflanzgefäße, Bühnen, Biergartenzäune und Kioske herstellen lassen. Man kann die Pläne herunterladen, sie in eine öffentliche Werkstatt mitnehmen und diese Komponenten für einen „besseren Straßenblock" meist ohne Nägel oder Leim zusammenbauen.

Ein weiterer Ansatz zur schnellen Umgestaltung ist der „PARK(ing) Day", der mittlerweile weltweit jährlich am dritten Freitag im September stattfindet. John Bela, einer der Gründer, sagt: „In meinen Augen sind die am PARK(ing) Day vorgenommenen Installationen eine Einstiegsdroge in die urbane Transformation."[442] Alles begann 2005 in der Innenstadt von San Francisco, als eine Gruppe von Künstler*innen auf der Suche nach erschwinglichen Ausstellungs- und Aufführungsräumen erkannte, dass Parkplätze eigentlich „subventionierte Grundstücke" sind. Sie bezahlten für einen Parkplatz und verwandelten ihn in einen Mini-Park mit Gras, einer Topfpflanze und einer Bank und warteten ab, was passieren würde.

Leute kamen vorbei, setzten sich auf die Bank, aßen ihr Mittagessen, unterhielten sich. „Ein gebührenpflichtiger Parkplatz ist so etwas wie eine preiswerte Kurzzeitmiete für ein Stück wertvollen städtischen Grundbesitzes", lauteten die Überlegungen von Rebar, einer in San Francisco ansässigen Gruppe, die diese Idee propagierte.[443] Sie verbreitete die Idee in den sozialen Medien, die daraufhin in Hunderten Städten auf der ganzen Welt aufgegriffen wurde, „ein globales Experiment zur Umgestaltung, Rückgewinnung und Neuprogrammierung der Kfz-Stellflächen für sozialen Austausch, Erholung und künstlerischen Ausdruck".[444] Im Handbuch zum PARK(ing) Day wird aufgeführt, auf welch vielfältige Weise die Parkplätze umgenutzt wurden: für eine Hochzeitszeremonie, als kostenlose Gesundheitsklinik und Fingermalatelier, als produktive Landschaft und Ökologiezentrum, für eine kostenlose Kopf- und Nackenmassage, als öffentliche Veranda und für eine öffentliche Sicherheitsdemonstration, für eine kostenlose Wurmkompostierungsde- mo, eine Urban-Farming-Ausstellung, als Nationalpark, Glasrecycling- zentrum, kostenlose Fahrradwerkstatt, Solarpanel-Ausstellung, inter- aktive Skulptur, Gedenkstätte, DIY-Limonadenstand, für eine politische Kampagne, ein Krocket-Turnier, als öffentlicher Park und Klassenzim- mer im Freien, als öffentlicher Hundepark und Heimtrainer, als An- schlagbrett für gewählte Amtsträger*innen, für ein Schachturnier, eine offene Dichterlesung, ein Grillfest, eine Rasenbowlingbahn, als Sumpf- gebiet, Piratenbucht, Hula-Tanzfläche, Kunstgalerie, Hühnerstall, für eine Dinnerparty, als öffentlicher Leseraum, öffentlicher Strand, für ein öffentliches Picknick. Was würdest du mit deinem veranstalten?

Auch der französische Künstler JR weist uns einen Weg zur Umge- staltung öffentlicher Räume auf. „Ich nehme meine Fotos, oder manch- mal auch Fotos, die nicht von mir stammen, blase sie auf und bringe sie als Schwarz-Weiß-Papierbilder auf Gebäuden, auf Fassaden, auf Dä- chern an", erzählte er.[445] In *Women Are Heroes* brachte er riesige Fotos von Frauen auf Gebäuden, Dächern und Zügen an, als riesige „Ausstel- lungen" im Freien auf der ganzen Welt.[446] In *Ellis* bevölkerte JR auf an- rührende Weise die bis zur Schließung 1954 größte und jetzt halb verfal- lene Sammelstelle für Immigrant*innen in den Vereinigten Staaten mit Fotos, die Einwanderer bei ihrer Ankunft zeigen. Für ein weiteres Pro- jekt besuchte er Israel und Palästina und machte Fotos von Menschen aus beiden Gemeinschaften, die denselben Beruf ausüben: Bäcker, An- wälte, Taxifahrer und so weiter, und postierte sie nebeneinander.

Wie wir bei Art Angel gesehen haben, hilft die Arbeit dort den Men- schen, wieder sehen zu lernen, sich wieder mit der Welt zu verbinden. JRs Arbeit taucht oft über Nacht auf, unangekündigt. Ich fragte den Künstler, ob er erlebt habe, dass seine Arbeit die Vorstellungswelt eines Ortes veränderte. Er antwortete: „In den Gemeinden, in denen ich im Laufe der Jahre gearbeitet habe, habe ich gemerkt, wie stolz die Men- schen sind, vor allem sind sie stolz darauf, Anerkennung zu erfahren. ... Eine großartige Möglichkeit, den Menschen ihre Würde zurückzugeben, besteht für mich darin, sie zu einem Teil der Geschichte zu machen. Indem man ihnen das Gefühl gibt, Teil der Geschichte zu sein und nicht außen vor gelassen zu werden."

Zwar erlangen JRs Arbeiten vor allem über soziale Medien Bekanntheit, aber dem Künstler ist klar, dass soziale Medien kein Ersatz für echten Kontakt sind. „Soziale Medien führen lediglich zu noch größerer Isolation", sagte er. „Deshalb beinhalten meine Projekte und der Prozess, mit denen ich sie aufzubauen versuche, immer auch einen körperlichen Aspekt ... die Menschen tatsächlich zu treffen." Er bezieht die Menschen in die Auswahl seiner Motive, die Herstellung der Drucke und das Aufkleben der Bilder mit ein. Mich beeindruckt die Resonanz, die JRs Arbeit findet, geht es doch darum, dass Menschen lernen, die Orte, die Individuen, die Geschichten, die sie erzählen, die Geschichte und die Anfechtungen, denen sie ausgesetzt sind, wahrzunehmen. Das weckt auf und schafft Verbundenheit.

Während ich diese Zeilen schreibe, entsteht in Großbritannien mit Extinction Rebellion eine rasch wachsende Bewegung des gewaltlosen zivilen Ungehorsams, die bald auf die ganze Welt übergreift und Menschen für direkte Aktionen gegen den Klimawandel und den Verlust der biologischen Vielfalt mobilisiert. Überall auf der Welt entstehen Kampagnen, die sich gegen den Klimanotstand richten. Schulstreiks greifen um sich, Kinder gehen auf die Straße und fordern von den Regierungen, den Klimawandel ernst zu nehmen. Es entsteht ein neuer Geist der Rebellion. Wie wäre es, wenn sich in diesen Demonstrationen, Aktionen, Streiks immer auch eine wünschenswerte Zukunft manifestieren würde? Gärten, Projektionen auf Gebäude, Kunstinstallationen, Diskussionen, Theater, die die Träume zeigen und wie man sich die Welt erhofft? Oder vielleicht Aktionen über Nacht, die einen Ort umwandeln? Um zu vergegenwärtigen, wie die Zukunft trotz allem sein könnte, um den geforderten Zielen die Provokation der Ehrfurcht zur Seite zu stellen.

Dieses Buch ist der Versuch eines Plädoyers für die Neupriorisierung der Vorstellungskraft, für die dringende Notwendigkeit, die Prioritäten zu verlagern, so dass auf allen Ebenen und in allen Bereichen Fantasie, Spiel und Staunen wieder willkommen geheißen, ermutigt und freigelassen werden. Und ich frage mich natürlich, wie sich dies tatsächlich *anfühlen* würde. Gibt es Beispiele aus der jüngeren oder älteren Geschichte, wo sich die öffentliche Fantasie wirklich lebendig angefühlt hat? Nicht nur für eine elitäre Clique von Dichter*innen und Künstler*innen, wie die Romantiker, oder für mächtige Herrscher, die fantasievolle und künstlerische Menschen in den Dienst ihres Regimes stellten (man denke an Venedig), sondern wenn auch der überwiegende Teil der normalen Menschen einen Moment als reich an Kunst, Schönheit, Möglichkeiten und Veränderung empfindet. Wie hat es sich angefühlt, dabei zu sein?

Meistens entstehen solche Momente in Opposition zu unterdrückerischen Regimen, als autonome Räume des Widerstands. Zu den bekanntesten gehören die Revolutionen, die 1968 überall auf der Welt stattfanden. In Prag, Berkeley, London, Mexico City, Belfast, Berlin und, vielleicht am berühmtesten, in Paris. Im Mai 1968 waren französische Student*innen und Arbeiter*innen kurz davor, die Regierung von Charles de Gaulle zu stürzen – in einer Bewegung, die tief in der Fantasie verwurzelt war. Vieles im Denken und Auftreten der Bewegung war von den Situationisten inspiriert, einer Schule des Anarchismus, die das Spielerische, die Fantasie und die „Revolution des Alltags" hochhielt.[447] Die Situationisten waren Meister*innen im Erfinden von Slogans, die durch Graffiti und Plakate verbreitet wurden: „Ich erkläre einen permanenten Zustand des Glücks." „Sei realistisch, fordere das Unmögliche." „Alle Macht der Fantasie, die Fantasie an die Macht." „Vergiss alles, was du gelernt hast. Fange zu träumen an." „Sich die Realität zu wünschen ist großartig! Deine Wünsche zu realisieren ist noch besser!" „Bildet Traumkomitees."[448]

Student*innen der Kunstschulen der Stadt, der École des Beaux-Arts und der École des Arts Décoratifs, besetzten die Lithografie-Ateliers und benannten sie in *Atelier Populaire* um. Auf dem Höhepunkt des Aufstands druckten Student*innen und Aktivist*innen täglich mehr als 350 Plakatentwürfe im Siebdruckverfahren mit einfarbiger Druckertinte auf billiges Zeitungspapier und hängten sie an die Mauern der Stadt, bevor sie fast ebenso schnell entweder von der Polizei oder von Kunstsammlern abgenommen wurden. (Die Originalplakate sind heute ein kleines Vermögen wert.) Philippe Vermès, einer der Mitbegründer des Ateliers, schrieb später: „Wir arbeiteten Tag und Nacht im Schichtbetrieb. Die Leute brachten Essen und heißen Kaffee und halfen, wo sie konnten. Jeder und jede – Student*innen, Fabrikarbeiter*innen, Büroangestellte, Spediteure, Medienleute, Postboten, Fischer – konnte Ideen einbringen und an den eigentlichen Siebdrucken mitarbeiten."[449]

Wie Mark Kurlansky in *1968: Das Jahr, das die Welt veränderte*, betonte: „Noch heute zählen sie zu den eindrucksvollsten Beispielen politischer Grafik." Es war eine Zeit der Demonstrationen, Besetzungen, Generalversammlungen, der Kunst, Musik und allgegenwärtigen Diskussion von Ideen.

Aber wie hat es sich *angefühlt*, dabei zu sein?

Eines der wichtigsten Dinge, an die sich die Leute erinnern, sind die Gespräche. Die Menschen sprachen miteinander, wie es in unserer gesprächsarmen Zeit nahezu unvorstellbar ist. Kurlansky zitiert Eleanor Bakhtadze, seinerzeit Studentin, mit den Worten: „Paris war damals wunderschön. Alle redeten miteinander." Und fügt hinzu: „Heute kann man in Paris ansprechen, wen man will – wer gute Erinnerungen an das Frühjahr 1968 hat, wird sagen: Die Menschen redeten miteinander. ... Auf der Straße kamen Studenten, Lehrer und Professoren erstmals miteinander ins Gespräch. Zum ersten Mal in dieser starren, formellen Gesellschaft, die noch aus dem 19. Jahrhundert stammte, sprach jeder mit jedem. ‚Rede mit deinem Nächsten' stand an den Wänden."[450]

Die Demonstrationen breiteten sich aus, und die Arbeiterschaft trat zur Unterstützung in einen Generalstreik. Der Historiker Ronald Fraser schrieb: „Es wurde eine ruhige, aber massive Verweigerung zum Ausdruck gebracht." Und er zitiert einen Aktivisten mit den Worten: „Es war fantastisch. Der Mai war so, als würde man in einem ständigen Hochgefühl leben. Das Leben war schön, das Wetter war herrlich ... alles, was wir taten, war sofort Geschichte. Alle Hierarchien hatten sich plötzlich aufgelöst." Ein anderer sagte: „In diesem Monat des Redens hat man mehr gelernt als in den ganzen fünf Jahren des Studiums. Gelernt, weil man mit jedem und jeder reden konnte. Es war wirklich eine andere Welt – eine Traumwelt vielleicht – aber das ist es, woran ich mich immer erinnern werde: das Bedürfnis und das Recht eines jeden, zu sprechen."[451]

Ein englischer Student, der in jenen Tagen zwei Wochen in Paris verbrachte, schrieb später, sein erster Eindruck *war der eines gigantischen Deckels, der angehoben wurde, aufgestaute Gedanken und Sehnsüchte explodierten plötzlich, als sie aus dem Reich der Träume in das Reich des Realen und Möglichen entlassen wurden. Indem sie ihre Umgebung veränderten, veränderten sich die Menschen selbst. Diejenigen, die sich vorher nie getraut hatten, etwas zu sagen, empfanden ihre Gedanken plötzlich als das Wichtigste auf der Welt und sprachen sie aus. Die Hilflosen und Isolierten entdeckten plötzlich, dass die kollektive Macht in ihren Händen lag. Die Menschen gingen einfach hin und redeten miteinander, ohne die geringste Befangenheit.*[452]

Ähnliche Geschichten finden sich auch in jüngerer Zeit – dort, wo der Fantasie Raum zum Atmen gegeben wurde: der Arabische Frühling, der Aufstand auf dem Platz des Himmlischen Friedens, Occupy („Eine andere Welt ist möglich"), die Rave-Kultur, die Straßenproteste in Großbritannien. Sie alle hatten eine ähnliche Wirkung auf die Beteiligten, denn auf einmal schien alles möglich zu sein. Im Sommer 2011 besetzte die 15M-Bewegung sechs Wochen lang Plätze in mehr als einhundert Städten in ganz Spanien. Der Transition-Aktivist Juan del Rio berichtet von seinen Erlebnissen:

Auf den Plätzen entstanden im wahrsten Sinne des Wortes „Städte", auf denen sich täglich Tausende von Menschen aus allen Altersgruppen und Orten trafen. Mit selbstverwalteten Räumen, für Reflexion und Diskussion, für Pflege, Kunst, Feiern, Inklusion und Aktion. Zusammenarbeit, Zuhören und Unterstützung waren allgegenwärtig.

Ist es möglich, einen kollektiven Permakultur-Garten, Häuser auf den Bäumen oder kostenlose Mahlzeiten für Hunderte von Menschen aus dem Boden zu stampfen und gleichzeitig zu träumen und offen über die Schaffung eines völlig neues Systems zu diskutieren, auf dem Hauptplatz von Barcelona, umgeben von riesigen Gebäuden, die die Macht des Kapitalismus symbolisieren? Ja, es war möglich. Wir spürten, dass es sich um einen historischen Moment handelte, was ja auch zutraf, und zwar weil die kollektive Fantasie eine solche Kraft entfaltete.

> *Auf einer tieferen kulturellen Ebene war es für viele sowohl kollektiv als auch individuell der Moment in ihrem Leben, der sie am meisten veränderte. Für mich war es eine der größten Übergangserfahrungen, die ich je erlebt habe. Ich fühlte mich wach, energiegeladen und kreativ, trotz der körperlichen Müdigkeit. Es war eine erstaunliche Gelegenheit, von den Ideen zur Aktion überzugehen, ein Moment, in dem ich mich lebendig und mit dem Planeten und den Menschen verbunden fühlte.[453]*

Heute mag es unvorstellbar scheinen, aber es gab in der Geschichte auch Zeiten, in denen sich Gesellschaften um die Vorstellungskraft herum formten. Kurz nach der russischen Revolution hatte sie eine Hochzeit. In China war die Song-Periode (960–1279) eine Zeit, in der öffentliche Feste, Vereine, Blockdruck (der Literatur weithin zugänglich machte), Theater und Kunst in voller Blüte standen.[454] Und in Genf regierte zwischen 1792 und 1793 die Fantasie, als die Bürger unter Rückgriff auf die partizipative Demokratie eine utopische Verfassung entwarfen und in einer unblutigen Revolution – gefolgt von einem monatelangen Straßenfest – das alte Regime hinwegfegten.[455] Nach dem Finanzcrash von 2008 schrieben die Isländer*innen ihre Verfassung neu und begaben sich in eine Phase der kompletten Umorientierung, in der alles und jedes möglich schien. Schottische Freunde erzählten mir, dass die Zeit von 2012–14, vor dem Referendum über die Unabhängigkeit, ein solcher Moment war, angefüllt mit Gesprächen, Debatten, Ideen und Möglichkeiten.

Bei den Zapatistas, einer Indigenen-Rebellion, die 1994 im lakandonischen Dschungel der mexikanischen Region Chiapas entstand und am Tag des Inkrafttretens des Nordamerikanischen Freihandelsabkommens (NAFTA) an die Öffentlichkeit trat, handelt es sich um eine Bewegung, die sich auf die Vorstellungskraft beruft. Die Zapatisten streben eine Revolution gegen den Neoliberalismus an, eine Revolution allerdings, die in partizipativer Demokratie, Frauenemanzipation, Bildung und Kunst wurzelt. Subcomandante Marcos, der oft als ihre Galionsfigur angesehen wird, teilt seine Ideen durch Romane, Poesie und andere literarische Formen mit und schrieb einmal: „Das Einzige, was wir vorgeschlagen haben, war, die Welt zu verändern. Alles andere war Improvisation."[456] Die Rebellen unterstützen und halten „Widerstandsnester", in denen sich die Menschen eine Welt jenseits des Neoliberalismus vorstellen können. Dieses Gefühl, dass die Vorstellungskraft aufblüht, wenn sie von der Last des Kolonialismus befreit ist, hat sich in vielen Ländern gezeigt, als sie die Unabhängigkeit erlangten und eine Zeit erlebten, in der alles möglich erscheint und eine neue Identität diskutiert und erkundet wird. Zuweilen wird dies als „postkoloniale Vorstellungskraft" bezeichnet.[457]

Wahr ist meines Erachtens auch, dass in hierarchischen, ungleichen oder kolonisierten Gesellschaften kreativer Output und Fantasie, die auf der Unterstützung eines wohlhabenden Mäzens beruhen oder den Status quo unterstützen, historisch geschätzt und tradiert wird, die kreative Arbeit der einfachen Leute hingegen weitgehend ignoriert bleibt. Ein von der Universität Exeter kuratiertes Projekt, so berichtet Andrew Simms von Rapid Transition Alliance, hat einen riesigen Bestand an Gedichten zusammengetragen, die während der „Baumwollknappheit" in Lancashire zwischen 1861–65 von Menschen aus der Arbeiterklasse verfasst wurden und seinerzeit weitgehend ignoriert wurden. Vor Kurzem archiviert und veröffentlicht, würdigen sie das fantasiereiche Leben von Gemeinschaften, die im Allgemeinen nicht für ihre Fantasie anerkannt, geschweige denn gefeiert werden.[458]

Die Idee, einen Vorgeschmack auf die Zukunft in der Gegenwart zu geben, führt uns wieder in Jackie Andrades Büro an der Universität von Plymouth und zu der Frage, ob eine immersive Erfahrung von Zukunft – etwa nach dem Muster des Functional Imagery Training (FIT) – tatsächlich funktionieren könnte. Ihr Kollege Jon May sagt: „Genau besehen sprechen Sie von *Erinnerungen an die Zukunft*. Nämlich dass die Idee, sich kurz oder vorübergehend in die Zukunft zu versetzen und darüber nachzudenken, wie es dort sein könnte, um dann in die Gegenwart zurückzukehren, beeinflusst, welche Entscheidungen man im Hinblick auf das eigene Verhaltens zwischen heute und der Zukunft trifft; wie man es schafft und bestimmte Dinge so ändert, dass dieser Zustand in der Zukunft auch eintritt."

Eine Möglichkeit, damit erfolgreich zu sein, bestünde laut May darin, sich eine Figur in der Zukunft vorzustellen, etwa „einen weisen alten Mann, der sagt: ‚Weißt du noch, wie wir dies und das gemacht haben und damit Erfolg hatten?' Und dann kehrt man zurück ins wirkliche Leben. Man verfügt dann über diese Selbsteffizienz. Man weiß, es geht. So wurde es seinerzeit gemacht. Und es funktionierte, so wie wir es vorgehabt hatten."[459]

Andrade und May sprachen davon, wie wichtig es ist, sich diese Immersionen als multisensorisch vorzustellen. Wenn wir tatsächlich imstande wären, lautes Vogelgezwitscher zu hören. Wenn wir riechen könnten, wie leckeres Essen zubereitet wird. Wenn wir mehr Unterhaltungen auf der Straße hören könnten, als wir es heute gewohnt sind. Bei FIT würden sie die Probanden bitten, sich einen bestimmten Zeitpunkt in der Zukunft vorzustellen, zum Beispiel ihren nächsten Geburtstag, unter der Maßgabe, dass sich nichts geändert hat. Daraufhin würden sie sie auffordern, sich das gleiche Datum vorzustellen, unter der Maßgabe, dass die Veränderungen, die sie sich wünschen, stattgefunden hätten. Den Möglichkeitsraum für eine Reihe von Szenarien offen zu halten, trägt entscheidend dazu bei, dass das Ganze funktioniert.

Die Idee, eine neue Beziehung zur Zukunft aufzubauen, ist auch für einen anderen Ansatz ausschlaggebend, den des „Future Design". Future Design wurde von Tatsuyoshi Saijo vom Research Institute for Humanity and Nature in Kyoto, Japan, entwickelt. Die Idee ist schlicht die, dass bei jedem Akt der Entscheidungsfindung, der Auswirkungen auf die Zukunft hat, einige Personen zugegen sind, die zukünftige Generationen repräsentieren und aus deren Perspektive sprechen. In bestimmten Fällen tragen sie ein spezielles Gewand, um sich von den anderen abzuheben.[460] Bei zahlreichen Studien hat sich nun gezeigt, dass die Gruppen eher geneigt sind, nachhaltigere Optionen zu wählen und sich altruistischer zu verhalten, wenn sich „Bewohner*innen der Zukunft" an den Entscheidungsfindungen beteiligen.[461]

Das Faszinierendste an diesem Ansatz ist, in welchem Maß er sich auf die Personen auswirkt, die die Rolle der zukünftigen Generationen übernehmen. Wie Saijo anmerkt, entwickeln sie das, was er als „Zukunftsfähigkeit" bezeichnet: „Ein gesteigertes Glück, resultierend aus der Entscheidung und dem Handeln, in der Gegenwart zugunsten künftiger Generationen auf Vorteile zu verzichten."[462] Die Forschung zeigt, dass Menschen, die sich dieser Rolle annehmen, mit großer Freude als Repräsentant*innen der Zukunft agieren, und dass sie sie in ihrem

Leben, in Gruppen und Organisationen, denen sie angehören, bald ganz natürlich übernehmen. Saijos Ansatz wird von verschiedenen japanischen Kommunen genutzt, und er entwickelt Pläne für ein Zukunftsministerium auf nationaler Ebene, ein neues Ministerium der Regierung, das die gesamte Regierungspolitik auf den Prüfstand stellen würde, sowie ein Zukunftsamt in allen örtlichen Regierungen. Zwar ist die Idee nicht neu – die Irokesen beispielsweise haben seit Jahrhunderten die Stimmen künftiger Generationen in ihre Entscheidungsfindung miteinbezogen –, doch Saijos Ansatz verdeutlicht auf faszinierende Weise, wie sich die Rolle, für künftige Generationen zu sprechen, auf die Menschen, die sich ihrer annehmen, sowohl während der Sitzungen als auch danach auswirkt.

Ich habe dieses Buch geschrieben, weil ich die Vorstellungskraft wieder in den Mittelpunkt unseres Denkens über die Zukunft stellen wollte, unseres Denkens darüber, welche Art von Zukunft wir erschaffen könnten, die Zukunft, die noch zu erschaffen möglich ist. Keine perfekte, utopische Zukunft, sondern eine Zukunft, die die Grenzen, die uns die Umstände auferlegen, als Chance begreift und darauf mit Fantasie und Umsicht reagiert, um eine Zukunft zu schaffen, in der sich alles zum Guten wendet. Zu meinen Lieblingsinterviews gehörte das mit der Performerin, Autorin, Aktivistin und Pädagogin Dominique Christina. Darin äußert sie, dass wir, wenn wir überlegen, wie wir ein Problem angehen könnten, allzu oft auf dieses Problem fixiert sind: „Das Problem steht dann mitten im Raum. Wenn etwas nicht funktioniert, wenn etwas dysfunktional ist, dann nimmt es den ganzen Raum ein. ... Das Kaputte [dominiert] alles."

Sie fährt fort,

> es gibt genug erstaunliche, wunderbare, unmögliche, übernatürliche Menschen auf diesem Planeten, die diesen Planeten lieben und die aus Güte und Integrität und Verantwortlichkeit handeln. Aber wir sind so sehr damit beschäftigt, in den Abgrund zu starren, dass wir den Himmel aus den Augen verlieren. ... Der einzige Weg, auf all das zu reagieren, besteht darin, sich vorzustellen, was wir wollen, anstatt ständig auf das zu reagieren, was wir nicht wollen. ... Im Mittelpunkt sollte stehen, wie

wir uns die Welt vorstellen, und zwar immer, und nicht dieses ganze kaputte Zeug, das ständig in den Raum eindringt und sich in den Mittelpunkt drängt.[463]

Ich glaube, wie Gabriella Gómez-Mont es formulierte, dass „Vorstellungskraft kein Luxus ist". Wenn Kyung Hee Kim Recht hat und unsere Vorstellungskraft seit Mitte der 1990er-Jahre abgenommen hat, erklärt das zumindest teilweise, was wir heute in der Welt erleben. Wie Dr. Peter Gray im Jahr 2012 schrieb: „Nun, Überraschung, Überraschung. Seit mehreren Jahrzehnten unterdrücken wir als Gesellschaft die Kreativität der Kinder in immer größerem Ausmaß, und jetzt stellen wir fest, dass ihre Kreativität abnimmt."[464] Nicht, dass das niemand kommen sah.

Wir sind uns der Tatsache bewusst, dass die Gesundheit leidet und vermeidbare Krankheiten zunehmen, wenn eine Bevölkerung nicht ausreichend ernährt wird. Wir wissen auch, dass eine Bevölkerung ihr Potenzial nicht ausschöpfen kann, wenn sie keine gute Bildung erhält. Die Vernachlässigung der Vorstellungskraft freilich wird im Allgemeinen übergangen, wird diese doch als leichtfertige Ablenkung vom übergeordneten Ziel des wirtschaftlichen Wachstums und des technologischen Fortschritts betrachtet. In Reggio Emilia haben wir mitbekommen, wie ein Bildungssystem aussehen würde, das speziell darauf ausgerichtet ist, das Wiederaufleben des Faschismus zu verhindern, und doch haben wir ein Bildungssystem entworfen, das fast sein Gegenteil bewirkt. In Barcelona und anderen spanischen „kommunal orientierten" Städten lässt sich gut sehen, wie ein Modell der Demokratie beschaffen sein könnte, das die Fantasie willkommen heißt, und doch entfernen wir uns an den meisten anderen Orten immer weiter davon. Wir haben bei Art Angel gesehen, wie ein Ansatz zur psychischen Gesundheit aussehen würde, der Sicherheit, Hoffnung und Fantasie in den Mittelpunkt stellt, doch die meisten Menschen machen genau gegenteilige Erfahrungen. Unsere Vorstellungskraft schwindet nicht zufällig; sie wird vereinnahmt, erstickt, korrumpiert, ohne den Sauerstoff zu erhalten, den sie braucht.

Wir haben die Vorstellungskraft zu lange an den Rand gedrängt, und jetzt sitzen wir, wie Robert Louis Stevenson formulierte, „an einem

Bankett der Konsequenzen". Unser Versagen, die für die Fantasie nötigen Bedingungen, Räume, Gelegenheiten und Einladungen zu schaffen sowie die Umsetzung von politisch gewollten Austeritäts-Programmen zerschlagen vieles von dem, was die meisten von uns brauchen, um ein fantasievolles Leben zu führen. Wir durchleben eine äußerst heikle Situation, deren Faktoren die Fantasie ruinieren. Wir sehen uns mit enormen Krisen konfrontiert, die ebenso dringende wie fantasievolle Antworten und eine umfassende Umgestaltung verlangen, Anforderungen, denen wir schlicht nicht gewachsen sind. Es ist wirklich ernst. Umso wichtiger ist es, so schnell, so variantenreich und so allgegenwärtig wie möglich neue Prioritäten zu setzen.

Ich hoffe, dass dieses Buch Organisationen und Kampagnen dazu veranlasst, ihre Strategien auf die uns bevorstehenden Herausforderungen zu überdenken; dass sie an einer positiven Vision der Zukunft arbeiten und ihr Traum davon in allem, was sie tun, laut, fantasievoll und leidenschaftlich zum Ausdruck kommt. Es geht um die Kultivierung einer kollektiven Vision, mit der es sich, so der Physiker und Schriftsteller Peter Russell in einem Gespräch, wie mit einem seltsamen Attraktor in der Chaostheorie verhält: Man schickt ihn weit voraus und er zieht einen dann zu sich hin wie ein Strudel.[465] Technologien, Wirtschaftsmodelle und das Knowhow für die Gestaltung einer Zukunft, in der wir alle gedeihen können, sind zwar in großer Zahl vorhanden, aber es mangelt uns an *Sehnsucht*. Vorstellungskraft ist deshalb so wichtig, weil sie uns hilft, Sehnsucht zu generieren, und wenn wir das richtig hinbekommen, dann folgt alles andere von selbst.

Ich habe euch auf eine zweijährige Entdeckungsfahrt mitgenommen, in der ich den Gesundheitszustand unserer kollektiven Vorstellungskraft erkundet, nach den Faktoren, die dahinterstecken, gesucht und die Maßnahmen, die wir dagegen unternehmen könnten, eruiert habe. Vor allem wollte ich vermitteln – und ich hoffe, es ist mir gelungen –, wie es sich anfühlt, wenn die Fantasie willkommen geheißen, gehegt und gepflegt wird. Ob ich nun dem frühmorgendlichen Vogelkonzert lauschte, bei Art Angel zusah, wie ein Bild mit Tupfen versehen wurde, oder Les Petits Producteurs in Lüttich besuchte, immer habe ich den gleichen Möglichkeitssinn, den gleichen Funken erkannt.

Ich träume davon, dass diese zwanzig Jahre, in denen die Klimakrise, der weltweite Zusammenbruch der Artenvielfalt, der Zerfall der Demokratie und die vielen anderen Herausforderungen, die mit so großer Dringlichkeit auf uns einstürzen, hoffentlich gebremst und sogar umgedreht werden, die Jahre, in denen der große Wiederaufbau in vollem Gange sein werden, unser Leben prägen werden. Ich träume davon, dass es eine Zeit der großen Musik, des Schreibens, der großen Gespräche, der großen Kunst und des Tanzes sein wird, eine Zeit, in der die Fantasie im Mittelpunkt steht. Unsere Straßen werden sich mit Spiel und mit Unerwartetem füllen, mit Pantomim*innen, die den Verkehr regeln. Unser Leben wird sich mit einer alltäglichen Ehrfurcht füllen.

Unsere Regierungen werden von Schulen wie der Plymouth School of Creative Arts lernen, dass sich große Sprünge nach vorne machen lassen, wenn man Menschen dazu auffordert, mit Menschen aus anderen Interessengebieten zusammenzuarbeiten und sich gegenseitig mit Ideen zu befruchten. Unsere Stadtplaner*innen werden erkennen, dass die Einrichtung von Ateliers mitten auf den großen Straßen und öffentlichen Plätzen den Sinn der Öffentlichkeit für das Mögliche verändern wird. Ich träume davon, dass Künstler*innen zusammen mit Aktivist*innen unter die Haut gehende Pop-up-Erlebnisse der Zukunft schaffen, die unbeliebte, aber häufig frequentierte Örtlichkeiten über Nacht in immersive Erfahrungen (oder „Erinnerungen an die Zukunft") verwandeln, neue Dschungel der Möglichkeiten auf den Pflastersteinen von heute, die, einmal gekostet, dazu führen, dass sich kein Mensch mehr vorstellen will, zu dem früheren Zustand zurückzukehren.

Ich träume davon, dass die Fantasie, einmal beschworen, benannt, gefeiert und losgelassen, ansteckend wird. Ich träume davon, dass wir eine Zeit erleben, in der, wie es 1968 ein Plakat aus Paris forderte, „die Schönheit auf der Straße liegt". Aber vieles von dem, wovon ich träume, ist in Wirklichkeit gar kein Traum; es ist, wie ich auf diesen Seiten festzuhalten versucht habe, bereits vorhanden. Geht hinaus und findet es, besucht es, macht es möglich, da wo ihr lebt.

Ich danke euch fürs Lesen. Ich habe dieses Buch mit einem Zitat von Susan Griffin eröffnet, und ich möchte es mit einem schließen. „Niemand kann uns davon abhalten, dass wir uns eine andere Zukunft vorstellen, eine Zukunft, die sich von der schrecklichen Katastrophe gewaltsamer Konflikte, hasserfüllter Spaltungen, Armut und Leid entfernt. Fangen wir an, uns die Welten vorzustellen, die wir bewohnen möchten, das lange Leben, das wir gemeinsam leben werden, und die vielen Zukunftsmöglichkeiten, die in unseren Händen liegen."[466]

Ich verabschiede mich mit einer Frage, von der ich hoffe, dass sie inzwischen wirklich unter die Haut gegangen ist. Was, wenn der hier skizzierte Ansatz, die große Wiederbelebung der kollektiven Vorstellungskraft, tatsächlich eintritt? Was, wenn? Und warum nicht?

NACHWORT

Ein paar Wochen bevor ich das vorliegende Buch zu Ende geschrieben hatte, war ich in Exeter, um meinen Sohn und die vielen anderen jungen Leute zu unterstützen, die sich dort – und im ganzen Land – zum ersten „School Strike 4 Climate" des Vereinigten Königreichs versammelt hatten. Inspiriert von der jungen schwedischen Klimaaktivistin Greta Thunberg und von ähnlichen in anderen Ländern bereits stattfindenden Streiks hatten sich etwa achthundert junge Menschen vor dem Büro des Devon County Council versammelt.

Sie forderten die Regierung auf, den Klimanotstand auszurufen, den nationalen Lehrplan so zu reformieren, dass sich in ihm die Dringlichkeit des Klimanotstands widerspiegelt, sie verlangten, die Öffentlichkeit über die Notwendigkeit zu informieren, gegen den Klimawandel vorzugehen und das Wahlalter auf sechzehn Jahre zu senken. Sie alle hatten an diesem Tag frei genommen, einige mit Unterstützung ihrer Schule (die Schule meines Sohnes hatte sogar einen Bus gestellt), andere trotz Androhung von Strafen.

Es gab Transparente, Plakate, Sprechchöre, Lieder, Rufe wie „Was wollen wir? Klimagerechtigkeit!" und „Wessen Zukunft? Unsere Zukunft!" All das machte einen hoffnungsvollen, überaus ermächtigenden und sehr lauten Eindruck. Nach etwa einer Stunde bemerkte ich, wie die anderen um mich herum über den Park, in dem wir uns befanden, hinausblickten und auf etwas zeigten. Über die Horizontlinie kam eine weitere Gruppe von etwa dreihundert jungen Leuten anmarschiert, ihre eigenen Lieder singend, zielstrebig und konzentriert voranschreitend, und ihre Banner und Fahnen umklammernd. Die Verstärkung war angekommen.

Der junge Mann, der zu unserer Gruppe sprach, zeigte auf den Tross, und wir alle drehten uns um, um ihn anzufeuern. Die über den Horizont kommende Menge wuchs immer weiter an und kam näher. Als sie mit unserer Gruppe zusammentraf, jubelten beide Seiten zur Begrüßung. Ich fragte eine junge Frau aus den Reihen der Neuankömmlinge, woher sie kommen würden. Sie sagte: „Wir sind von der Universität, aber auf unserem Marsch haben wir immer mehr Leute eingesammelt."

Dann bemerkte ich am hinteren Ende des noch immer eintrudelnden Trosses ein großes Transparent mit nur zwei Wörtern: „What if?" Es war das Werk von Student*innen, die ein paar Tage zuvor an meinem Workshop zu dem vorliegenden Buch teilgenommen hatten. Sie waren enthusiasmiert von „What if" und hatten am Vorabend überlegt, wie sich diese Begeisterung in die heutigen Aktivitäten einbringen ließe.

Die Reaktion auf den Schulstreik seitens der Obrigkeit war abzusehen. Premierministerin Theresa May sagte: „Die Unterbrechung erhöht die Arbeitsbelastung der Lehrenden und die Unterrichtszeit, auf die sie sich sorgfältig vorbereitet haben." Ministerin Andrea Leadsom twitterte: „So etwas nennt man Schulschwänzen, nicht Streik." Allerdings gab es auch viel Unterstützung von Menschen quer durch das politische Spektrum, was sich später am Morgen zeigte, als die Gruppe in Massen zum Stadtzentrum marschierte, vorbei am Verkehr, wo Zuschauende winkten und ihre Unterstützung signalisierten.

Die Studierendengruppe mit dem „What if?"-Banner lud die Leute ein, Karten auszufüllen, die mit den Worten „What if?" begannen. Und sie halfen den Leuten, T-Shirts mit den Worten „What if?" zu bedrucken. Ich war erstaunt, dass allein die Frage viele der Themen zur Sprache brachte, die wir in diesem Buch erforscht haben. Ergänzungen lauteten: „Was, wenn wir aufhören würden, auf Bildschirme zu starren?", „Was, wenn wir ernst genommen würden?", „Was, wenn uns Aufmerksamkeit geschenkt würde?", „Was, wenn wir alle einer Meinung wären?", „Was, wenn die Leute den Kids zuhören würden?", „Was, wenn der Klimawandel ein Schulfach wäre?"

Auf die Frage, warum ihr das „What if?" auf ihrem neuen T-Shirt gefiel, antwortete ein Mädchen: „Es lässt eine Frage offen. Wenn jemand fragen würde, wofür es steht, würde ich das Thema Klimawandel ansprechen und dass es Februar ist und es warm ist und dass ich

238

ganz glücklich bin, nur ein T-Shirt zu tragen, und ich würde fragen: ‚Was wäre deine Antwort? Auf: Was, wenn?'"[467]

Hier war die nächste Generation: informiert, leidenschaftlich, engagiert, wortgewandt. Und hier war eine Bewegung, die vielleicht, nur vielleicht, immer weiter anwachsen würde und sich von diesem Tag an, ihrem Anfang (zumindest in Großbritannien), sowohl auf das „Was, wenn" als auch auf das „Was ist" konzentrieren würde. Eine Bewegung, die auf geniale Weise „Was-wenn"-Räume öffnen und erhalten würde. Eine Bewegung, die Geschichten über die von uns erträumte Zukunft erzählen würde, ausgehend von der Idee, „Erinnerungen an die Zukunft" zu schaffen. Die sich mit einem starken Gefühl des Aufstands gegen diejenigen, die ihre Fürsorgepflicht für die Zukunft vernachlässigen, aber auch durch die Geschichten, die sie erzählen, erhalten würde. Sie war ein köstlicher Vorgeschmack auf das Mögliche.

DANKSAGUNGEN

Die Entstehung dieses Buches war für mich ein echter Was-wenn-Prozess, eine Reise und ein Abenteuer. Es war ein großes Privileg, über die Zeit, aber auch über den Raum verfügen zu dürfen, die mir erlaubt haben, mich in dieses Thema zu vertiefen und ich möchte mich zunächst für die überaus freundliche Unterstützung der Lunt Foundation bedanken, insbesondere bei Helene Rolin, Michael Lunt und Guibert del Marmol. Ich werde ihnen für immer dankbar sein.

Ohne die Unterstützung und Kameradschaft meiner Familie sowie der Mitarbeiter*innen von Transition Network und Transition Town Totnes in der Vergangenheit wie heute, wäre dieses Buch nicht möglich gewesen. Ich danke ihnen allen für ihre Geduld und ihre Ermutigung. Danke auch an die Universität von Plymouth, deren Stipendium bei der Recherche äußerst hilfreich war.

Wenn ich behaupte, dass dies ein Was-wenn-Abenteuer war, so freue ich mich besonders darüber, dass mir von den fast hundert Menschen, die für dieses Buch interviewt wurden, vor der Arbeit an diesem Projekt nur etwa ein Viertel bekannt war. Die Übrigen habe ich im Laufe der Zeit entdeckt, sie wurden mir von anderen empfohlen oder ich habe irgendwo von ihnen gelesen. Zwar wurden einige Interviews persönlich geführt, der Großteil fand jedoch per Skype statt.

Unbedingt anmerken möchte ich, dass ich, obwohl ich mit Menschen in den Vereinigten Staaten, Indien, Brasilien, Pakistan, Italien, Kanada, Spanien, Belgien, Frankreich, Kolumbien und Mexiko gesprochen habe, keinen einzigen Flug unternommen habe; sämtliche Interviews wurden virtuell geführt. Ich habe 2006 das Fliegen aufgegeben, um einen konkreten Schritt in Richtung eines kohlenstoffärmeren Lebens zu machen, ein Schritt, der mir viel bedeutet. Am Ende hat es nicht

240

jedes Interview durch den Schreib- und Bearbeitungsprozess geschafft, aber ich möchte mich bei allen bedanken, die sich die Zeit genommen haben, mit mir zu sprechen, sie alle haben etwas zu diesem Prozess beigetragen: Ruth Ben-Tovim, Sven Birkerts, Rosalie Summerton und alle bei Art Angel, Dan Edelstyn, Hilary Powell, Michael Rosen, Lucy Neal, Scott Barry Kaufman, Holly Tiffin, Jonathan Schooler, Inez Aponte, Philippe Van Parijs, Jo Chesterman, Richard Olivier, Mikkel Borg Bjergsø, Daniella Radice, Josh Golin, Donna Rose Addis, Jason Roberts, Lise Van Susteren, Martin Shaw, Toni Spencer, Ian Blackwell, Deborah Frances-White, Mark Sears, Rima Staines, Henry Giroux, Sarah Corbett, James Howard Kunstler, Hilary Jennings, Shaun Hill, Hannah Fox, Tony Whitehead, Ted Dewan, Doria Robinson, Neil Griffiths, Mohsin Hamid, Sarah Woods, Martin Kirk, Grace Turtle, Julian Dobson, Bruce K. Alexander, Karien Stroucken und Jennifer Coleman vom Institute of Imagination, Felix Beltran, Josiah Meldrum, Joy Schaverien, Dr. Gordon Turnbull, David van Reybrouck, Michael Kiser, Jamie Hanson, Jeremy Finch und meine Mitimprovisatoren vom Spontaneity Shop, Matthieu Ricard, Marjorie Taylor, Manish Jain, Gabriella Gómez-Mont, Dr. Larry Rosen, Vanessa Andreotti, Alex Schlegel, Maggie Jackson, Dan Schacter, Sally Weintrobe, Douglas Rushkoff, Gillian Judson, das Team von Catastrophe, Dr. Adam Gazzaley, Hilary O'Shaughnessy, Evin O'Riordan, John McCarthy, JR, Dominique Christina, Daniel Raven-Ellison, Kieran Egan, Christian Jonet, Pascal Hennen, Eric Holthaus, Tom Hirons, Jonathan Cooper, Drew Dellinger, Kyung Hee Kim, Stuart Candy, Michel Bauwens, Chris Parsons und alle bei LandWorks, Robert Macfarlane, James Lawlor, Martin Ophoven, Carola Salvi, Michele d'Alena, John Thackara, Jay Griffiths, Quentin Blake, Ana Letícia Maciel, Luana Fonseca, David Sax, Stephen Duncombe, Anne-Marie Culhane, John Hickling, Alexandra Rowland, Tasha Bassingthwaighte, Ruth Sapsed, Karen MacLean, Nicolas Clerc, Cllr Matthew Brown, Andrew Brewerton, Bridget McKenzie, Dave Strudwick, Ste Weatherhead, Jackie Andrade, Jon May, Helen Marriage, James McKay, Clodagh Harris, Shana McDavis-Conway, Stella Duffy, Judy Wicks, Kali Akuno, Amy Seefeldt, Michael McCarthy, Johanna Morrell, Katy Murry, Ainslie Beattie, Jon Alexander, Molly Scott Cato, Ben Goldfarb, Tatsuyoshi Saijo. Ich danke ihnen allen. Wenn Sie eines dieser Gespräche in voller Länge lesen möchten, finden Sie es unter www.robhopkins.net.

Ich möchte mich zudem bei den Menschen bedanken, die mich auf meinem Weg besonders unterstützt haben: Chris Underhill, Tessa King, Amanda Cuthbert, Mark Lucas, Cyril Dion, Manda Brookman, Filipa Pimentel, Lara Lloyd, Joanna Smith, Mike Thomas, Indra Adnan, Pat Kane, Amber Ponton, Sarah McAdam, Angie Greenham, Peter Lipman, Pete Yeo, Simon Blackbourn und all den Transition-Leuten, denen ich begegnet bin, für ihre Inspiration und Gastfreundschaft.

Danke auch an Naresh Giangrande, Andrew Simms, Sophy Banks, Ben Brangwyn, Claire Milne, Matt Dunwell, Melanie Laurent, Deborah Benham, Julien Dossier, Ophélie, Johnny und Fanny Thwaites, Dave Pollard, Cheryl Dahle, Mat Henney, Manda Scott, Frances Northrop, alle in der New Lion Brewery, Juliette Timsit, Xavier Combe, Pete Yeo, Fabienne Briant, Sylvie Mingant, Tom Doust vom Institute of Imagination, Dominique Le Ster, Ruth Potts und Olivier De Schutter.

Mein Dank gilt auch allen Mitarbeiter*innen von Chelsea Green, Margo Baldwin dafür, dass sie das Potenzial dieser Idee erkannte, Brianne Goodspeed, meiner brillanten Lektorin, und Elizabeth Babcock, Rose Baldwin, Sandi Eaton, Matt Haslum, Eliza Haun, Melissa Jacobson, Darrell Koerner, Sarah Kovach, Sean Maher, Christina Butt, Jeffrey Slayton, Jenna Stewart, Pati Stone, Natalie Wallace, und Michael Weaver für ihre Arbeit an diesem Buch.

Schließlich möchte ich auch mit Respekt und Dankbarkeit diejenigen erwähnen, die im Laufe meines Lebens meine Fantasie beflügelt haben: Dr. Christine Blasey Ford, Sterling Morrison, Rebecca Solnit, Grayson Perry, Kim Gordon, Vincent van Gogh, Tove Jansson, Chuck D, Matt Haynes, Clare Wadd, Fiona McIntyre, Bill Mollison, Mariame Kaba, David Holmgren, Sylvia Plath, Michael Shuman, Barbara Kingsolver, Albert Bates, Sasami, Mark E. Smith, Naomi Klein, Nils Frahm, Ursula K. Le Guin, Sir Ken Robinson, Mary Warnock, Quentin Blake, Jonathan Richman, Ruth Mock, Nicholas Carr, Ada Colau, die Frack Free Four, Marie-Eve Leclerc, Banksy, Darren McGarvey, Joanna Macy, Richard Wilkinson und Kate Pickett, Marley Marl, Robert Smith, Sherry Turkle, Can, Nina Simone, Matthew B. Crawford, Kate Tempest, Campaign for a

Commercial-Free Childhood, Venice, Roxanne Shante, the Last Poets, Aretha Franklin, George Monbiot, Anna Campbell, Theaster Gates, Angela Carter, John Crowley, die Situationisten, der Impressionisten-Saal im Musée d'Orsay in Paris, Ryan Griffin von astrangelyisolatedplace.com, die Blogs von hurryslowly.co, Tom Vague, Greta Thunberg und allen Schulstreikenden, Paul Haig, Emil Ferris, Extinction Rebellion, Geir Jenssen, James Bernard, Nick Drake, Martin Newell, Laurie Steen, Adam Curtis und Sarah Gillespie.

EINLEITUNG – Was, wenn sich alles zum Guten wendet?

1   Der Slogan ist einem Bericht der *Real Bread Campaign* mit dem Titel
     Rising Up: Baking Real Bread Improves People's Lives, entliehen:
     https://www.sustainweb.org/publications/rising_up/.

2   Eine vergleichbare Bäckerei existiert bereits in London, in der Nähe der
     Brick Lane, und heißt *Rise Bakery* („baking lives better"). Online unter:
     http://www.risebakery.london/.

3   Eine Brauerei dieser Art befindet sich im Bahnhof von Sheffield:
     The Sheffield Tap.

4   Viele der oben aufgeführten Beispiele stammen aus Initiativen, wie sie
     derzeit tatsächlich in Gemeinden in Großbritannien und Europa stattfinden:
     1) Ein nachhaltiger Wohnkomplex mit dreizehn Einheiten, der mit Stroh-
     ballenwänden gebaut wurde, existiert zum Beispiel in Cressy in der Schweiz.
     Während der durchschnittliche Schweizer Bürger (ich nehme an, das soll
     generisch maskulin bleiben?) 160 Liter Wasser pro Tag verbraucht, sind es in
     Cressy dank Komposttoiletten nur 48 Liter pro Tag. Ein Großteil der Energie
     wird vor Ort erzeugt und ist erneuerbar. 2) Eine Reihe von Kommunen
     erlassen inzwischen Vorschriften, wonach Neuanpflanzungen aus essbaren
     Pflanzen bestehen müssen, und entscheiden sich dafür, öffentliche Plätze
     mit Obstbäumen zu bestücken. 3) In London wurden bereits mehrere
     „Essbare Bushaltestellen" eingerichtet *(http://theediblebusstop.org)*. 4) Das
     hier beschriebene innovative Bildungssystem basiert auf dem aktuellen
     finnischen Modell.

5   IPCC (Intergovernmental Panel on Climate Change, dt.: Weltklimarat),
     „Summary for Policymakers of IPCC Special Report on Global Warming of
     1.5°C Approved by Governments", Pressemitteilung, 8. Oktober 2018.

6   Kevin Anderson und John Broderick, *Natural Gas and Climate Change*
     (Manchester, UK: Tyndall Manchester, CEMUS, Teesside University, 17. Okto-
     ber 2017), S. 12, *https://www.research.manchester.ac.uk/portal/files/60994617/
     Natural_Gas_and_Climate_Change_Anderson_Broderick_FOR_DISTRIBUTION.pdf*.

7   IPCC, „Summary for Policymakers".

8   Adam Gazzaley und Larry D. Rosen, *Das überforderte Gehirn: Mit Steinzeitwerkzeug in der Hightech-Welt* (München: Redline, 2017), S. 240.

9   Susan Griffin, „To Love the Marigold", in: *The Impossible Will Take a Little Longer*, Paul Rogat Loeb (Hg.), (New York: Basic Books, 2014), S. 170.

10   Andrew Simms und Peter Newell, *How Did We Do That? The Possibility of Rapid Transition* (London: STEPS Centre/New Weather Institute, 2017), *https://steps-centre.org/wp-content/uploads/2017/04/How_Did_We_Do_That.pdf*.

11   Andrew Simms, *Nine Meals from Anarchy: Oil Dependence, Climate Change and the Transition to Resilience* (London: New Economics Foundation, 2008).

12   Erzählt wird unsere Geschichte in: „The Lessons from Kinsale – Part One", *Transition Culture* (Blog), 12. Dezember 2005, *https://www.transitionculture.org/2005/12/12/the -lessons-from-kinsale-part-one/*.

13   Transition Town *Totnes, Totnes & District Local Economic Blueprint*, 2015, *http://www.reconomy.org/wp-content/uploads/2015/10/TD-Local-Economic-Blueprint-final_low_res.pdf*.

14   Mehr zum Totnes Local Entrepreneur Forum und seiner Geschichte unter: *https://reconomycentre.org/home/lef/local-entrepreneur-forum-2015-wrap-up/*.

15   Siehe: *http://www.newlionbrewery.co.uk*. Besser noch vorbeischauen und Hallo sagen. Sagt, ich hätte euch geschickt ...

16   Es gibt drei Schlüsseltexte zu Transition Streets und was damit bewirkt wurde: GfK NOP Social Research, *LCCC Baseline Research Mini Report – Totnes*, 2012, *https://www.transitionstreets.org.uk/wp-content/uploads/2012/07/LCCCBaselineResearchMiniReport%E2%80%93Totnes.pdf*; Fiona Ward, Adrian Porter und Mary Popham, *Transition Streets: Final Project Report*, September 2011, *https://www.transitionstreets.org.uk/wp-content/uploads/2012/07/TransitionStreets-finalreport-27Sep2011.pdf*; Helen Beetham, *Social Impacts of Transition Together (SITT):* Investigating the Social Impacts, Benefits and Sustainability of the Transition Together/ *Transition Streets Initiative in Totnes*, 2011, *https://www.transitionstreets.org.uk/wp-content/uploads/2012/07/SocialimpactsofTransitionStreets-finalreport.pdf*.

17   David Fleming, *Lean Logic: A Dictionary for the Future and How to Survive It* (White River Junction, VT: Chelsea Green Publishing, 2016), S. 209.

18   Maxine Greene, „Imagination and Becoming (Bronx Charter School of the Arts)", 2007, *https://maxinegreene.org/uploads/library/imagination_bbcs.pdf*.

19   Paolo Lugari, *„Un nuevo renacimiento en el trópico"*, Fundación Centro Experimental Las Gaviotas, 2009, *http://www.centrolasgaviotas.org/docs/conferencia.pdf*.

20 Amitav Ghosh, *Die große Verblendung: der Klimawandel und das Undenkbare*, übers. von Yvonne Badal (München: Blessing, 2017), S. 17.

21 George Monbiot, „How Do We Get Out of This Mess?", in: *Guardian*, 9. September 2017, *https://www.theguardian.com/books/2017/sep/09/george-monbiot-how-do-we-get-out-of-this-mess*.

22 David Wallace-Wells, „The Uninhabitable Earth", in: *New York*, 10. Juli 2017, *http://nymag.com/intelligencer/2017/07/climate-change-earth-too-hot-for-humans.html*.

23 Kyung Hee Kim, „The Creativity Crisis: The Decrease in Creative Thinking Scores on the Torrance Tests of Creative Thinking", in: *Creativity Research Journal* 23, Nr. 4 (2011), S. 285–295.

24 Kyung Hee Kim, Interview mit dem Autor, *Imagination Taking Power* (Blog), 20. September 2018, *https://www.robhopkins.net/2018/09/20/kyung-hee-kim-on-the-creativity-crisis/*.

25 Alvaro Pascual-Leone u. a., „Modulations of Muscle Responses Evoked by Transcranial Magnetic Stimulation During the Acquisition of New Fine Motor Skills", in: *Journal of Neurophysiology* 74, Nr. 3 (1995), S. 1037–1045.

26 Guang Yue und Kelly Cole, „Strength Increases from the Motor Program: Comparison of Training with Maximal Voluntary and Imagined Muscle Contractions", in: *Journal of Neurophysiology* 67, Nr. 5 (1992), S. 1114–1123.

27 Jackie Andrade u. a., „Functional Imagery Training to Reduce Snacking: Testing a Novel Motivational Intervention Based on Elaborated Intrusion Theory", in: *Appetite* 100 (2016), S. 256–262.

28 Jackie Andrade und Jon May, Interview mit dem Autor, *Imagination Taking Power* (Blog), 18. Dezember 2018, *https://www.robhopkins.net/2018/12/18/jackie-andrade-and-jon-may-on-imagination-lemons-and-functional-imagery-training/*.

29 Jennifer Coleman, im Gespräch mit dem Autor, 18. Juni 2017.

30 Scott Barry Kaufman, im Gespräch mit dem Autor, 1. Mai 2017.

31 Fleming, *Lean Logic*.

32 IPCC, „Summary for Policymakers".

33 Will Steffen u. a., „Trajectories of the Earth System in the Anthropocene", *Proceedings of the National Academy of Sciences* (USA) 115, Nr. 33 (August 2018), S. 8252–59.

34 Michael Winship, „Naomi Klein: ‚There Are No Non-Radical Options Left Before Us'", in: *Salon*, 4. February 2016, *https://www.salon.com/2016/02/04/naomi_klein_there_are_no_non_radical_options_left_before_us_partner/*.

35 Eine der wichtigsten Einsichten in Yuval Noah Hararis *Eine kurze Geschichte der Menschheit*, übers. von Jürgen Neubauer, (München: Pantheon, 2015).

EINS — Was, wenn wir das Spielen ernst nehmen?

36 Website von Playing Out unter *http://playingout.net/*.

37 Der Podcast, den ich in der Straße aufgenommen habe und der alle in diesem Kapitel zitierten Interviews mit Eltern und Kindern enthält, ist zu hören auf *Imagination Taking Power* (Blog), *https://www. robhopkins. net/2017/05/18/traffic-just-needs-to-be-put-in-its-place-and-then-this-happen/*.

38 Jo Chesterton, im Gespräch mit dem Autor, 9. Mai 2017.

39 Jo Chesterton, im Gespräch mit dem Autor.

40 Enrique Peñalosa und Susan Ives, „The Politics of Happiness", in: *Yes!*, 20. Mai 2004, *https://www.yesmagazine.org/issues/finding-courage/the-politics-of-happiness.*

41 Evelyn Sharp, *The London Child* (London: J. Lane, 1927), S. 87.

42 *Playday 2007: Our Streets Too!* „Street Play Opinion Poll Summary", *http://www.playday.org.uk/resources/research/2007-research/.*

43 Richard Louv, „A Timely Truth", *National Trust*, 2011, S. 34–37.

44 Mayer Hillman u. a., *One False Move: A Study of Children's Independent Mobility* (London: Policy Studies Institute, 1990).

45 Dokumentiert in Hugh Cunningham, *The Invention of Childhood* (London: BBC Books, 2006); und ich liebe besonders diesen Schwarzweißfilm von 1972, in dem eine Gruppe von Kindern darum kämpft, in de Pijp, ihrem Viertel, auf der Straße spielen zu dürfen. *https://youtu.be/YY6PQAI4TZE.*

46 Entlehnt aus Hanna Rosins Artikel „The Overprotected Kid", in: *Atlantic*, April 2014.

47 Howard Chudacoff, *Children at Play: An American History* (New York: New York University Press, 2007).

48 Tim Gill, No Fear: *Growing Up in a Risk Averse Society* (Calouste Gulbenkian Foundation, 2007), S. 42.

49 Melinda Wenner, „The Serious Need for Play", *Scientific American*, Februar 2009, *https://www.scientificamerican.com/article/the-serious-need-for-play/.*

50 Stuart Brown, „Play as an Organizing Principle: Clinical Evidence and Personal Observations", in: Marc Beko und John A. Beyer (Hg.), *Animal Play: Evolutionary, Comparative, and Ecological Perspectives*, (Cambridge: Cambridge University Press, 1998), S. 243–245.

51 Jaak Panksepp, „Play, ADHD and the Construction of the Social Brain: Should the First Class Each Day Be Recess?", in: *American Journal of Play* 1, Nr. 1 (2008): S. 72.

52 Stephen Moss, *Natural Childhood*, National Trust, 2012, *https://www.national trust.org.uk/documents/read-our-natural-childhood-report.pdf.*

53 Michael Yogman u. a., „The Power of Play: A Pediatric Role in Enhancing Development in Young Children", in: *Pediatrics* 142, Nr. 3 (September 2018): S. 1–16.

54 Richie Poulton u. a., „Evidence for a Non-associative Model of the Acquisition of a Fear of Heights", in: *Behaviour Research and Therapy* 36 (Mai 1998): S. 537–544.

55 Moss, *Natural Childhood.*

56 Die Serie ist zu sehen unter *https://www.channel4.com/programmes/old-peoples-home-for-4-year-olds.*

57 Der auf dem Street Games Festival aufgenommene Podcast, in dem auch die Gespräche mit den Organisatoren, Eltern und Kindern zu hören sind, ist abrufbar unter *https://www.robhopkins.net/2017/04/25/podcast-an-afternoon-playing-in-the-street/.*

58 Alex Spiegel, „Old-Fashioned Play Builds Serious Skills", in: Morning Edition, gesendet am 21. Februar 2008 auf NPR, *http://www.npr.org/templates/story/story.php?storyId=19212514.*

59 Jay Griffiths, Interview mit dem Autor, *Imagination Taking Power* (Blog), 16. März 2019, *https://www.robhopkins.net/2019/03/26/jay-griffiths-a-child-can-transform-a-twig-and-a-pile-of-leaves-into-absolutely-anything/.*

60 Mattel, *Hello Barbie Doll*, Mattel & Fisher Price Customer Service, 2015, *https://service.mattel.com/us/productPopup.aspx?prodno=DNR56&siteid=27.*

61 Jason Boog, „Hello Barbie's War on Imagination", in: *Salon*, 19. Dezember 2015, *https://www.salon.com/2015/12/19/hello_barbies_war_on_imagination_the_childhood_destroying_gift_you_dont_want_to_give_your_kid/.*

62 Shoshana Zuboff, *Das Zeitalter des Überwachungskapitalismus*, übers. von Bernhard Schmid (Frankfurt a. M.: Campus, 2018), S. 305–307.

63 Josh Golin, Interview mit dem Autor, *Imagination Taking Power* (Blog), 20. März 2017, *https://www.robhopkins.net/2017/03/20/josh-golin-on-toys-marketing-and-when-barbie-goes-bad/.*

64 Philip Olterman, „German Parents Told to Destroy Doll That Can Spy on Children", in: *Guardian*, 17. Februar 2017, *https://www.theguardian.com/world/2017/feb/17/german-parents-told-to-destroy-my-friend-cayla-doll-spy-on-children.*

65 Zuboff, *Das Zeitalter des Überwachungskapitalismus*, S. 306.

66 Carly Dauch u. a., „The Influence of the Number of Toys in the Environment on Toddlers' Play", in: *Infant Behaviour* 50 (2018), S. 78–87.

67 Sarah Jewell, „The Nursery That Took All the Children's Toys Away", in: *Independent*, 11. November 1999, *https://www.independent.co.uk/news/education/education-news/the-nursery-that-took-all-the-childrens-toys-away-1125048.html.*

68 Leah Stella Stephens, „Imagination. Creativity. Curiosity: What Happens When We Neglect the Jewels of Our Minds?", in: *Medium*, 27. März, 2016, *https://www.imaginationmatters.org/index.php/2017/10/20/imagination-creativity-curiosity/.*

69 Tom Salinsky and Deborah Frances-White, *The Improv Handbook: The Ultimate Guide to Improvising in Comedy, Theatre and Beyond* (London: Bloomsbury, 2016), S. 52.

70 Der Podcast, den ich mit den in diesem Kapitel zitierten Interviews über die Improvisationsklasse gemacht habe, ist zu hören auf meinem Blog *Imagination Taking Power*, „I Suck, and I Love to Fail: A Weekend of Learning to Improvise", *https://www.robhopkins.net/2017/09/26/i-suck-and-i-love-to-fail-a-weekend-of-learning-to-improvise/.*

71 Dies wird in dem Film *Bogotá Change*, Regie Andreas Dalsgaard, erzählt: *https://www.youtube.com/watch?v=4lOkLNIT3gI&t=873s.*

72 Ich danke Grace Turtle für diese Geschichte. Grace Turtle, Interview mit dem Autor, *Imagination Taking Power* (Blog), 4. September 2018, *https://www.robhopkins.net/2018/09/04/grace-turtle-everywhere-i-look-there-is-this-mass-realisation-that-we-need-to-re-engage-our-imagination/.*

73 Antanas Mockus, „The Art of Changing a City", in: New York Times, 16. Juli 2015, *https://www.nytimes.com/2015/07/17/opinion/the-art-of-changing-a-city.html.*

74   Grace Turtle, „Searching for Neverland: A Theatre of Impossible Futures",
      in: *Medium*, 19. Juni 2018, *https://medium.com/@Graceleoturtle/searching-for-
      neverland-a-theatre-of-impossible-futures-851acf8cea5b*.

75   Grace Turtle, Interview mit dem Autor, *Imagination Taking Power* (Blog),
      4. September 2018, *https://www.robhopkins.net/2018/09/04/grace-turtle-
      everywhere-i-look-there-is-this-mass-realisation-that-we-need-to-re-engage-our-
      imagination/*.

76   Wie diese Aktivität erdacht, geplant und ausgeführt wurde, erzählt Ruth
      Ben-Tovim in einem Blog-Beitrag: „The Evolution and Practice of the
      ‚Transition Town Anywhere' Activity", 19. November 2012,
      *https://www.transitionculture.org/2012/11/19/the-evolution-and-practice-of-the-
      transition-town-anywhere-activity/*.

77   Ben-Tovim, „The Evolution and Practice of the ‚Transition Town Anywhere'
      Activity".

78   Ruth Ben-Tovim, E-Mail an den Autor, 31. Oktober 2018.

79   Isabela Maria Gomez de Menezes, im Gespräch mit dem Autor,
      19. Januar 2019.

80   Filipa Pimentel, im Gespräch mit dem Autor, 1. Februar 2019.

81   Franco „Bifo" Berardi, *Futurability: The Age of Impotence and the Horizon of
      Possibility* (London: Verso Publications, 2017).

82   Alvin Rosenfeld und Nicole Wise, *The Over-Scheduled Child: Avoiding the Hyper-
      Parenting Trap*, (New York: St. Martin's Griffin, 2000) zitiert in Walter Kirn
      und Wendy Cole, „What Ever Happened to Play?", in: Time, 22. April 2001,
      https://content.time.com/time/nation/article/0,8599,107264,00.html.

83   Peter und Iona Opie, „The Private World of Children's Games", in: *Observer*,
      6. August 1961, S. 31.

ZWEI — Was, wenn wir die Fantasie als grundlegend für unsere Gesundheit erachten?

84   Will Hutton, „The Bad News Is We're Dying Early in Britain – And It's All
      Down to ‚Shit-Life Syndrome'", in: *Guardian*, 19. August 2018,
      *https://www.theguardian.com/commentisfree/2018/aug/19/bad-news-is-were-
      dying-earlier-in-britain-down-to-shit-life-syndrome*.

85   Gazzaley und Rosen, *Das überforderte Gehirn*, S. 240.

86 Denis Campbell, „Three in Four Britons Felt Overwhelmed by Stress, Survey Reveals", 14. Mai 2018, in: *Guardian, https://www.theguardian.com/society/2018/may/14/three-in-four-britons-felt-overwhelmed-by-stress-survey-reveals.*

87 The Prince's Trust/Ebay, *Youth Index 2019* (London: Prince's Trust, 2018), *https://www.princes-trust.org.uk/about-the-trust/news-views/ebay-youth-index-2019.*

88 Jean M. Twenge, „Are Smartphones Causing More Teen Suicides?" in: *Guardian,* 24. Mai 2018, *https://www.theguardian.com/society/2018/may/24/smartphone-teen-suicide-mental-health-depression.*

89 Baroness Kidron u. a., *Disrupted Childhood: The Cost of Persuasive Design,* 5Rights, Juni 2018, *https://5rightsfoundation.com/static/5Rights-Disrupted-Childhood.pdf.*

90 Zitiert in Peter Gray, *The Decline of Play,* TEDxNavesink, 13. Juni 2014, *https://www.youtube.com/watch?v=Bg-GEzM7iTk.*

91 Alexandra Alter, „Uneasy About the Future, Readers Turn to Dystopian Classics", in: *New York Times,* 27. Januar 2017, *https://www.nytimes.com/2017/01/27/business /media/dystopian-classics-1984-animal-farm-the-handmaids-tale.html*; Christopher Schmidt, „Why Are Dystopian Films on the Rise Again?", in: *JSTOR Daily,* 19. November 2014, *https://daily.jstor.org/why-are-dystopian-films-on-the-rise-again/.*

92 Sarah H. Konrath u. a., „Changes in Dispositional Empathy in American College Students Over Time: A Meta-Analysis", in: *Personality and Social Psychology Review* 15, Nr. 2 (2011), S. 180–198.

93 Timothy D. Wilson u. a., „Just Think: The Challenges of the Disengaged Mind", in: *Science* 345, Nr. 6192 (2014), S. 75–77.

94 Art Angel ist im Netz zu finden unter *www.artangeldundee.org.uk.*

95 Rosalie Summerton, E-Mail an den Autor, 4. Oktober 2018.

96 Derek Ramsay, im Gespräch mit dem Autor, 3. Oktober 2018.

97 Hester Parr, *Art Angel: A Research Report,* Department of Geography, University of Dundee, September 2005, S. 22, *https://www.researchgate.net/publication/267389289_Art_Angel_A_Research_Report.*

98 Interview mit einer Art Angel-Künstlerin, 3. Oktober 2018.

99   Donna Rose Addis u. a., „Age-Related Changes in the Episodic Simulation of Future Events", in: *Psychological Science* 19, Nr. 1 (2008), S. 33–41; Randy L. Buckner, „The Role of the Hippocampus in Prediction and Imagination", in: *Annual Review of Psychology* 61 (2009), S. 27–48; Donna Rose Addis u. a., „Hippocampal Contributions to the Episodic Simulation of Specific and General Future Events", in: *Hippocampus* 21, Nr. 10 (2011), S. 1045–1052; Donna Rose Addis, „Are Episodic Memories Special? On the Sameness of Remembered and Imagined Event Stimulation", in: *Journal of the Royal Society of New Zealand* 48, Nr. 2/3 (2018), S. 64–68; Donna Rose Addis und Daniel L. Schacter, „The Hippocampus and Imagining the Future: Where Do We Stand?", in: *Frontiers of Human Neuroscience* 5, Nr. 173 (2012), S. 1–20, *https://dash.harvard.edu/bitstream/handle/1/10636300/76560509.pdf*.

100   Donna Rose Addis, Interview mit dem Autor, *Imagination Taking Power* (Blog), 23. Februar 2018, *https://www.robhopkins.net/2018/02/23/donna-rose-addis-on-the-hippocampus-the-future-and-brain-networks/*.

101   Jessica R. Andrews-Hanna, „The Brain's Default Network and Its Adaptive Role in Internal Mentation", in: *Neuroscientist* 18, Nr. 3 (2011), S. 251–270.

102   Theodore D. Wachs u. a., „Issues in the Timing of Integrated Early Interventions: Contributions from Nutrition, Neuroscience, and Psychological Research", in: *Annals of the New York Academy of Sciences* 1308 (2014), S. 89–106; Robert F. Anda u. a., „The Enduring Effects of Abuse and Related Adverse Experiences in Childhood: A Convergence of Evidence from Neurobiology and Epidemiology", in: *European Archives of Psychiatry and Clinical Neuroscience* 256, Nr. 3 (April 2006), S. 174–186.

103   Bessel van der Kolk, *Verkörperter Schrecken: Traumaspuren in Gehirn, Geist und Körper und wie man sie heilen kann*, übers. von Theo Kierdorf & Hildegard Höhr (Lichtenau: Probst Verlag, 2021).

104   Gordon Turnbull, *Trauma: From Lockerbie to 7/7: How Trauma Affects Our Minds and How We Fight Back* (London: Corgi, 2012); Gordon Turnbull, Interview mit dem Autor, *Imagination Taking Power* (Blog), 27. November 2018, *https://www.robhopkins.net/2017/11/27/professor-gordon-turnbull-on-how-trauma-impacts-the-imagination/*.

105   Daniel Schacter, Interview mit dem Autor, *Imagination Taking Power* (Blog), 16. März 2018, *https://www.robhopkins.net/2018/03/16/dan-schacter-on-the-memory-and-the-imagination/*.

106   Interview mit einer Art Angel-Künstlerin.

107 Sarah Corbett, *How to Be a Craftivist: The Art of Gentle Protest* (London: Unbound, 2017); Sarah Corbett, Interview mit dem Autor, I*magination Taking Power* (Blog), 22. Juni 2017, *https://www.robhopkins.net/2017/06/22/sarah-corbett-on-craftivism-and-the-imagination.*

108 Rosalie Summerton, Interview mit dem Autor, *Imagination Taking Power* (Blog), 15. Oktober 2018, *https://www.robhopkins.net/2018/10/15/rosalie-summerton-on-how-art-angel-heals-the-imagination/.*

109 Johann Hari, *Der Welt nicht mehr verbunden: Die wahren Ursachen von Depressionen – und unerwartete Lösungen,* übers. von Sonja Schuhmacher, Barbara Steckhan und Gabriele Gockel (Hamburg: HarperCollins, 2021), S. 250.

110 Ruth Cain, „How Neoliberalism Is Damaging Your Mental Health", in: *Conversation,* 30. Januar 2018, *https://theconversation.com/how-neoliberalism-is-damaging-your-mental-health-90565.*

111 Neil Straus, „Why We're Living in the Age of Fear", in: *Rolling Stone,* 6. Oktober 2016, *https://www.rollingstone.com/politics/politics-features/why-were-living-in-the-age-of-fear-190818/.*

112 Roberto Stefan Foa und Yascha Mounk, „The Democratic Disconnect", in: *Journal of Democracy* 27, Nr. 3 (Juli 2016).

113 Patrick Maguire und Anoosh Chakelian, „Facts and Figures: The Deepest Cuts: Austerity Measured", in: *New Statesman,* 12.–18. Oktober 2018, S. 26.

114 Angela Monaghan und Jessica Elgot, „‚Brexit Boom' Gives Britain Record 134 Billionaires, Fuelling Inequality Fears", in: *Guardian,* 7. Mai 2017, *https://www.theguardian.com/business/2017/may/07/brexit-boom-creates-record-number-of-uk-billionaires-sunday-times-rich-list.*

115 Richard Wilkinson und Kate Pickett, *The Inner Level: How More Equal Societies Reduce Stress, Restore Sanity and Improve Everyone's Well-Being* (London: Allen Lane, 2018), S. 55–56.

116 Royal College of Psychiatrists, *No Health Without Public Mental Health the Case for Action. Position Statement ps4/2010* (London: Royal College of Psychiatrists, 2010), *https://www.rcpsych.ac.uk/PDF/Position%20Statement%204%20website.pdf.*

117 Summerton, Interview.

118 Jamie Hanson u. a., „Association Between Income and the Hippocampus", in: *PLOS ONE* 6, Nr. 5 (Mai 2011), S. 1–8.

119 Joy Schaverien, Interview mit dem Autor, *Imagination Taking Power* (Blog), 29. November 2017, *https://www.robhopkins.net/2017/11/29/joy-schaverien-trauma-on-a-collective-scale-or-on-an-individual-scale-can-freeze-the-imagination/*.

120 Turnbull, Interview.

121 Matthew Walker, *Das große Buch vom Schlaf*, übers. von Annika Schöpe (München: Goldmann, 2018).

122 Rubin Naiman, „Falling for Sleep", in: *Aeon*, 11. Juli 2016, *https://aeon.co/essays/the-cure-for-insomnia-is-to-fall-in-love-with-sleep-again*.

123 Giuseppe Curcio u. a., „Clinical Review: Sleep Loss, Learning Capacity and Academic Performance", in: *Sleep Medicine Reviews* 10 (2006), S. 323–337.

124 Rubin Naiman, *Wired and Tired*, 13. März 2018, HurrySlowly.co (Blog), *https://hurryslowly.co/021-rubin-naiman/*.

125 Po Bronson, „Snooze or Lose", in: *New York Magazine*, 7. Oktober 2007, *http://nymag.com/news/features/38951/*.

126 Walker, *Das große Buch vom Schlaf*.

127 Catherine Monk u. a., „Research Review: Maternal Prenatal Distress and Poor Nutrition – Mutually Influencing Risk Factors Affecting Infant Neurocognitive Development", in: *Journal of Child Psychology and Psychiatry* 54, Nr. 2 (2013), S. 115–130.

128 Irakli Loladze, „Hidden Shift of the Ionome of Plants Exposed to Elevated CO_2 Depletes Minerals at the Base of Human Nutrition", in: *eLife* 3 (Mai 2014), *https://elifesciences.org/articles/02245*.

129 William Jagust u. a., „Central Obesity and the Aging Brain", in: *Arch Neurol* 62, Nr. 10 (2005), S. 1545–1548.

130 Mei-Kei Leung u. a., „Increased Gray Matter Volume in the Right Angular and Posterior Parahippocampal Gyri in Loving-Kindness Meditators", in: *Social Cognitive and Affective Neuroscience* 8, Nr. 1 (2013), S. 34–39; Eileen Luders u. a., „Global and Regional Alterations of Hippocampal Anatomy in Long-Term Meditation Practitioners", in: *Human Brain Mapping* 34, Nr. 12 (2013), S. 3369–3375; Kirk I. Erickson u. a., „Exercise Training Increases Size of Hippocampus and Improves Memory", in: *PNAS* 108, Nr. 7 (2011), S. 3017–3022; Lisanne ten Brinke u. a., „Aerobic Exercise Increases Hippocampal Volume in Older Women with Probable Mild Cognitive Impairment: A 6-Month Randomised Controlled Trial", in: *British Journal of Sports Medicine* 49, Nr. 4 (2015), S. 248–254.

131 Robert Macfarlane, Interview mit dem Autor, *Imagination Taking Power* (Blog), 4. Juni 2018, *https://www.robhopkins.net/2018/06/04/the-metaphors-we-use-deliver-us-hope-or-they-foreclose-possibility/*.

132 Eindringlich dokumentiert in Vicky Cooper und David Whyte (Hg.), *The Violence of Austerity* (London: Pluto Press, 2017).

133 Aditya Chakrabortty, „In an Era of Brutal Cuts, One Ordinary Place Has the Imagination to Fight Back", in: *Guardian*, 6. März 2019, *https://www.theguardian.com/commentisfree/2019/mar/06/brutal-cuts-fight-back-preston-dragons-den*.

134 Henry Giroux, „Trump's War on Dangerous Memory and Critical Thought", in: *TruthDig*, 16. März 2017, *https://www.truthdig.com/articles/trumps-war-on-dangerous-memory-and-critical-thought/*.

135 Henry Giroux, Interview mit dem Autor, *Imagination Taking Power* (Blog), 19. April 2017, *https://www.robhopkins.net/2017/04/19/henry-giroux-on-the-attack-on-the-public-imagination/*.

136 Susan Engel, „Open Pandora's Box: Curiosity in the Classroom", in: *The Sarah Lawrence Child Development Institute Occasional Papers*, *http://www.slc.edu/cdi/Occasional_Paper_Engel.php*.

137 Die Daten stammen aus einer von YouGov für das Institute of Imagination, London, durchgeführten Umfrage, bei der 621 Kinder und 2.238 Erwachsene befragt wurden (unveröffentlicht).

138 PR Newswire, „New Study of Professional Creatives Reveals a Decline in Creativity", 25. September 2013, *http://www.prnewswire.co.uk/news-releases/new-study-of-professional-creatives-reveals-decline-in-creativity-225134292.html*.

139 Richard Sennett: „Entrevista: Lo gratuito conlleva siempre una forma de dominación", in: *El País Semanal*, 18. August 2018, *https://elpais.com/elpais/2018/08/09/eps/1533824675_957329.html*.

140 Thomas Piketty, *Das Kapital im 21. Jahrhundert*, übers. von Ilse Utz und Stefan Lorenzer (München: C. H. Beck, 2016).

141 Rod Tweedy, „A Mad World: Capitalism and the Rise of Mental Illness", in: *Red Pepper*, 9. August 2017, *https://www.redpepper.org.uk/a-mad-world-capitalism -and-the-rise-of-mental-illness/*.

142 Joseph Allen u. a., „Associations of Cognitive Function Scores with Carbon Dioxide, Ventilation, and Volatile Organic Compound Exposures in Office Workers: A Controlled Exposure Study of Green and Conventional Office Environments", in: *Environmental Health Perspectives* 124, Nr. 1 (2016), S. 805–812.

143 Paul Hawken, *Drawdown – der Plan* (Gütersloh: Gütersloher Verlagshaus, 2019).

144 Jem Bendell, „Deep Adaptation: A Map for Navigating Climate Tragedy", in: *IFLAS Occasional Paper* 2, 27. Juli 2018, *http://www.lifeworth.com/deepadaptation.pdf.*

145 Frances C. Moore u. a., „Rapidly Declining Remarkability of Temperature Anomalies Mai Obscure Public Perception of Climate Change", in: *Proceedings of the National Academy of Sciences of the United States of America,* veröffentlicht vor Drucklegung, 25. Februar 2019, *https://doi.org/10.1073/pnas.1816541116.*

146 Nick Obradovich and Frances C. Moore, „The Data Is In. Frogs Don't Boil. But We Might", in: *Washington Post,* 25. Februar 2019, *https://www.washingtonpost.com/weather/2019/02/25/data-are-frogs-dont-boil-we-might/.*

147 Susan Clayton u. a., *Mental Health and Our Changing Climate: Impacts, Implications and Guidance* (Washington, DC: American Psychological Association and ecoAmerica, März 2017), *https://www.apa.org/news/press/releases/2017/03/mental-health-climate.pdf.*

148 James Bridle, „Air Pollution Rots Our Brains. Is That Why We Don't Do Anything About It?", in: *Guardian,* 24. September 2018, *https://www.theguardian.com/commentisfree/2018/sep/24/air-pollution-cognitive-improvement-environment.*

149 Rebecca Solnit, *Wenn Männer mir die Welt erklären,* übers. von Kathrin Razum (Hamburg: Hoffmann und Campe, 2015), S. 139.

150 Summerton, Interview.

151 Institute for the Future, „An Office for Public Imagination: Group Text/ Exercise at IFTF Reconstitutional Convention", o. D.

152 Eric Liu und Scott Noppe-Brandon, *Imagination First: Unlocking the Power of Possibility* (San Francisco: Jossey-Bass, 2009), S. 21.

153 Lucy Neal, Interview mit dem Autor, *Imagination Taking Power* (Blog), 18. März 2019, *https://www.robhopkins.net/2019/03/18/lucy-neal-imagination-is-the-most-important-thing-in-the-whole-wide-world/.*

DREI – Was, wenn wir dem Beispiel der Natur folgen?

154 Henry Porter, „To Be Alone in the Dawn Chorus Reminds Us How Precious Life Is", in: *Guardian,* 4. Mai 2013, *https://www.theguardian.com/commentisfree/2013/may/04/dawn-chorus-thing-of-beauty.*

155 Was ist eine „Tierstimmen-Disco"? Sieh nach unter
http://www.soundartradio.org.uk/services /projects/wildlife-disco/.

156 Rob Hopkins, „‚You Only Get So Many Mays in Your Life': Why Our
Imagination Needs the Dawn Chorus", *Imagination Taking Power* (Blog),
10. Mai 2017, *https:// www.robhopkins.net/2017/05/10/204/*.

157 Hank Johnston, „A Camping Trip with Roosevelt and Muir", in: *Yosemite* 56,
Nr. 3 (1994), S. 2–4.

158 Sierra Club, *Theodore Roosevelt 1858–1919*, Sierra Club, The John Muir
Exhibit, *https://vault.sierraclub.org/john_muir_exhibit/people/roosevelt.aspx*.

159 Johnston, „A Camping Trip".

160 Sierra Club, *Theodore Roosevelt*.

161 Theodore Roosevelt, *An Autobiography* (Frankfurt: Outlook Verlag GmbH,
2018; Original 1913), S. 253.

162 Monique Grooten und Rosamund Almond, *Living Planet Report 2018: Aiming
Higher* (Gland, Switzerland: World Wildlife Fund, 2018).

163 Michael McCarthy, *Faltergestöber: Vom Glück, das die Natur uns schenkt*,
übers. von Karen Nölle und Sabine Schulte (Berlin: Matthes & Seitz,
2015), S. 21; Damien Carrington, „Warning of ‚Ecological Armageddon'
After Dramatic Plunge in Insect Numbers", in: *Guardian*, 18. Oktober 2017,
*https://www.theguardian.com/environment/2017/oct/18/warning-of-ecological-
armageddon-after-dramatic-plunge-in-insect-numbers*.

164 John Vidal, „Protect Nature for World Economic Security, Warns UN
Biodiversity Chief", in: *Guardian*, 16. August 2010, *https://www.theguardian.
com/environment/2010/aug/16/nature-economic-security*.

165 McCarthy, *Faltergestöber*, S. 99.

166 Michael McCarthy, Interview mit dem Autor, *Imagination Taking Power*
(Blog), 20. Februar 2019, *https://www.robhopkins.net/2019/02/20/michael-
mccarthy/*.

167 Die „Liste ausgestorbener Arten" auf Wikipedia durchzugehen ist überaus
ernüchternd.

168 American Museum of Natural History, *Passenger Pigeons*, *https://www.amnh.
org/exhibitions/permanent-exhibitions/birds-and-reptiles-and-amphibians-halls/
hall-of-new-york-city-birds/passenger-pigeons*.

169 Dies hat mir Drew Dellinger während eines Gesprächs mit ihm zugetragen;
Drew Dellinger, Interview mit dem Autor, *Imagination Taking Power* (Blog),
11. Juli 2018, h*ttps://www.robhopkins.net/2018/07/11/drew-dellinger-if-we-had-
more-imagination-we-could-have-less-capitalism/*.

170 Madeline Bunting, „Disarming the Weapons of Mass Distraction", 15. März 2018, in: New York Review of Books, *https://www.nybooks.com/daily/2018/03/15/disarming-the-weapons-of-mass-distraction/*.

171 Zahlreiche weitere solcher Ausrücke finden sich in Robert Macfarlane, *Landmarks* (London: Penguin Books, 2016).

172 Macfarlane, Interview.

173 Mark Wilson, „Infographic: In 80 Years We Lost 93% of Variety in Our Food Seeds", in: *Fast Company*, 5 November 2012, *https://www.fastcompany.com/1669753/infographic-in-80-years-we-lost-93-of-variety-in-our-food-seeds*.

174 Hope Shand, „Biological Meltdown: The Loss of Agricultural Diversity", in: *Reimagine*, o. D., *https://www.reimaginerpe.org/node/921*.

175 Manish Jain, Interview mit dem Autor, *Imagination Taking Power* (Blog), 31. Januar 2018, *https://www.robhopkins.net/2018/01/31/manish-jain-our-work-is-to-recover-wisdom-and-imagination/*.

176 Agustín Fuentes, *The Creative Spark: How Imagination Made Humans Exceptional* (New York: Dutton, 2017), S. 274.

177 Douglas Mann, „Monarch Butterflies Have Declined 90%: Conservationists Seek Extra Protection", in: *Newsweek*, 27. August 2014, *https://www.newsweek.com/monarch-butterflies-have-declined-90-conservationists-seek-extra-protection-267094*.

178 Susan Clayton u. a., *Mental Health and Our Changing Climate*.

179 Lise van Susteren, Interview mit dem Autor, *Imagination Taking Power* (Blog), 24. April 2018, *https://www.robhopkins.net/2018/04/24/847/*.

180 Mark Cocker, *Our Place: Can We Save Britain's Wildlife Before It Is Too Late?* (London: Jonathan Cape, 2018), S. 195.

181 Peter Aspinall u. a., „The Urban Brain: Analysing Outdoor Physical Activity With Mobile EEG", in: *British Journal of Sports Medicine* 49, Nr. 4 (Februar 2015), S. 272–276

182 Ruth Ann Atchley u. a., „Creativity in the Wild: Improving Creative Reasoning through Immersion in Natural Settings", in: *PLOS ONE* 7, Nr. 12 (2012), e51474.

183 Daniel Levitin, *The Organised Mind: Thinking Straight in the Age of Information Overload* (London: Dutton, 2015).

184 Carolyn Gregoire, „The New Science of the Creative Brain on Nature", in: *Outside*, 18. März 2016, *https://www.outsideonline.com/2062221/new-science-creative-brain-nature*.

185 Howard Frumkin u. a., „Nature Contact and Human Health: A Research Agenda", in: *Environmental Health Perspectives* 125, Nr. 7 (Juli 2017), S. 1–18.

186 Gregory N. Bratman u. a., „The Benefits of Nature Experience: Improved Affect and Cognition", in: *Landscape and Urban Planning* 138 (Juni 2015), S. 41–50.

187 BBC News, „‚Nature' Being Prescribed by GPs in Shetland", 5. Oktober 2018, *https://www.bbc.co.uk/news/uk-scotland-north-east-orkney-shetland-45758016*.

188 RSPB Scotland/NHS Scotland, *Nature Prescriptions Calendar*, o. D., *https://www.healthyshetland.com/site/assets/files/1178/730-1309-17-18_nature_ prescriptions_calendar_4sep.pdf*.

189 Marc G. Berman u. a., „The Cognitive Benefits of Interacting with Nature", in: *Psychological Science* 19, Nr. 12 (2008), S. 1207–1212.

190 Denise Winterman, „The Surprising Uses for Birdsong", BBC News, 8. Mai 2013, *https://www.bbc.com/news/magazine-22298779*.

191 Neil E. Klepeis u. a., „The National Human Activity Pattern Survey (NHAPS): A Resource for Assessing Exposure to Environmental Pollutants", in: *Journal of Exposure Analysis and Environmental Epidemiology* 11 (24. Juli 2001), S. 231–252; Damien Carrington, „Three-quarters of UK Children Spend Less Time Outdoors Than Prison Inmates – Survey", in: *Guardian*, 25. März 2016, *https://www.theguardian.com/environment/2016/ mar/25/three-quarters-of-uk-children-spend-less-time-outdoors-than-prison- inmates-survey*.

192 Francesca Boyd u. a., „Who Doesn't Visit Natural Environments for Recreation and Why: A Population Representative Analysis of Spatial, Individual and Temporal Factors Among Adults in England", in: *Landscape Use and Urban Planning* 175 (2018), S. 102–113.

193 Rob Hopkins, „Dreaming of Eternity: Three Days in the Ruhr Valley", *Imagination Taking Power* (Blog), 20. September 2017, *https://www.robhopkins.net/2017/09/20/394/*.

194 LandWorks, *https://www.landworks.org.uk/landworks-prisoner-training/*.

195 LandWorks, „The Facts", *www.landworks.org.uk/landworks-prisoner-training/ prison-education-facts/*.

196 Chris Parsons, Interview mit dem Autor, *Imagination Taking Power* (Blog), 11. Juni 2018, *https://www.robhopkins.net/2018/06/11/chris-parsons-on- landworks-imagination-and-moving-beyond-prison/*.

197 London National Park City, „Map of London", *http://www.nationalparkcity. london/map*.

198 Daniel Raven-Ellison, Interview mit dem Autor, *Imagination Taking Power* (Blog), 9. April 2018, *https://www.robhopkins.net/2018/04/09/daniel-raven-ellison-on-what-if-london-were-a-national-park-city/*.

199 London National Park City, „What Is the London National Park City?", o.D., *http://www.nationalparkcity.london/about/about-find-out-more/what-is-the-london-national-park-city*.

200 Mehr über „Lebensmittelwüsten" unter *http://www.foodispower.org/food-deserts/*.

201 Doria Robinson, Interview mit dem Autor, TransitionNetwork.org (Blog), 7. Januar 2014, *https://transitionnetwork.org/news-and-blog/doria-robinson-on-scaling-up-community-resilience-in-the-shadow-of-chevron/*.

202 Urban Tilth, „About Us", *https://www.urbantilth.org/about-us/*.

203 Doria Robinson, Interview mit dem Autor, *Imagination Taking Power* (Blog), 27. November 2018, *https://www.robhopkins.net/2018/11/27/doria-robinson-on-how-urban-agriculture-can-heal-a-communitys-imagination/*.

VIER — Was, wenn wir darum kämpfen, unsere Aufmerksamkeit wiederzugewinnen?

204 Laut Martin Baileys Buch *The Sunflowers are Mine: The Story of Van Gogh's Masterpiece* (London: White Lion Publishing, 2019) wird davon ausgegangen, dass die Sonnenblumen entweder ein Geschenk von Patience Escalier waren oder in dem Garten eines Badehauses, in dem van Gogh zwei Wochen zuvor gezeichnet hat, von ihm selbst geschnitten worden waren.

205 Sherry Turkle, *Reclaiming Conversation: The Power of Talk in a Digital Age*, (New York: Penguin Books, 2016).

206 Steven Naifeh und Gregory White Smith, *Van Gogh: Sein Leben*, (Frankfurt am Main: Fischer, 2015), S. 618.

207 Hugh McGuire, „Why Can't We Read Books Any More? Or, Can Books Save Us from What Digital Does to Our Brains", in: *Medium*, 22. April 2015, *https://medium.com/@hughmcguire/why-can-t-we-read-anymore-503c38c131fe*.

208 Nielsen, *The Nielsen Total Audience Report Q1 2018*, The Nielsen Company (US), *https://www.nielsen.com/content/dam/corporate/us/en/reports-downloads/2018-reports/q1-2018-total-audience-report.pdf*.

209   Chris Berdick, „Dealing with Digital Distraction: Solutions Run the Gamut –
      from Tech Breaks to Tech Take-Overs", in: *The Hechinger Report*,
      22. Januar 2018, *https://hechingerreport.org/dealing-digital-distraction/*.

210   Bianca Bosker, „The Binge Breaker: Tristan Harris Believes Silicon Valley
      Is Addicting Us to Our Phones. He's Determined to Make It Stop", in:
      Atlantic, November 2016, *https://www.theatlantic.com/magazine/archive/*
      2016/11/the -binge-breaker/501122/; Tristan Harris, „How a Handful of
      Tech Companies Control Billions of Minds Every Day", TED.com, April
      2017, *https://www.ted.com/talks/tristan_harris_the_manipulative_tricks_tech_*
      companies_use_to_capture_your_attention#t-49051.

211   Matthew B. Crawford, *Die Wiedergewinnung des Wirklichen. Eine Philosophie
      des Ichs im Zeitalter der Zerstreuung*, übers. von Stephan Gebauer (Berlin:
      Ullstein, 2016), S. 9; Monica Rozenfeld, „Technology Is Addictive by
      Design", in: *Institute*, 6. Juni 2018, *http://theinstitute.ieee.org/ieee-roundup/*
      blogs/blog/technology-is-addictive-by-design; James Williams, *Stand Out of
      Our Light: Freedom and Resistance in the Attention Economy* (Cambridge:
      Cambridge University Press, 2018).

212   Jon D. Elhaiab u. a., „Fear of Missing Out, Need for Touch, Anxiety and
      Depression Are Related to Problematic Smartphone Use", in: *Computers in
      Human Behaviour* 63 (Oktober 2016), S. 509–516.

213   Common Sense Media, *Technology Addiction: Concern, Controversy and
      Finding a Balance: Executive Summary*, Mai 2016, S. 2.

214   Elhaiab u. a., „Fear of Missing Out".

215   Tony Dokoupil, „Is the Internet Making Us Crazy? What the New Research
      Says", in: *Newsweek*, 9. Juli 2012, *https://www.newsweek.com/internet-making-
      us-crazy-what-new-research-says-65593*.

216   Sarah Marsh, „NHS to Launch First Internet Addiction Clinic", in: *Guardian*,
      22. Juni 2018, *https://www.theguardian.com/society/2018/jun/22/nhs-internet-
      addiction-clinic-london-gaming-mental-health*.

217   Dr. Ryan Kemp, E-Mail an den Autor, 22. November 2018.

218   Julia Carrie Wong, „Former Facebook Executive: Social Media Is Ripping
      Society Apart", in: *Guardian*, 12. Dezember 2017, *https://www.theguardian.
      com/technology/2017/dec/11/facebook-former-executive-ripping-society-apart*.

219   Sven Birkerts, *Changing the Subject: Art and Attention in the Internet Age*
      (Minneapolis: GrayWolf Press, 2015), S. 243.

220 Scott Barry Kaufman, „The Real Neuroscience of Creativity", in: *Scientific American*, 19. August 2013, *https://blogs.scientificamerican.com/beautiful-minds/the-real-neuroscience-of-creativity/*.

221 Junaid Mubeen, „Why ,Sleep on It' Is Our Most Useful Advice for Learning", in: *Medium*, 4. März 2018, *https://medium.com/s/story/why-sleep-on-it-is-the-most-useful-advice-for-learning-and-also-the-most-neglected-86b20249f06d*.

222 Jonathan Schooler, Interview mit dem Autor, *Imagination Taking Power* (Blog), 6. April 2017, *https://www.robhopkins.net/2017/04/06/jonathan-schooler-on-why-daydreaming-is-a-good-thing/*.

223 Benjamin Baird u. a., „Inspired by Distraction: Mind Wandering Facilitates Creative Incubation", in: *Psychological Science* 23, Nr. 10 (2012), S. 1117–1122.

224 Schooler, Interview.

225 Turkle, *Reclaiming Conversation*, S. 62.

226 Leonard Mlodinow, *Elastic: Flexible Thinking in a Constantly Changing World* (London: Allen Lane, 2018), S. 125.

227 Larry Rosen, Interview mit dem Autor, *Imagination Taking Power* (Blog), 23. Januar 2018, *https://www.robhopkins.net/2018/01/23/dr-larry-rosen-on-activism-and-imagination-in-the-age-of-the-distracted-mind/*.

228 Larry Rosen, Interview mit dem Autor; Gazzaley und Rosen, *Das überforderte Gehirn.*

229 Bruce K. Alexander, Interview mit dem Autor, *Imagination Taking Power* (Blog), 27. Juni 2018, *https://www.robhopkins.net/2017/06/27/bruce-k-alexander-on-addiction-and-the-imagination/*.

230 Maggie Jackson, *Distracted: The Erosion of Attention and the Coming Dark Age* (Amherst, NY: Prometheus Books, 2008), S. 13.

231 Maggie Jackson, Interview mit dem Autor, *Imagination Taking Power* (Blog), 15. Mai 2018, *https://www.robhopkins.net/2018/05/15/maggie-jackson/*.

232 Douglas Rushkoff, Interview mit dem Autor, *Imagination Taking Power* (Blog), 12. März 2018, *https://www.robhopkins.net/2018/03/12/douglas-rushkoff-weve-disabled-the-cognitive-and-collaborative-skills-needed-to-address-climate-change/*.

233 Rushkoff erörtert dies in einem von Dark Rye gedrehten Film mit dem Titel *Present Shock*, zu finden unter *https://vimeo.com/91720717.*

234 Williams, *Stand Out of Our Light.*

235 Tim Wu, *The Attention Merchants: The Epic Struggle to Get Inside Our Heads* (London: Atlantic Books, 2016), S. 350.

236 Jonathan Beller, „Paying Attention", in: *Cabinet*, Winter 2006–7, *http://www.cabinetmagazine.org/issues/24/beller.php*.

237 Tincan Project, *Slow Sunday: Spend Time Well, ein großartiger Führer*, zu finden unter *http://www.tincan.net.au/spend-time-well/*.

238 Wie dargelegt in Cal Newport, *Digital Minimalism: On Living Better with Less Technology* (London: Penguin Business, 2019).

239 Turkle, *Reclaiming Conversation*.

240 Craig Mod, „How I Got My Attention Back", in: *Wired*, 13. Januar 2017, *https://www.wired.com/2017/01/how-i-got-my-attention-back/*.

241 David Sax, Interview mit dem Autor, *Imagination Taking Power* (Blog), 30. April 2018, *https://www.robhopkins.net/2018/04/30/david-sax-how-analog-can-feed-imagination/*.

242 Arwa Mahdawi, „Simon Cowell Giving Up His Phone Is the Ultimate Show of Affluence", in: *Guardian*, 5. Juni 2018, *https://www.theguardian.com/commentisfree/2018/jun/05/simon-cowell-giving-up-his-phone-is-the-ultimate-show-of-affluence*.

243 Camp Grounded, *http://www.campgrounded.org*.

244 Dr. Ryan Kemp, E-Mail an den Autor, 22. November 2018.

245 Sarah Marsh, „NHS to Launch First Internet Addiction Clinic", in: *Guardian*, 22. Juni 2018, *https://www.theguardian.com/society/2018/jun/22/nhs-internet-addiction-clinic-london-gaming-mental-health*.

246 Daniel Levitin, *The Organized Mind: Thinking Straight in the Age of Information Overload* (New York: Dutton, 2014).

247 Gazzaley und Rosen, *Das überforderte Gehirn*.

248 Laura Marulanda und Thomas William Jackson, „Effects of Email Addiction and Interruptions on Employees", in: *Journal of Systems and Information Technology* 14, Nr. 1 (2012), S. 82–94.

249 William Power, Hamlet's Blackberry: *A Practical Philosophy for Building a Good Life in the Digital Age* (Melbourne, Scribe, 2010), S. 60.

250 Sandi Mann und Rebekah Cadman, „Does Being Bored Make Us More Creative?", in: *Creativity Research Journal* (2014), S. 26.

251 Colin Ellard, „The Generic City: Boring Landscapes Impede on Our Biological Need for Intrigue. So Why Are So Many Buildings So Hideous?", in: *Slate*, 27. November 2015, *http://www.slate.com/articles/health_and_science/science/2015/11/psychology_of_boring_architecture_the_damaging_impact_of_big_ugly_buildings.html?via=gdpr-consent*.

252 Turkle, *Reclaiming Conversation*, S. 66.

253 Mann und Cadman, „Does Being Bored Make Us More Creative?", S. 2.

254 Matthieu Ricard, Interview mit dem Autor, *Imagination Taking Power* (Blog), 5. Februar 2018, *https://www.robhopkins.net/2018/02/05/matthieu-ricard-i-think-the-buddha-might-have-got-rid-of-twitter-with-his-palace/*.

255 Martin Shaw, Interview mit dem Autor, *TransitionCulture.org* (Blog), 17. September 2012, *https://www.transitionculture.org/2012/09/17/an-interview-with-dr-martin-shaw-a-lot-of-opportunity-is-going-to-arrive-in-the-next-20-years-disguised-as-loss/*.

256 Tom Hirons and Rima Staines, Interview mit dem Autor, *Imagination Taking Power* (Blog), 21. Juni 2018, *https://www.robhopkins.net/2018/06/21/tom-hirons-and-rima-staines-on-hedgespoken-a-vehicle-for-the-imagination/*.

257 Christopher Ingraham, „The Long, Steady Decline Of Literary Reading", *Washington Post*, 7. September 2016, *https://www.washingtonpost.com/news/wonk/wp/2016/09/07/the-long-steady-decline-of-literary-reading/*.

258 P. Matthijs Bal und Martijn Veltkamp, „How Does Fiction Reading Influence Empathy? An Experimental Investigation on the Role of Emotional Transportation", in: *PLOS ONE* 8, Nr. 1 (2013), S. 1–12.

259 Charles Chu, „In the Time You Spend on Social Media Each Year, You Could Read 200 Books", in: *Quartz*, 29. Januar 2017, *https://qz.com/895101/in-the-time-you-spend-on-social-media-each-year-you-could-read-200-books/*.

260 Turkle, *Reclaiming Conversation*, S. 9, 13.

261 Jean M. Twenge, *iGen: Why Today's Super-Connected Kids Are Growing Up Less Rebellious, More Tolerant, Less Happy – And Completely Unprepared for Adulthood* (New York: Atria Books, 2017), S. 80; NHS, „Loneliness Increases Risk of Premature Death", 13. März 2015, *https://www.nhs.uk/news/mental-health/loneliness-increases-risk-of-premature-death/*.

262 Bericht der University of Sheffield im Auftrag der BBC, *Changing UK: The Way We Live Now*, 2008, *http://www.statistics.gov.uk/pdfdir/stalone0409.pdf*.

263 Zitiert in Luke Kemp, „Are We on the Road to Civilizational Collapse?", BBC, 19. Februar 2019, *http://www.bbc.com/future/story/20190218-are-we-on-the-road-to-civilisation-collapse*.

264 Turkle, *Reclaiming Conversation*, S. 25.

265 James Bridle, *New Dark Age: Der Sieg der Technologie und das Ende der Zukunft*, übers. von Andreas Wirthensohn, (München: C. H. Beck, 2020).

266 Zuboff, *Das Zeitalter des Überwachungskapitalismus*, S. 26.

267   Rushkoff, Interview.

268   Turkle, *Reclaiming Conversation.*

FÜNF — Was, wenn die Schule die Vorstellungskraft junger
        Menschen fördert?

269   Marjorie Taylor, *Imaginary Companions and the Children Who Create Them*
      (New York: Oxford University Press, 1999).

270   Marjorie Taylor, Interview mit dem Autor, *Imagination Taking Power* (Blog),
      23. Oktober 2018, *https://www.robhopkins.net/2018/10/23/marjorie-taylor-on-
      imaginary-friends-i-have-not-seen-a-decline/.*

271   BBC News, „No Playground for ‚Super School'", 6. Mai 2007,
      http://news.bbc.co.uk/1/hi/england/cambridgeshire/6629655.stm.

272   Valerie Strauss, „In Texas, a Revolt Brews against Standardized Testing",
      in: *Washington Post*, 23. März 2012, *https://www.washingtonpost.com/
      blogs/answer-sheet /post/in-texas-a-revolt-brews-against-standardized-
      testing/2012/03/15/gIQAI5N0VS_blog.html.*

273   Tim Lott, „Ditch the Grammar and Teach Children Storytelling Instead",
      in: *Guardian*, 19. Mai 2017, *https://www.theguardian.com/lifeandstyle/2017/
      may/19/ditch-the-grammar-and-teach-children-storytelling-instead.*

274   Liu und Noppe-Brandon, *Imagination First*, S. 188.

275   Bob und Roberta Smith an Michael Gove, 25. Juli 2011,
      http://bobandrobertasmith.co.uk/letter-to-michael-gove/.

276   Will Gompertz, *Denken wie ein Künstler: Wie Sie Ihr Leben kreativer machen,*
      übers. von Sofia Blind (Köln: Dumont, 2016), S. 196.

277   Ian Youngs, „Art Party Conference Puts the Art into Party Politics",
      BBC News, 24. November 2013, *https://www.bbc.com/news/entertainment-
      arts-25050676.*

278   Chris Sharratt, „Art in Schools Faces Extinction: How Can We Fix the
      Crisis?", in: *Frieze*, 8. Oktober 2018, *https://frieze.com/article/art-schools-faces-
      extinction-how-can-we-fix-crisis.*

279   Dominic Sandbrook, *The Great British Dream Factory: The Strange History of
      Our National Imagination* (London: Allen Lane, 2015), S. 426.

280   Cultural Learning Alliance, „Further Decline in Arts GCSE and A Level
      Entries", 23. August 2018, *https://culturallearningalliance.org.uk/further-
      decline-in-arts-gcse-and-a-level-entries/.*

281 Cultural Learning Alliance, „Further Decline in Arts".

282 Zitiert in Rick Rogers, *Get It: The Power of Cultural Learning*, Culture and Learning Consortium, 2009, *https://www.cloreduffield.org.uk/userfiles/ documents /publications/Get_it_the_power_of_cultural_learning.pdf*.

283 Die Statistiken stammen aus Cultural Learning Alliance, *Imagine Nation: The Value of Cultural Learning*, 2017, *https://culturallearningalliance.org.uk/wp-content/uploads/2017/08/ImagineNation_The_Case_for_Cultural_Learning.pdf*.

284 Rose Wylie, „Culture Is a Birthright: Eight Leading UK Artists on the Perils of Excluding Arts in Schools", *Frieze*, 12. Juni 2018, *https://frieze.com /article/ culture-birthright-eight-leading-uk-artists-perils-excluding-arts-schools*.

285 Siehe Clayground Collective, *Thinking Hands? Report: Symposium to Explore the Role of Hand Skills Development in Seeing, Thinking and Learning*, 2014, *http://www.claygroundcollective.org/wp-content/uploads/2016/02/Thinking-Hands-Symposium-Report-Final.pdf*.

286 Sean Coughlan, „Surgery Students ‚Losing Dexterity to Stitch Patients'", BBC News, 30. Oktober 2018, *https://www.bbc.com/news/education-46019429*.

287 Kim, Interview.

288 Peter Gray, *Befreit lernen: Wie Lernen in Freiheit spielden gelingt*, übers. von Johannes Terwitte (Klein-Jasedow: Drachenverlag, 2015); Gray, *The Decline of Play*.

289 Andrea Ridgeway u. a., „Effects of Recess on the Classroom Behaviour of Children with and without Attention-Deficit Hyperactivity Disorder", in: *School Psychology Quarterly* 18, Nr. 3 (2013), S. 253–268.

290 Rachael Pells, „Four-Year-Olds Suffering Panic Attacks, Eating Disorders, Anxiety and Depression, Report Says", in: *Independent*, 14. April 2017, *https://www.independent.co.uk/news/education/education-news/uk-schools-mental-health-surge-support-issues-children-pupils-nasuwt-barnardos-a7682751.html*.

291 Interview via E-Mail mit einer Lehrerin, 19. Februar 2017.

292 Interview via E-Mail mit einer Lehrerin in der Ausbildung, 12. November 2018.

293 Ken Robinson und Lou Aronica, *Creative Schools: The Grassroots Revolution That's Transforming Education* (New York: Penguin Book, 2016), S. 7.

294 Andrew Brewerton, Interview mit dem Autor, *Imagination Taking Power* (Blog), 4. Februar 2019, *https://www.robhopkins.net/2019/02/04/we-decided-to-create-a-school-talking-imagination-with-andrew-brewerton/*.

295 Seefeldt, Interview mit dem Autor, *Imagination Taking Power* (Blog), 18. November 2018, *https://www.robhopkins.net/2018/11/18/amy-seefeldt-on-creating-a-centre-for-imagination/*.

296 Adam Lusher, „Ten-Year-Olds Denied SATs Marks Because of Semi-Colons That Fail to Meet Official Shape and Size Standards", in: *Independent*, 11. Juli 2017, *https:// www.independent.co.uk/news/education/education-news/ sats-tests-primary-school-testing-key-stage-2-shambles-draconian-marking-mark-scheme-wrong-shaped-a7835551.html*.

297 Gillian Judson, „Two Key Points for Understanding Imagination in Education", in: *Getting Smart*, 24. September 2016, *https://www.gettingsmart. com/2016/09 /imagination-misunderstood/*.

298 Gillian Judson, Interview mit dem Autor, *Imagination Taking Power* (Blog), 26. Februar 2018, *https://www.robhopkins.net/2018/02/26/gillian-judson-on-imaginative-education-and-the-joys-of-being-a-perfinker/*.

299 Ruth Sapsed, Interview mit dem Autor, *Imagination Taking Power* (Blog), 5. Dezember 2018, *https://www.robhopkins.net/2018/12/05/ruth-sapsed-on-cambridgecuriosity-and-imagination/*.

300 Neil Griffiths, im Gespräch mit dem Autor, 29. Juli 2018.

301 Zitiert in Mandy Maddock, *Enemies of Boredom: An Evaluation Report of the Hundred, Languages of Children Exhibition and Programme of Events, Cambridge, Summer 200*4 (Cambridge: Cambridge Curiosity and Imagination / Refocus Cambridge, 2005).

302 Wie dargelegt in Valarie Mercilliott Hewett, „Examining the Reggio Emilia Approach to Early Childhood Education", in: *Early Childhood Education Journal* 29, Nr. 2 (Winter 2001).

303 Loris Malaguzzi, „Your Image of the Child: Where Teaching Begins", *Child Care Information Exchange* 3 (1994), S. 52–61.

304 Jay Griffiths, *Kith: The Riddle of the Childscape* (London: Penguin Books, 2014).

305 Die Website der Schule ist aufzurufen unter *http://www.ecole-domaine-du-possible.fr/*.

306 Jean Rakovitch, im Gespräch mit dem Autor, 18. Dezember 2018.

307 Karen MacLean, Interview mit dem Autor, *Imagination Taking Power* (Blog), 10. Dezember 2018, *https://www.robhopkins.net/2018/12/10/karen-maclean/*.

308 MacLean, Interview.

309 Seefeldt, Interview.

310 Seefeldt, Interview.

311 Amy Leigh Seefeldt, „Centring the Ecological Imagination: A Catalyst for Change" (master's thesis, Schumacher College, 2016), *https://issuu.com/ amyseefeldt/docs/161130_amys_dissertation.*

312 Seefeldt, Interview.

313 Seefeldt, Interview.

314 Falls du mehr darüber herausfinden möchtest und Portugiesisch liest, siehe *http://idg.receita.fazenda.gov.br/acesso-rapido/direitos-e-deveres/ educacao-fiscal/folhetos-orientativos/arquivos-e-imagens/guia-sobre-beneficios- fiscais-nas-doacoes-para-os-fundos-e-programas-ucs-naf.pdf.*

315 Cambridge Curiosity and Imagination, *http://cambridgecandi.org.uk/about/about.*

316 Cambridge Curiosity and Imagination, „Fantastical Cambridge", o. D., *http:// cambridgecandi.org.uk/projects/footprints/fantastical-cambridgeshire.*

317 Sapsed, Interview.

318 Dave Strudwick, Interview mit dem Autor, *Imagination Taking Power* (Blog), 21. Februar 2019, *https://www.robhopkins.net/2019/02/21/dave*-strudwick-on- how-a-school-of-creative-arts-can-foster-the-imagination/.

319 Dave Strudwick, im Gespräch mit dem Autor, 19. Dezember 2018.

320 Manish Jain, Interview mit dem Autor, *Imagination Taking Power* (Blog), 31. Januar 2018, *https://www.robhopkins.net/2018/01/31/manish-jain-our-work- is-to-recover-wisdom-and-imagination/.*

321 Australian Associated Press, „Scott Morrison tells students striking over climate change to be ,less activist'", in: *Guardian,* 26. November 2018, *https://www.theguardian.com/environment/2018/nov/26/scott-morrison-tells- students-striking-over-climate-change-to-be-less-activist.*

322 Brewerton, Interview.

SECHS – Was, wenn wir bessere Geschichtenerzähler*innen werden?

323 Stephen Duncombe, Interview mit dem Autor, *Imagination Taking Power* (Blog), 26. September 2018, *https://www.robhopkins.net/2018/09/26/stephen- duncombe -on-imagination-spectacle-and-desire/.*

324 Zygmunt Bauman, Retrotopia (Berlin: Suhrkamp, 2017).

325 Annie Murphy Paul, „Your Brain on Fiction", in: *New York Times,* 17. März 2012, *https://www.nytimes.com/2012/03/18/opinion/sunday/the- neuroscience-of-your-brain-on-fiction.html.*

326 Annette Simmons, *The Story Factor: Inspiration, Influence and Persuasion through the Art of Storytelling* (New York: Basic Books, 2006), S. 54.

327 Fabienne Briant, Email an den Autor, 3. April 2019.

328 Donella Meadows, *Envisioning a Sustainable World* (presented at the Third Biennial Meeting of the International Society for Ecological Economics, San Jose, Costa Rica, 24. bis 28. Oktober 1994), *http://donellameadows.org/archives/envisioning-a -sustainable-world/*.

329 Umair Haque, „I'm Burned Out on Collapse – And I Bet You Are Too: The Hidden Psychological Toll of Living through a Time of Fracture", in: *Medium*, 8. Dezember 2018, *https://eand.co/im-burned-out-on-collapse-and-i-bet-you-are-too-70114c184c02*.

330 Meadows, Envisioning a Sustainable World.

331 Denise Baden, „Environmental Storytelling Can Help Spread Big Ideas for Saving the Planet", in: *Aerogramme Writers' Studio*, 8. Januar 2019, *https://www.aerogramme studio.com/2019/01/08/environmental-storytelling-can-help-spread-big-ideas-for-saving-the-planet/*.

332 James McKay, Interview mit dem Autor, *Imagination Taking Power* (Blog), 7. Januar 2019, *https://www.robhopkins.net/2019/01/07/james-mckay-the-man-who-draws-the-future/*.

333 James McKay und Benjamin Dickson (Hg.), *A Dream of a Low Carbon Future* (Leeds: Engineering and Physical Sciences Research Council, University of Leeds, 2016).

334 Die Rede Quentin Blakes ist einzusehen unter: *https://www.quentinblake.com/news/quentin-blake-hay-festival-2013*.

335 Ghislaine Kenyon, *Quentin Blake: In the Theatre of the Imagination* (London: Bloomsbury, 2016), S. 212.

336 Hey Design, *Design Inspiration: Quentin Blake Illustrations*, 22. Oktober 2016, *https://medium.com/@heydesign/design-inspiration-quentin-blake-illustrations-68d24adf9234*.

337 McKay, Interview.

338 Martin Shaw, Interview mit dem Autor, *Imagination Taking Power* (Blog), 4. Mai 2017, *https://www.robhopkins.net/2017/05/04/martin-shaw-on-imagination-i-would-describe-it-as-ripe-for-invasion/*.

339 Alexandra Rowland, Interview mit dem Autor, *Imagination Taking Power* (Blog), 14. Januar 2019, *https://www.robhopkins.net/2019/01/14/alexandra-rowland-on-hopepunk-grimdark-story-and-imagination/*.

340 Alexandra Rowland, „One Atom of Justice, One Molecule of Mercy, and the Empire of Unsheathed Knives", in: *Festive Ninja: Optimistic Indie Roleplaying* (Blog), 2018, *https://festive.ninja/one-atom-of-justice-one-molecule-of-mercy-and-the-empire-of-unsheathed-knives-alexandra-rowland/*.

341 Rowland, Interview.

342 Mohsin Hamid, *Exit West*, übers. von Monika Köpfer, (Köln: DuMont, 2018), S. 209–211.

343 Mohsin Hamid, „Mohsin Hamid on the Dangers of Nostalgia: We Need to Imagine a Brighter Future", in: *Guardian*, 25. Februar 2017, *https://www.theguardian.com/books/2017/feb/25/mohsin-hamid-danger-nostalgia-brighter-future*.

344 Mohsin Hamid, Interview mit dem Autor, *Imagination Taking Power* (Blog), 15. Mai 2017, *https://www.robhopkins.net/2017/05/15/mohsin-hamid-imagination-allows-us-to-imagine-futures-not-bound-by-the-tyranny-of-the-past-and-the-present/*.

345 Shana McDavis-Conway, Interview mit dem Autor, *Imagination Taking Power* (Blog), 13. Februar 2019, *https://www.robhopkins.net/2019/02/13/1208/*.

346 Deborah Frances-White ist mit dieser Übung zu sehen unter *https://youtu.be/gWuEH-qg0Nw*.

347 Steve McAllister, „10 Stories of Transition in the US: Transition Fidalgo & Friends' Vision 2030", in: *Transition US* (Blog), 2018, *http://www.transitionus.org/stories/10-stories-transition-us-transition-fidalgo-friends%E2%80%99-vision-2030*.

348 McAllister, „10 Stories of Transition".

349 Evelyn Adams, Email an den Autor, 11. Januar 2019.

350 Transition Fidalgo and Friends, *Vision 2030: Our Vibrant, Sustainable Community*, 2014, iii, *http://www.transitionfidalgo.org/wp-content/uploads/2015/04/Vision_2030.pdf*.

351 Milton Friedman, Milton Friedman, *Capitalism and Freedom* (Chicago: University of Chicago Press, 2002), Vorwort von 1982, S. xiv.

352 McKay, Interview.

SIEBEN — Was, wenn wir bessere Fragen stellen?

353 Rob Hopkins, „Podcast: The Tooting Twirl: ‚Let Nobody Say After Today That It's Not Possible'". *Imagination Taking Power* (Blog), 17. Juli 2017, *https://www.robhopkins.net/2017/07/17/podcast-the-tooting-twirl-let-nobody-say-after-today-that-its-not-possible/*.

354 Rob Hopkins, „Podcast: The Tooting Twirl".

355 Liu und Noppe-Brandon, *Imagination First*, S. 33.

356 Rob Hopkins, „Podcast: The Tooting Twirl".

357 Ruth Ben-Tovim, im Gespräch mit dem Autor, 16. Januar 2019.

358 Ben-Tovim, Gespräch.

359 Lucy Neal, Interview mit dem Autor, *Imagination Taking Power* (Blog), 18. März 2019, *https://www.robhopkins.net/2019/03/18/lucy-neal-imagination-is-the-most-important-thing-in-the-whole-wide-world/*.

360 Mockus, „The Art of Changing a City".

361 Martin Shaw, im Gespräch mit dem Autor, 8. Februar 2017.

362 Zitiert in Nagesh Belludi, „Turning a Minus into a Plus … Constraints Are Catalysts for Innovation", in: *Right Attitudes, http://www.rightattitudes.com/ 2017/11/29/creativity-thrives-when-constrained/*.

363 IPCC, „Summary for Policymakers".

364 Catrinel Haught-Tromp, „The Green Eggs and Ham Hypothesis: How Constraints Facilitate Creativity", in: *Psychology of Aesthetics, Creativity, and the Arts* 11, Nr. 1 (2017), S. 11.

365 Ich habe eine Reihe toller Interviews über kreatives Bierbrauen geführt, die letzlich nicht in das vorliegende Buch Eingang gefunden habe. Wer aber Interesse hat, rufe http://www.robhopkins.net auf und lese die Interviews mit Shaun Hill, Evin O'Riordan, Mikkel Borg Bjergsø und Michael Kiser.

366 Anderson und Broderick, *Natural Gas and Climate Change*.

367 Ruth Ben-Tovim, Gespräch.

368 Raven-Ellison, Interview.

369 Hannah Fox, im Gespräch mit dem Autor, 24. Oktober 2018.

370 Hannah Fox, Interview mit dem Autor, *Imagination Taking Power* (Blog), 4. September 2017, *https://www.robhopkins.net/2017/09/04/hannah-fox-on-how-a-communitys-imagination-reshaped-a-museum/*.

371 C. White u. a., *Proving the Cultural Value of the Arts for Health Methods & Analysis Report for the Happy Museum: Cultural Value & Making*, University of Derby, 2014, *http://happymuseumproject.org/wp-content/uploads/2016/03/Proving-Cultural-Value-of-the-Arts-for-Health.pdf*.

372 Hannah Fox, Gespräch.

373 Die Make Works-Datenbank findet sich unter *https://make.works/derby/*.

374 Andrea Hadley-Johnson, im Gespräch mit dem Autor, 20. Juli 2017.

375 Josiah Meldrum, Interview mit dem Autor, *Imagination Taking Power* (Blog), 4. Dezember 2017, *https://www.robhopkins.net/2017/12/04/545/*.

376 Meldrum, Interview.

377 Das Bank-Job-Projekt, mit Videos und Updates kann eingesehen werden unter *https://bankjob.pictures/*.

378 Die Rolling Jubilee-Kampagne, *https://rollingjubilee.org*.

379 Der betreffende Ausschnitt von Last Week Tonight ist zu sehen unter *https://youtu.be/hxUAntt1z2c*.

380 Hilary Powell und Dan Edelstyn, Interview mit dem Autor, *Imagination Taking Power* (Blog), 12. April 2018, *https://www.robhopkins.net/2018/04/12/hilary-powell-and -dan-edelstyn-on-the-bank-job/*.

381 David Sax, *The Revenge of Analog: Real Things and Why They Matter* (New York: PublicAffairs, 2016), S. 239.

382 Teil des Transition-Modells, wie dargestellt in Rob Hopkins, *The Transition Companion: Making Your Community More Resilient in Uncertain Times* (Dartington: Green Books, 2011).

383 Die in Liège geführten Interviews sind aufzurufen unter: „A Dazzlingly Delicious Taste of the Future in Liège", *Imagination Taking Power* (Blog), 26. März 2018, *https://www.robhopkins.net/2018/03/26/a-delicious-taste-of-the-future-in-liege/*.

384 McDavis-Conway, Interview.

385 Kali Akuno, Interview mit dem Autor, *Imagination Taking Power* (Blog), 13. November 2018, *https://www.robhopkins.net/2018/11/13/kali-akuno-on-imagination-and-the-ways-we-can-and-must-resist/*.

386 John Dudna, „Towards the Horizon of Abolition: A Conversation with Mariame Kaba", *The Next System Project*, 9. November 2017, *https://thenextsystem.org/learn/stories/towards-horizon-abolition-conversation-mariame-kaba*

387 Daniel Raven-Ellison, E-Mail an den Autor, 24. Januar 2019.

ACHT — Was, wenn unsere Anführer*innen auf eine Kultur der Fantasie setzen?

388 Robert Koehler, „The American Way of War: Evolution Stops Here", in: ZNet, 3. Juni 2018, *https://zcomm.org/znetarticle/the-american-way-of-war-evolution -stops-here/.*

389 Joy Schaverien, „Boarding School Syndrome: Broken Attachments, a Hidden Trauma", in: *British Journal of Psychotherapy* 27, Nr. 2 (2011), S. 138, S. 142.

390 George Monbiot, „The British Boarding School Remains a Bastion of Cruelty", in: *Guardian*, 16. Januar 2012, *https://www.theguardian.com/ commentisfree/2012 /jan/16/boarding-school-bastion-cruelty.*

391 George Monbiot, Interview mit dem Autor, *Imagination Taking Power* (Blog), 24. Juli 2017, *https://www.robhopkins.net/2017/07/24/george-monbiot/.*

392 IPCC, „Summary for Policymakers".

393 Roberto Unger, „Social Theorist Roberto Unger Talks with Jo Fidgen about Why He Thinks His Fellow Left-of-Centre Progressives Lack Imagination", gesendet am 24. November 2013 auf BBC Radio 4, *https://www.bbc.co.uk/ programmes/b03hvn6n.*

394 Ed Cox, „Our Call for Action on Deliberative Democracy", in: *RSA*, 4. Juli 2018, *https://www.thersa.org/discover/publications-and-articles/rsa-*blogs/2018/07/our-call-for-action-on-deliberative-democracy.

395 David van Reybrouck, Interview mit dem Autor, *Imagination Taking Power* (Blog), 1. November 2017, *https://www.robhopkins.net/2017/11/01/ticking-a-box-is-no-longer-an-option-david-van-reybrouck-on-elections-imagination-and-brexit/.*

396 Zitiert in Graham Smith, *Democratic Innovations: Designing Institutions for Citizen Participation* (Cambridge: Cambridge University Press, 2011), S. 74.

397 An Tionól Saoránach (The Citizens' Assembly), *The Citizens' Assembly Fact Sheet*, Juni 2018, *https://www.citizensassembly.ie/en/About-the-Citizens-Assembly /CA-Fact-Sheet-Juni-2018.pdf.*

398 Clodagh Harris, im Gespräch mit dem Autor, 8. Dezember 2018.

399 Felix Beltran, Interview mit dem Autor, *Imagination Taking Power* (Blog), 7. Dezember 2017, *https://www.robhopkins.net/2017/12/07/felix-beltran-on-how-barcelona-en-comu-are-reimagining-democracy/.*

400 Beltran, Interview.

401 Zu Fearless Cities siehe *http://fearlesscities.com/en.*

402   N. B., „The Antidote to Civilisational Collapse: An Interview with the Documentary Filmmaker Adam Curtis", Economist, 6. Dezember 2018, *https://www.economist.com/open-future/2018/12/06/the-antidote-to-civilisational-collapse.*

403   Jeffrey Baumgartner, Imagination: The Number One Tool for Innovation and Creativity, o. D., *http://www.innovationmanagement.se/imtool-articles/imagination-the-number-one-tool-for-innovation-and-creativity/.*

404   Oli Mould, *Against Creativity* (London: Verso, 2018).

405   Ursula K. Le Guin, „The Operating Instructions", in: *The Wave in the Mind: Talks and Essays on the Writer, the Reader and the Imagination* (Boulder: Shambhala, 2004), S. 207.

406   Judy Wicks, Interview mit dem Autor, *Imagination Taking Power* (Blog), 6. November 2018, *https://www.robhopkins.net/2018/11/06/judy-wicks-on-imagination-entrepreneurship-and-local-economies/.*

407   Bernie Ward und Julie Lewis, *Plugging the Leaks: Making the Most of Every Pound That Enters Your Local Economy*, New Economics Foundation, Esmée Fairbairn Foundation and the Neighbourhood Renewal Unit, September 2002, h*ttps://neweconomics.org/uploads/files/9215d0d00f79789377_cxm6bu0ue.pdf.*

408   Der Ausdruck „guerrilla localism" wurde von Aditya Chakrabortty geprägt: „In 2011 Preston Hit Rock Bottom. Then It Took Back Control", in: Guardian, 31. Januar 2018, *https:// www.theguardian.com/commentisfree/2018/jan/31/preston-hit-rock-bottom-took-back-control;* Clifford Singer, „The Preston Model", in: *The Next System Project*, 9. September 2016, *https://thenextsystem.org/the-preston-model*

409   Singer, „The Preston Model".

410   Matthew Brown, Interview mit dem Autor, *Imagination Taking Power* (Blog), 23. Januar 2018, *https://www.robhopkins.net/2019/01/23/cllr-matthew-brown-on-how-the-preston-model-unlocks-the-imagination/.*

411   Richard Partington, „Preston Named as Most Improved City in UK", in: *Guardian*, 1. November 2018, *https://www.theguardian.com/politics/2018/nov/01/preston -named-as-most-most-improved-city-in-uk.*

412   Marina Gorbis, „There Could Be a Real Solution to Our Broken Economy. It's Called ‚Universal Basic Assets'", in: *Medium*, 4. April 2017, *https:// medium.com /institute-for-the-future/universal-basic-assets-abb08ca2f0fc.*

413   Im Rahmen einer größeren Reise führte ich darüber einen Blog unter *https://www.robhopkins.net/2019/04/20/1303/.*

414 Rob Hopkins, „The Inspiring tale of Re-Imagining Preston's Economy",
16. Juni 2015, Transition Network, *https://transitionnetwork.org/news-and-blog/the -inspiring-tale-of-the-re-imagining-of-prestons-economy/*.

415 Gabriella Gómez-Mont, Interview mit dem Autor, *Imagination Taking Power*
(Blog), 3. Oktober 2018, *https://www.robhopkins.net/2018/10/03/gabriella-gomez-mont-imagination-is-not-a-luxury/*.

416 John Duda, „The Italian Region Where Co-ops Produce a Third of Its GDP",
in: *Yes!*, 5. Juli 2016, *https://www.yesmagazine.org/new-economy/the-italian-place-where-co-ops-drive-the-economy-and-most-people-are-members-20160705*.

417 Cities of Service, *Engaged Cities Award Case Study: Co-Creating Urban
Commons, An Engaged Cities Award Case Study Created by Cities of Service
in Partnership with 2018 Award Winner Bologna, Italy*, Januar 2019, *https://
citiesofservice.org/wp-content/uploads/2019/01/Bologna_Cities_of_Service_
Case_Study.pdf*.

418 Cities of Service, *Engaged Cities Award Case Study*; Bloomberg Cities, „How
Bologna is Working with Residents to Re-imagine Public Spaces", in:
Medium, 14. Dezember 2018, *https://medium.com/@BloombergCities/how-bologna-is-working-with-residents-to-re-imagine-public-spaces-52112472ed49*;
Michele d'Alena u. a., „Civic Imagination Office as a Platform to Design
a Collaborative City, Service Design Proof of Concept", in: *Politecnico
di Milano*, 18.–20. Juni 2018, *http://www.servdes.org/wp/wp-content/
uploads/2018/07/53.pdf*.

419 Cities of Service, „The Power of Imagination: Engaged Cities Award
Summit 2018", Video gepostet am 8. August 2018, *https://www.youtube.com/
watch?v=lj9-vFeqVTU*.

420 Cities of Service, *Engaged Cities Award Case Study*.

421 Michele d'Alena, Interview mit dem Autor, *Imagination Taking Power*
(Blog), 4. März 2019, *https://www.robhopkins.net/2019/03/04/michele-dalena-on-bologna-the-city-with-a-civic-imagination-office/*.

422 Ruth Ben-Tovim, Gespräch.

423 Llwodraeth Cymru / Welsh Government, *Well-being of Future Generations
(Wales) Act 2015: The Essentials, 2nd edition*, Mai 2015, *https://gov.wales/docs/
dsjlg /publications/150623-guide-to-the-fg-act-en.pdf*.

424 Jane Davidson, im Gespräch mit dem Autor, 15. Januar 2019.

425 Llwodraeth Cymru / Welsh Government, *One Planet Development Technical
Advice Note 6 Planning for Sustainable Rural Communities*, Oktober 2012,
https://gov.wales/docs/desh/publications/121114oneplanetguideen.pdf.

426 BBC News, „M4 Relief Road: Newport Motorway Plans Scrapped",
     4. Juni 2019, *https://www.bbc.co.uk/news/uk-wales-48512697*.

427 Maxine Greene, *Releasing the Imagination: Essays on Education, the Arts and
     Social Change* (San Francisco: Jossey-Bass, 1995), S. 35.

NEUN – Was, wenn all dies eintrifft?

428 Royal de Luxe, *The Sultan's Elephant* (Film), Artichoke, London, 2006,
     https://youtu.be/Bc0PoWfPzmI.

429 Royal de Luxe, *The Sultan's Elephant.*

430 Lyn Gardner, „And for Our Next Trick ...", in: *Guardian*, 27. August 2008,
     https:// www.theguardian.com/stage/2008/aug/27/theatre.

431 Helen Marriage, Interview mit dem Autor, *Imagination Taking Power* (Blog),
     24. Januar 2019, *https://www.robhopkins.net/2019/01/25/helen*-marriage-on-
     the-sultans-elephant-and-large-acts-of-public-imagination/.

432 Paul Piff u. a., „Awe, the Small Self, and Pro-Social Behaviour", in: *Journal of
     Personality and Social Psychology* 108, Nr. 6 (2015), S. 884.

433 Dacher Keltner, „Why Do We Feel Awe?", in: *Greater Good Magazine*,
     10. Mai 2016, *https://greatergood.berkeley.edu/article/item/why_do_we_feel_awe*.

434 Piff u. a., „Awe".

435 Zitiert in Keltner, „Why Do We Feel Awe?"

436 Keltner, „Why Do We Feel Awe?"

437 Paul Piff, Can Awe Combat Narcissism? (Vortrag im Rahmen von The
     Art and Science of Awe conference, Greater Good Science Centre,
     University of California, Berkeley, Juni 2016), *https://www.youtube.com/
     watch?v=w7Q7wTt4IbA*.

438 David Graeber, „The New Anarchists", in: *New Left Review* 13 (Januar/
     Februar 2002), S. 72.

439 Better Block, *http://betterblock.org/about/*.

440 Jason Roberts, „How to Build a Better Block", TEDxOU, 21. Februar 2007,
     https://www.youtube.com/watch?v=ntwqVDzdqAU.

441 Jason Roberts, Interview mit dem Autor, *Imagination Taking Power* (Blog),
     8. Mai 2017, *https://www.robhopkins.net/2017/05/08/jason-roberts-when-you-
     say-about-imagination-i-think-about-visionaries/*.

442 Benjamin Schneider, „How Park(ing) Day Went Global", in: *CityLab*, 15. September 2017, *https://www.citylab.com/life/2017/09/from-parking-to-parklet/539952/*.

443 Rebar Group Inc., *The Park(ing) Day Manual: A Primer on User-Generated Urbanism and Temporary Tactics for Improving the Public Realm*, o. D., 1, *https:// parkingday.org/src/Parking_Day_Manual_Consecutive.pdf*.

444 Schneider, „How Park(ing) Day Went Global".

445 JR, Interview mit dem Autor, *Imagination Taking Power* (Blog), 3. Juli 2017, *https:// www.robhopkins.net/2017/07/03/talking-imagination-and-participation-with-jr/*.

446 Marco Berrebi und JR, *Women Are Heroes: A Global Project by JR* (New York: Abrams, 2009).

447 Ken Knabb (Hg.), *Situationist International Anthology*, revidierte und erweitere Ausgabe (Berkeley: Bureau of Public Secrets, 2006).

448 Dieser und viele andere Slogans der Situationisten aus dem Mai 1968 siehe Knabb (Hg.), *Situationist International*.

449 Philippe Vermès, „The Late Sixties", in: *Beauty Is in the Street: A Visual Record of the Mai '68 Paris Uprising*, Johan Kugelberg und Philippe Vermès (Hg.) (London: Four Corners Books, 2011), S. 10.

450 Mark Kurlansky, *1968, das Jahr, das die Welt veränderte*, übers. von Franca Fritz und Heinrich Koop (Köln: Kiepenheuer & Witsch, 2005), S. 262, 261.

451 Ronald Fraser, *1968: A Student Generation in Revolt* (London: Chatto & Windus, 1988), S. 191, 190, 195.

452 Zitiert in Rosemary Pink, „The Boy Scout Guide to Situationism", in: *Vague*, Vague Publishing, 1985.

453 Juan del Rio, E-Mail an den Autor, 28. Januar 2018.

454 OER Services, *Culture under the Song Dynasty*, o. D., *https://courses.lumenlearning.com/suny-hccc-worldcivilization/chapter/culture-under-the-song-dynasty/*.

455 Guillaume Chenevière, *Rousseau, une histoire genevoise* (Geneva: Editions Labor et Fides, 2012).

456 Zitiert in Leonidas Oikonomakis, „Why We Still Love the Zapatistas: The Construction of a New World Is Much More Than an Academic Exercise", in: *Roar*, o. D., *https://roarmag.org/magazine/why-we-still-love-the-zapatistas/*.

457 Siehe zum Beispiel Nigel C. Gibson, Fanon: *The Postcolonial Imagination* (Cambridge: Polity Press, 2003).

458 Siehe *http://cottonfaminepoetry.exeter.ac.uk/*.

459 Andrade und Mai, Interview.

460 Keishiro Hara u. a., *Reconciling Intergenerational Conflicts with Imaginary Future Generations – Evidence from a Participatory Deliberation Practice in a Municipality in Japan*, Kochi University of Technology Social Design Engineering Series, 24. Oktober 2017.

461 Yoshio Kamijo u. a., „Negotiating with the Future: Incorporating Imaginary Future Generations into Negotiations", in: *Sustainability Science* 12, Nr. 3 (2016), S. 409–420.

462 Tatsuyoshi Saijo, *Future Design: Bequeathing Sustainable Natural Environments and Sustainable Societies to Future Generations*, Arbeitspapier – *Social Design Engineering Series*, Kochi University of Technology, 20. Juli 2018.

463 Dominique Christina, Interview mit dem Autor, *Imagination Taking Power* (Blog), 1. November 2018, *https://www.robhopkins.net/2018/11/01/dominique-christina-on-using-the-raw-material-of-possible-to-say-all-of-the-urgent-things/*.

464 Peter Gray, „As Children's Freedom Has Declined, so Has Their Creativity", in: The Creativity Post, 29. September 2012, *http://www.creativitypost.com/education/as_childrens_freedom_has_declined_so_has_their_creativity*.

465 Peter Russell, Interview mit dem Autor, *Transition Culture* (Blog), 5. Februar 2011, *https://www.transitionculture.org/2007/02/05/exclusive-to-transition-culture-peter-russell-on-life-after-oil-change-and-consciousness/*.

466 Griffin, „To Love the Marigold".

467 Rob Shorter, unveröffentlichte Tonaufnahme.

REGISTER

Foto: Miriam Klingl für das Werde-Magazin

Rob Hopkins ist Mitbegründer der Transition-Towns-Bewegung sowie Autor von *Einfach. Jetzt. Machen! Wie wir unsere Zukunft selbst in die Hand nehmen.*, *Energiewende: Das Handbuch. Anleitung für zukunftsfähige Lebensweisen* und weiteren Grundlagenwerken der Transition-Bewegung. 2012 wurde er von der Zeitung *Independent* zu einem der 100 wichtigsten Umweltschützer gewählt, stand auf der *Observer*-Liste von Großbritanniens 50 neuen Radikalen und hatte Auftritte in dem französischen Film *Demain* sowie dessen Fortsetzung *Après Demain*. Er forscht am „Post Carbon Institute", hält TED-Talks und geht in seinem Podcast *From what if to what next* weiteren Was-wäre-wenn-Fragen nach. Er liebt es außerdem zu gärtnern, hat eine Brauerei mitgegründet und verbringt Stunden damit, zu zeichnen und Linolschnitte anzufertigen. Rob Hopkins bloggt unter *www.transitionnetwork.org* und *www.robhopkins.net* und ist auf Twitter unter @robintransition.

2. Auflage

© 2021 by Löwenzahn in der Studienverlag Ges.m.b.H.,
Erlerstraße 10, A-6020 Innsbruck
E-Mail: order@studienverlag.at
Internet: *www.loewenzahn.at*

Die Originalausgabe erschien unter dem Titel „From what is to what if.
Unleashing the power of imagination to create the future we want".
From What Is To What If by Rob Hopkins
© 2019 by Rob Hopkins
Löwenzahn Verlag edition published by arrangement with Chelsea Green
Publishing Co, White River Junction, VT, USA *www.chelseagreen.com*

Dies ist die zum Großteil schwarzweiße Ausgabe der ursprünglich vollständig vierfarbigen
Ausgabe von 2021.

Übersetzung: **Dirk Höfer**
Inhaltliche Betreuung: **Löwenzahn Verlag | Katharina Schaller, Valerie Meller**
Lektorat: **Veronika Schuchter**
Projektleitung: **Löwenzahn Verlag | Valerie Meller**

Umschlaggestaltung: **Luke Bird**
Illustrationen: **Mary Evans | The Watts Collection**
Buchgestaltung sowie grafische Umsetzung: **GRAFISCHES | Monika Prast,** *www.monikaprast.at*

Bibliografische Information Der Deutschen Nationalbibliothek
Die Deutsche Nationalbibliothek verzeichnet diese Publikation in der Deutschen Nationalbiblio-
grafie; detaillierte bibliografische Daten sind im Internet über *http://dnb.dnb.de abrufbar.*

ISBN 978-3-7066-2698-9